Freie Universität Berlin

Nicolai

Herausgegeben vom Präsidenten der Freien Universität,
Presse- und Informationsstelle
Redaktion: Presse- und Informationsstelle und
Abt. Außenangelegenheiten

Gestaltung: Dorén + Köster, Berlin
Satz und Repro: Mega-Satz-Service, Berlin
Druck: Medialis, Berlin
Bindung: Lüderitz & Bauer, Berlin

Eine Buchhandelsausgabe erscheint in der
Nicolaischen Verlagsbuchhandlung
Beuermann GmbH, Berlin
ISBN 3-87584-719-9

Inhalt

Vorwort

Die Freie Universität Berlin – die FU – wird jetzt 50. Sie wurde am 4. Dezember 1948 im freien Teil Berlins während der Zeit der Blockade feierlich gegründet und ist mit der gesamten Nachkriegsgeschichte dieser Stadt aufs engste verbunden. Enthusiasmus der Gründungsstudenten, Unterstützung durch Oberbürgermeister Ernst Reuter und nachhaltige Förderung durch die USA waren ihre Paten. In einer zerstörten Stadt mit unsicheren Lebensbedingungen entstanden, in einer geteilten, isolierten und häufig bedrohten Stadt großgeworden, hat die FU auch in ihren späteren Jahren selten ruhige Zeiten erlebt. Ihre Gründungs- und Entwicklungsgeschichte weisen sie als eine bewußt politisch Freie Universität aus, die mehr als andere durch Liberalität, Internationalität und Offenheit geprägt ist. Wiederholt war sie auch Experimentierfeld wechselnder Konzepte der Bildungs- und Wissenschaftspolitik, zudem jahrelang von Problemen der Massenuniversität betroffen und heute von erheblichen Kürzungen geplagt. Gleichwohl fanden und finden an der FU nach wie vor vorzügliche akademische Ausbildung und erstrangige Forschung statt.

Bisherige Entwicklung und Leistungen und weitere Perspektive der FU in ihrem 50. Jahr treffsicher und erschöpfend in Bild und Wort darzustellen, ist ganz unmöglich. Dieser Band beansprucht daher keine dokumentarische Vollständigkeit oder wissenschaftliche Objektivität – er ist eher eine Sammlung von Skizzen aus Vergangenheit und Gegenwart einer Institution, die eine ungewöhnliche Biographie und einen ganz eigenen Charakter hat.

Eine Universität lebt nicht von den Steinen, aus denen sie gebaut ist, oder von den Büchern und Geräten, mit denen sie ausgestattet ist, sondern von den Menschen, die in ihr lernen, lehren, arbeiten. Ihnen und allen Freunden der FU ist dieser Band gewidmet.

Prof. Dr. Johann W. Gerlach
Präsident

Gründungsfeier der Freien Universität Berlin im Titania-Palast am 4. Dezember 1948.

Fünfzig Jahre Freie Universität Berlin

Eine politische Geschichte

Jahre der Gründung und Konsolidierung (1948–1964)

Der 16. April 1948 war ein ungewöhnliches Datum. Ungewöhnlich insofern, als ein Vorfall, der normalerweise lediglich in einer Studentenzeitung registriert worden wäre, zur Initialzündung einer Universitätsgründung in den Westsektoren der Stadt wurde. Was war geschehen? In einer Glosse hatte das »colloquium« die politischen Hintergründe der Rektorenwahl an der Berliner Universität entlarvt. Paul Wandel, der Vertraute Ulbrichts an der Spitze der deutschen Zentralverwaltung für Volksbildung, hatte daraufhin den Herausgebern und Mitarbeitern der Studentenzeitschrift »colloquium« Otto Hess, Otto Stolz und Joachim Schwarz die Studienerlaubnis entzogen. Der Altkommunist Wandel, dessen politische Zuverlässigkeit selbst in den Jahren der Moskauer Parteisäuberungen nie in Zweifel gezogen worden war, konnte das durch eine einfache Anordnung veranlassen. Allein das mußte schon ein Alarmzeichen sein, denn normalerweise entfernt eine Universität aufmüpfige Studenten erst nach einem ordentlichen Relegationsverfahren. Der damalige Rektor der Universität Unter den Linden, der Arbeitsrechtler Professor Hermann Dersch, mußte das als Jurist wissen, dennoch fertigte er, ohne zu zögern, den Entzug der Studienerlaubnis aus. Die Begründung war ebenso verlogen wie lächerlich: Die Zulassung zum Studium wurde »im Hinblick auf die in Ihrer publizistischen Tätigkeit liegende Verletzung von Anstand und Würde« der Universität widerrufen.

Anstand und Würde der Berliner Universität, die einst unter dem Namen Friedrich-Wilhelms-Universität einen weltweiten Ruf genossen hatte, schien es dagegen zu entsprechen, daß die Zulassung der Studenten nach und nach einen immer stärkeren politischen Anstrich bekam. In der unmittelbaren Nachkriegszeit war es zwar noch hinzunehmen, daß ehemalige Mitglieder der NSDAP, aktive Reserveoffiziere und Offiziere nicht zum Studium zugelassen werden durften. Und man konnte nach den Erfahrungen einer sich selbst rekrutierenden Bildungselite im Kaiserreich und in der Weimarer Republik auch Verständnis dafür haben, daß nach 1945 die Jugend aus allen Schichten des Volkes die Chance zum Hochschulstudium bekommen sollte – mit oder ohne Reifezeugnis.

Für eine neugegründete Universität waren die Startbedingungen alles andere als gut.

Im April 1948 wurde den beiden Herausgebern der Studentenzeitschrift »colloquium« Otto Hess (l.) und Joachim Schwarz (r.) sowie dem leitenden Redakteur Otto Stolz (Mitte) die Studienerlaubnis an der Universität Berlin entzogen. Letzter Auslöser für diese Maßnahme war ein Beitrag von Otto Stolz unter dem Pseudonym »Sisyphus«, in dem er die Hintergründe der Rektorwahl entlarvend glossiert hatte.

Als problematisch erwies es sich jedoch in der Folgezeit, daß unter dem Vorwand, eine neue demokratische Intelligenz in Deutschland heranzubilden, die Zulassungskommission neben Arbeiter- und Bauernkindern jene bevorzugte, die sich aus Überzeugung oder opportunistischen Gründen zu der 1946 gebildeten SED bekannten. Bedenklich erschien es gerade den Studentenvertretern, die aus Überzeugung im Nationalsozialismus Widerstand geleistet hatten, daß jetzt auch einstige aktive Nationalsozialisten einen der begehrten Studienplätze bekamen, sofern sie sich als »Wendehälse« zum Kommunismus bekannten. Daß unabhängig von ihrer Befähigung zum Studium die Söhne und Töchter aus Familien der alten Bildungseliten gleichzeitig so gut wie keine Chance

Die Wiedereröffnung der Universität Berlin am 29. Januar 1946. Paul Wandel, Präsident der deutschen Zentralverwaltung für Volksbildung der SBZ (2. v. l.), S. I. Tulpanow (4. v. l.), F. J. Bokow (5. v. l.), beide Beauftragte der sowjetischen Militärregierung, Oberbürgermeister Dr. Arthur Werner (6. v. l.), Rektor Prof. Dr. Johannes Stroux (7. v. l.).

erhielten, unterstrich die einseitige Bewerberauswahl nur noch.

Die Vorgeschichte des Eklats hatte noch weitere Facetten: Die Disziplinierung vom 16. April 1948 war nicht die erste in der Nachkriegszeit. Bei den Wahlen zum 28köpfigen Studentenrat im Februar 1947 (von 4200 Studenten beteiligten sich 76 Prozent) errangen die Parteilosen die meisten Mandate, nämlich zwölf; auf die SPD-Mitglieder entfielen fünf Mandate, auf die SED drei, auf die CDU zwei und die LDP ein Mandat: Eine Politisierung im Sinne der SED wünschten die Studenten also mit Sicherheit nicht. Um so verheerender wirkten die willkürlichen Verhaftungen der drei Studentenvertreter Gerda Rösch, Manfred Klein und Georg Wrazidlo durch die sowjetische Militärregierung. Gerda Rösch war im Zulassungsbüro der Berliner Universität beschäftigt. Manfred Klein gehörte der katholischen Jugend an und war Vertreter der CDU im Zentralrat der Freien Deutschen Jugend (FDJ). Am meisten Aufsehen erregte jedoch die Verhaftung des von Paul Wandel abgesetzten ehemaligen Vorsitzenden der »studentischen Arbeitsgemeinschaft«, Georg Wrazidlo, ebenfalls CDU-Mitglied. Wrazidlo war im Zweiten Weltkrieg zwar Wehrmachtsoffizier gewesen, hatte aber in einer katholischen Jugendgruppe Widerstand geleistet und war von den Nationalsozialisten noch 1945 in das Konzentrationslager Buchenwald gebracht worden. Wrazidlo besaß zunächst das Vertrauen der Sowjets, weil er nicht nur Widerstandskämpfer war, sondern auch noch die russische Sprache beherrschte.

Der erste führende Kopf unter der Studentenvertretung an der Universität Berlin in der Nachkriegszeit, Georg Wrazidlo, wurde in der berüchtigten »März 47-Aktion« auf Geheiß der sowjetischen Militärregierung verhaftet. Entlassen wurde er erst im Oktober 1956.

Auch in diesem Konflikt waren es die Vertreter des Studentenrates und nicht etwa die offiziellen Repräsentanten der Berliner Universität, die sich für Wrazidlo einsetzten. Sie konnten dennoch nicht verhindern, daß ihre drei Kommilitonen in Geheimprozessen zu Gefängnisstrafen zwischen zehn und 25 Jahren verurteilt wurden. Die Begründungen waren verlogen: Wrazidlo wurden Militarismus und Drogenbesitz vorgeworfen – er hatte als Medizinstudent einen Arztkoffer bei sich. In Wirklichkeit war Wrazidlo den Sowjets unangenehm aufgefallen, weil er die Universität Unter den Linden dem Einfluß der Zentralverwaltung für Volksbildung entziehen und dem Berliner Magistrat unterstellen wollte. Wrazidlo erhielt eine Zuchthausstrafe und kam erst 1956 wieder frei. Horst Hartwich, Studentenvertreter von 1946, berichtet als Zeitzeuge über die Reaktionen der Studenten auf die Verhaftung von Georg Wrazidlo: »Für die Sowjets waren solche Studenten wie Wrazidlo prominente antirussische Deutsche. Das konnten doch nur Faschisten sein. Die normalen unpolitischen Studenten an der Berliner Universität haben entweder ängstlich auf diese Verhaftungen reagiert oder die Schnauze gehalten. Die Welt besteht nicht aus Heldentum. Aber es gab auch genügend Studenten, die empört reagiert haben, und diese Empörung steigerte sich zu Ablehnung und Haß, und zwar wegen der unrechtmäßigen und verlogenen Begründung: Uns als Faschisten zu bezeichnen, das war das Letzte. Allein 14 meiner Verwandten sind in den Konzentrationslagern der Nazis ermordet worden. Den anderen war es ähnlich ergangen. Der ersten gewählten 28köpfigen Studentenvertretung an der Berliner Universität gehörten elf Mitglieder an, die Opfer des Faschismus waren.«[1]

Es war schon erstaunlich, mit welchem Mut gewählte Studentenvertreter gegen die ersten Anzeichen eines politischen Druckes und kommunistischer Willkür Position bezogen. Diese Studentenvertreter hatten schon unter dem Nationalsozialismus eine Leidenszeit hinter sich, die sie besonders sensibel für alle Anzeichen einer neuen Indoktrination machte. Zu den Studentenvertretern der ersten Stunde gehörten anerkannte Opfer des Faschismus wie Otto Hess, Helmut Coper und Horst Hartwich. Als Halbjuden hatten sie darunter zu leiden, daß sie aus rassischen Gründen wie Horst Hartwich nicht mehr das Abitur ablegen durften oder wie Otto Hess aus der Armee ausgestoßen wurden. Alle drei waren in die Zwangsarbeiterkolonnen der »Organisation Todt« eingereiht worden, wo sie unter unmenschlichen Bedingungen beim Bau militärischer Anlagen eingesetzt wurden. Ein anderer Studentenvertreter, Stanislaw Kubicki, stammte aus einer deutsch-polnischen Familie. Sein Vater, ein Künstler, war mit dem Anarchisten Erich Mühsam befreundet, die Nazis hatten ihn 1934 aus Deutschland ausgewiesen und nach der Besetzung Polens im Zweiten Weltkrieg liquidiert.

Weil vor allem die Studenten den Mut zur Kritik aufbrachten, war es so außerordentlich wichtig, daß die Amerikaner Otto Hess von der »studentischen Arbeitsgemeinschaft« und Joachim Schwarz die Lizenz zur Herausgabe einer Studentenzeitschrift unter dem Namen »colloquium« erteilten. Damit erhielten die nichtkommunistischen Studentenvertreter ein Forum, das sie dazu nutzen konnten, um einer breiteren Öffentlichkeit Einblicke in die tatsächlichen Verhältnisse an der Berliner Universität zu geben.

In den Zeitungen kam es seit dem Herbst 1946 zu einem Schlagabtausch – hier ist vor allem der denkwürdige Artikel im »Tagesspiegel« vom 8. November 1947 unter dem Titel »Universitas oder Parteihochschule?« zu nennen, der die politisch ausgerichtete Zulassungspraxis an der Berliner Universität mit folgender Aussage kommentierte: »Es wäre Sache des Lehrkörpers gewesen, sich die Entscheidung über die Zulassung und damit über das geistige Niveau der Hochschulen nicht entwinden zu lassen. Was taten die Dekane der zehn Fakultäten? Sie schwiegen während des heftigen Streites; als er entschieden war, stimmten auch sie zu. So hat die Zentralverwaltung leichtes Spiel, die Berliner Universität nach ihren Vorstellungen zu einer Volksuniversität zu machen. Die Dozentenschaft infiltriert sie mit kommunistisch-linientreuen Lehren, mit der wirtschaftswissenschaftlichen und der pädagogischen Fakultät hat sie auch die Schlüsselpositionen der Universität inne, die parteipolitisch exerzierte aktivistische SED-Studentengruppe füllt sie kontinuierlich mit ›Arbeiterstudenten‹, Absolventen ihrer gleichgeschalteten ›Vorstudienanstalt‹, auf … Berlins Universität muß so rasch wie möglich der Obhut des Magistrats anvertraut werden. Bleibt sie der Zentralverwaltung überlassen, dann scheint es besser, die geistige Elite unseres Landes, die mit uns an ein weltfähiges Deutschland glaubt, zu rufen und mit ihr eine neue Universitas litterarum in Berlin zu schaffen.«

Der Medizinstudent Horst Hartwich, Mitglied des studentischen FU-Gründungskomitees, war von Dezember 1948 bis 1950 studentischer Sprecher im Akademischen Senat. Später war er viele Jahre für die Außenbeziehungen der FU zuständig.

Helmut Coper, ebenfalls Medizinstudent und Mitglied des studentischen FU-Gründungskomitees, war Vorsitzender des ersten, im Februar 1949 gewählten AStA.

Fünf Monate später wurde dieser Gedanke zum zündenden Funken: Wenige Tage nach dem

Über 1500 Studenten versammeln sich am 23. April 1948 zu einer Protestkundgebung im britischen Sektor am Hotel Esplanade, wo Otto Stolz, der von der Universität entfernte Leiter der SPD-Hochschulgruppe, die Gründung einer freien Universität im Westteil der Stadt fordert.

Entzug der Studienerlaubnis für die drei studentischen Herausgeber und Autoren des »colloquium« versammelten sich über 1500 Studenten zu einer Protestkundgebung im Hotel Esplanade am Potsdamer Platz. Auf der Kundgebung forderte Otto Stolz die Gründung einer freien Universität in den Westsektoren der Stadt. Schon am 11. Mai 1948 beauftragte die Stadtverordnetenversammlung den Magistrat von Groß-Berlin, Maßnahmen zur Errichtung einer freien Universität zu ergreifen. Von 105 Abgeordneten stimmten 83 dem Antrag der SPD-Fraktion zu. Die SED lehnte geschlossen den Antrag ab, fünf CDU-Abgeordnete enthielten sich der Stimme.

Die CDU war damals in dieser Frage zerrissen: Während der Fraktionsvorsitzende, Professor Kurt Landsberg, den Wunsch nach Gründung einer freien Universität von Anfang an unterstützte, war der Dekan der Juristischen Fakultät der Berliner Universität, Professor Hans Peters, vehementer Gegner einer Gegengründung in den Westsektoren der Stadt. Er initiierte die Erklärung des Akademischen Senats der Berliner Universität vom 11. Mai 1948 gegen die Idee einer Universitätsgründung in den Westsektoren, in der es heißt: »Selbst wenn die an sich schon bestehenden baulichen und finanziellen Schwierigkeiten überwindbar wären, wäre die weitere Zerreißung des wissenschaftlichen und damit geistigen Lebens Berlins ein neues Verhängnis für Deutschland. Um einen geistig-wissenschaftlichen Organismus wie eine Universität aufzubauen, bedarf es längerer Jahre und der Erfüllung personeller Voraussetzungen, die angesichts der unerhörten Existenzschwierigkeiten Berlins nach Überzeugung des Senats mit Aussicht auf Erfolg nicht geschaffen werden können, erst recht nicht, wenn das neue Institut von vornherein auf einer politischen Kampflage aufgebaut wird.«[2]

Damit waren die Stichworte für eine lebhafte Auseinandersetzung um die Frage einer Universitätsgründung unter den deutschen Rektoren gegeben. Nachdem sich prominente Berliner Politiker, Wissenschaftler und Studenten im Juni und Juli mit öffentlichen Aufrufen um Unterstützung für die Universitätsgründung an die Berliner Bevölkerung, aber auch an die deutschen Hochschulen gewandt hatten, sah sich die Rektorenkonferenz der westdeutschen Länder nur zu einer distanzierenden Diskussion in der Lage. Zwei prominente Stimmen aus dieser Diskussion seien hier zitiert.

Der Rektor der Universität Göttingen, Ludwig Raiser, erklärte, die Gründer der freien Universität »richten heftige Anklagen gegen den Westen, da er sich bisher gegenüber allen Hilferufen lethargisch verhalten habe«.[3] Der damalige Rektor der Goethe-Universität in Frankfurt am Main, Walter Hallstein – der spätere Verfasser der Hallstein-Doktrin gegen die Anerkennung der DDR –, erklärte: »Wenn eine freie Universität der Westsektoren errichtet wird, wird dadurch die Universität Unter den Linden zur reinen Universität des Ostens und geht so verloren oder leidet doch nicht wiedergutzumachenden Schaden ... Wird die Universität Unter den Linden preisgegeben, so wird das eine symbolische Bedeutung haben.« Zur erbetenen Hilfe bei der Gründung einer freien Universität erklärte Hallstein: »Es wird wenig mehr als eine politische Demonstration erreicht werden. Dafür sind die Universitäten jedoch zu schade, und der Preis, der dafür zu zahlen ist, ist zu hoch.«[4]

In welchem Elfenbeinturm sich die Rektoren als höchste Repräsentanten der deutschen Hochschulen befanden, zeigt ein Blick auf die inzwischen eingetretenen Ereignisse: Die Erklärung des amerikanischen Präsidenten Truman, in der er zur Eindämmung des Kommunismus aufrief, stammte bereits aus dem Jahr 1947. Der amerikanische Außenminister George Marshall hatte ein Hilfsprogramm zum Wiederaufbau Europas verkündet, an dem teilzunehmen die Sowjetunion den von ihr abhängigen Staaten untersagt hatte. In Westdeutschland war inzwischen aus der Bi-Zone durch Beitritt der französischen Besatzungszone die Tri-Zone entstanden. Auf der Londoner Konferenz vom Februar/März 1948 hatten die Westmächte zusammen mit den Beneluxländern für die Zukunft Westdeutschlands eine bundesstaatliche Lösung empfohlen. Der sowjetische militärische Oberbefehlshaber in Deutschland, Marschall Sokolowski, hatte am 20. März 1948 aus Protest gegen diese Entwicklung den alliierten Kontrollrat verlassen. Im Juni war die Währungsreform in der Westzone und im Westteil Berlins gestartet worden. Am 24. Juni verhängte die sowjetische Militäradministration die Blockade, am 26. Juni begannen die Westmächte mit der Versorgung des eingeschlossenen West-Berlins über die Luftbrücke. Am 6. September bedrohten kommunistisch beeinflußte Demonstranten die Stadtverordnetenversammlung im Berliner Rathaus. Die Spaltung des Stadtparlaments und der Stadtregierung war die Folge. Seit November 1948 wurde West-Berlin vom Rathaus Schöneberg aus regiert. De facto war Deutschland längst geteilt, nur die westdeutschen Rektoren wollten das bei ihrem Treffen am 27. Juli in Braunschweig noch nicht wahrhaben.

Währenddessen tobte in Berlin längst der publizistische Schlagabtausch um die Gründung einer freien Universität in den einschlägigen Zeitungen. Das »Neue Deutschland« als Zentralorgan der SED formulierte am 27. Juli 1948: »Nur anscheinend hat die Entfernung von drei Radaubrüdern von der Berliner Universität das Geschrei ausgelöst, das eine ›freie‹ Universität als Gegenpol der angeblich unfreien Humboldt-Universität verlangt. In Wahrheit sollten sich jene Störenfriede, die mit parteipolitischer Demagogie sich zu Handlangern eines amerikanisch bestimmten Kapitalismus und Imperialismus erniedrigt haben, nicht einbilden, daß sie der Mittelpunkt oder auch nur Ausgangspunkt der ganzen Aktion seien. Der reaktionäre bürgerlich-imperialistische Kapitalismus sah nach 1945 seine Felle im Osten und Südosten Europas fortschwimmen. Sein Putschversuch in der Tschechoslowakei mißglückte, im Osten Deutschlands verlor er seine Machtpositionen, blieb Berlin in seinen ›westlichen‹ Sektoren als letzte Bastion. Darum will er sich den Westen Deutschlands sichern, darum will er kein einheitliches Deutschland, darum will er kein einheitliches Berlin. Darum bekämpft er eine Universität, die sich die Freiheit nimmt – eine wahrhaft freie Universität –, das Bildungsprivileg derer zu brechen, deren Reservat es früher gewesen ist.«

Im »Tagesspiegel« hatte der damalige Mitherausgeber und Chefredakteur Erik Reger bereits am 16. Mai 1948 in einem Leitartikel den Streit um die Gründung einer freien Universität in den größeren Zusammenhang der allgemeinen Politik eingeordnet. Reger sagte Jahre schmerzlicher und kostspieliger Umwege bis zur Wiedervereinigung voraus und klärte die Berliner über die Zukunft

Deutschlands auf: »Von der gegenwärtigen Politik hängt es ab, ob sie … freie Menschen des Westens oder … Sklaven des Ostens sein werden. Für das eine oder das andere müssen wir optieren. Wer diese Option heute versäumt, macht die Wiedervereinigung Deutschlands unmöglich … Wir möchten keinen Zweifel daran lassen, daß wir diese Dinge nicht nur nach dem Westen hin sagen. Sie gelten auch in Berlin. Die schleunige Gründung einer freien Universität ist hier notwendig geworden, weil der Kampf um die Aufsicht über die Linden-Universität nicht mit Entschlossenheit geführt worden ist.«

Von dieser Einordnung in die Deutschlandpolitik und in die Ost-West-Politik im allgemeinen ließen sich auch die Autoren eines Manifests zur Universitätsgründung leiten, das am 23. Juli, nach Beginn der Blockade, veröffentlicht wurde: »Die Stadt Berlin hat durch ihre entschlossene Haltung gegenüber den brutalen Methoden bewiesen, daß sie nicht gewillt ist, sich zum zweiten Male das Joch totalitären Zwanges auflegen zu lassen und das Gut der Freiheit preiszugeben … Aus dem Geist der Selbstbehauptung heraus, mit der sich unsere Stadt gegen die Blockade erhob, soll diese Universität erstehen und als geistiger Mittelpunkt des freiheitlichen Berlins der Genesung Deutschlands dienen. Wir rufen die Menschen des Inlandes und des Auslandes, die sich dem Geist der Freiheit und der Wahrheit verpflichtet fühlen. Wir rufen die Vertreter der deutschen und der alliierten Behörden und damit alle, denen der Schutz des Individuums und seiner Rechte anvertraut ist. Wir rufen die Jugend aller Länder, insbesondere die Studierenden der freiheitlich wirkenden Universitäten, Akademien und Hochschulen. Wir rufen die deutschen Professoren und Dozenten und ebenso die akademischen Lehrer im Ausland, uns ihre Mitwirkung durch Gastvorlesungen oder in anderer Form zu gewähren. Wir rufen Freunde und Gönner in aller Welt und bitten, die Gründung mit Geld und Lehrmitteln zu unterstützen.«[5] Zu den prominentesten Unterzeichnern des Manifestes gehörten Professor Ernst Reuter, der schon gewählte, aber von den Sowjets nicht bestätigte Oberbürgermeister von Berlin, außerdem Professor Edwin Redslob, ehemaliger Reichskunstwart in der Weimarer Republik und Mitherausgeber des »Tagesspiegels«, Professor Kurt Landsberg von der CDU, Carl Hubert Schwennicke von der LDP und Otto Hess, der Herausgeber des »colloquiums«.

Entscheidend war, daß die Initiative zur Gründung einer freien Universität von den Deutschen ausging. Die Amerikaner mußten für die Gründungsidee erst noch gewonnen werden. Die mit der Entwicklung an der Berliner Universität unzufriedenen Studenten hatten zwar schon frühzeitig den Kontakt zu den Westalliierten gesucht, jedoch keinen Erfolg mit ihren Vorschlägen gehabt, die Technische Hochschule in Charlottenburg, die von den Briten im Jahr 1946 als Universität wiedereröffnet worden war, in eine echte Gegengründung zur Universität im Ost-Berliner Stadtzentrum umzugestalten. Die Amerikaner hatten sich zunächst bedeckt gehalten und die Entwicklung beobachten lassen. Was die Amerikaner in dieser Situation schließlich zu einer Unterstützung für eine Universitätsgründung veranlaßte, war auch der Fürsprache des bekannten Naturwissenschaftlers und Nobelpreisträgers Otto Warburg und von Edwin Redslob zu verdanken, die versicherten, daß sich genügend angesehene deutsche Wissenschaftler für ein Engagement in Berlin bereit finden würden. Eine nicht minder große Rolle spielte ihr Interesse an einer grundlegenden Bildungsreform in Deutschland. Vergeblich hatten die Amerikaner in Deutschland eine umfassende demokratische Schulreform durchzusetzen versucht. Trotz aller Bemühungen, über die Entnazifizierung und die »reeducation« zu einer Aufarbeitung der Vergangenheit zu kommen, blieben die Amerikaner skeptisch. In Berlin jedoch fanden sie im Kreis der unabhängigen Studentenvertreter jene glaubwürdigen Vertreter einer neuen und jungen Generation, die als politisch und rassisch Verfolgte unter dem Nationalsozialismus gelitten hatten oder als Kriegsheimkehrer vom Nationalsozialismus geheilt waren. Daß sich in diesem Kreis diejenigen fanden, die bereit waren, im Widerstand gegen einen neuen Totalitarismus von links ein erhebliches Risiko einzugehen, fanden die Amerikaner einer Unterstützung wert.

Die Amerikaner hielten sich jedoch zunächst bedeckt. Der US-Militärgouverneur für Deutschland, Lucius D. Clay, hatte den amerikanischen Journalisten Kendall Foss beauftragt, insgeheim alle Möglichkeiten zur Gründung einer freien Universität in den Westsektoren zu prüfen. Als sich abzeichnete, daß durch die Währungsreform alle US-Reichsmarkkonten gelöscht werden mußten, griffen die Amerikaner zu einem Trick. Durch den Verkauf der von ihnen lizenzierten Illustrierten »Heute« und des Organs »Neue Zeitung« hatten sie 19 Millionen Reichsmark eingenommen. Um diese Gelder über die Währungsreform hinaus als Starthilfe nutzen zu können, hob Kendall Foss, mit einer Vollmacht von General Clay ausgestattet, die 19 Millionen Reichsmark ab. Anschließend legte er dem Herausgeber des »Tagesspiegels«, Erik Reger, nahe, ein Konto einzurichten, auf das die gesamte Summe eingezahlt werden sollte. So geschah es. Und als nach der Währungsreform die Reichsmark im Verhältnis eins zu zehn abgewertet wurde, blieben 1,9 Millionen als Starthilfe für die neue Universität übrig.[6]

Ganz entscheidend hing das Schicksal einer Universitätsgründung davon ab, die Unterstützung angesehener Wissenschaftler zu gewinnen. Ernst Reuter ist es zu verdanken, daß er den Nestor der deutschen Historiker, Friedrich Meinecke, als Gründungsrektor engagieren konnte. Dies konnte nur gelingen, weil dem 86jährigen Gelehrten als amtierender und damit die Geschäfte leitender Rektor der Kunsthistoriker Edwin Redslob zur Seite gestellt wurde. Der Eröffnungsfeier der Freien Universität am 4. Dezember 1948, mitten im Blockadewinter, mußte Meinecke aus Krankheitsgründen fernbleiben. Aber seine Eröffnungsansprache, die vom RIAS in den Titania-Palast übertragen wurde, sollte noch lange nachwirken. »Mit Freuden höre ich die Stimme der Jugend, begrüße ich ihre Forderung nach einer neuen Universität, nach einer wirklichen Freistätte der Wissenschaft und ihrer Lehre … Und unser Versuch einer neuen freien Universität ist nur ein einzelner Punkt auf dem großen Schlachtfeld der Welt, in dem großen Kampf der Geister und der realen Mächte. Aber ist dieser Kampf der Geister auf diesem Punkte, wo alte

Der Gründungsrektor der FU, Geheimer Regierungsrat Prof. Dr. Friedrich Meinecke. Der 86jährige Nestor der deutschen Geschichtswissenschaft kann nicht mehr persönlich an der Gründungsfeier im Titania-Palast teilnehmen, weshalb seine Rede per Lautsprecher übertragen wird.

Der zweite Rektor der FU, Prof. Dr. Edwin Redslob, im Anschluß an seinen Besuch der Columbia University im Dezember 1949. Der Kunst- und Kulturhistoriker Redslob war der erste deutsche Rektor, der nach dem Zweiten Weltkrieg offiziell in die USA reiste. Während der Amtsperiode des hochbetagten Gründungsrektors, Prof. Dr. Friedrich Meinecke, übte Redslob für diesen geschäftsführend die Amtsgeschäfte aus.

Bei einer Lagebesprechung für das FU-Kuratorium im Jahr 1949. Von rechts nach links: der Vorsitzende des Kuratoriums, Oberbürgermeister Prof. Ernst Reuter, der mit der Wahrung der Amtsgeschäfte eines Kurators beauftragte Kuratorialdirektor Dr. med. Friedrich von Bergmann, der Organisationsreferent und Sekretär des AStA, Dietrich Spangenberg (stehend), der erste Vorsitzende des AStA und Zulassungsreferent, Helmut Coper (Mitte vorn), der Sozialreferent des AStA, Werner Günter Grimke, und der Pressereferent des AStA, Dieter Knust.

und neue Universität in Berlin gegenübertreten, wirklich notwendig gewesen? Die große Mehrzahl meiner drüben gebliebenen Kollegen verneint es anscheinend. Aber ich weiß, wieviel Herzensnot und inneres Ringen auch drüben ist ... Wir wissen, daß auch drüben, trotz des Irrtums über die Zeitlage, in der man dort befangen ist, das Streben nach Wahrheit und Freiheit keineswegs erloschen ist. Fern bleibe darum der Gedanke, einen unmittelbaren Kampf der beiden Universitäten gegeneinander zu beginnen. Nicht Kampf gegeneinander, sondern Wetteifer miteinander sei unsere Losung.«[7]

Ernst Reuter, der sich mit besonderem Engagement der Universitätsgründung angenommen hatte, rekapitulierte in seiner Rede im Titania-Palast die Gründe, die zu diesem gewagten Schritt geführt hatten: »Die ganze Welt und mit ihr auch unsere arme Stadt, sie steht in einer Auseinandersetzung, bei der es keine Möglichkeit gibt, abseits zu bleiben. Die furchtbare Erschütterung des Zweiten Weltkriegs, die uns Ruinen und Chaos hinterließ, hat uns allen noch ein viel furchtbareres Erbe hinterlassen: die Zerstörung der Fundamente unserer geistigen Existenz ... Die Universitäten sollen Stätten freien Wirkens, freien Schaffens und freien Denkens sein, nicht Stätten, an denen Politik im engeren Sinne des Wortes getrieben wird. Aber Voraussetzung für freies Schaffen, Voraussetzung für freies Denken und freies Wirken ist, daß die Welt, in der wir leben und atmen, daß diese Welt selber eine freie Welt ist. In einer Sklavenwelt ist eine Freie Universität, ist überhaupt eine

Nach der Konstituierung des Vorbereitenden Ausschusses beginnt die Ausgabe von Bewerbungsunterlagen an die zukünftigen Studenten der Freien Universität Berlin.

Der Literaturhistoriker Prof. Dr. Paul Altenberg, Mitunterzeichner des Aufrufs zur FU-Gründung und Mitglied des FU-Gründungsausschusses (2. v. l.), hier als Hauptvertreter der Zulassungskommission der Philosophischen Fakultät, neben ihm ein Studentenvertreter und eine Person des öffentlichen Lebens, bei der Prüfung einer Studienbewerberin.

Studenten der FU richten im Herbst 1948 ihre Seminare mit gespendetem Mobiliar ein. Im Hintergrund die räumliche »Urzelle« der FU, das ehemalige Kaiser-Wilhelm-Institut für Biologie in der Boltzmannstraße 3.

Ein Teil der Gebäude der Frauenklinik Berlin-Charlottenburg in der Pulsstraße war zerstört, so daß man gezwungen war, einige Räume des ehemaligen Luftschutzbunkers nutzbar zu machen. Hier ein Blick in die Internatsräume für die Praktikanten der Medizin.

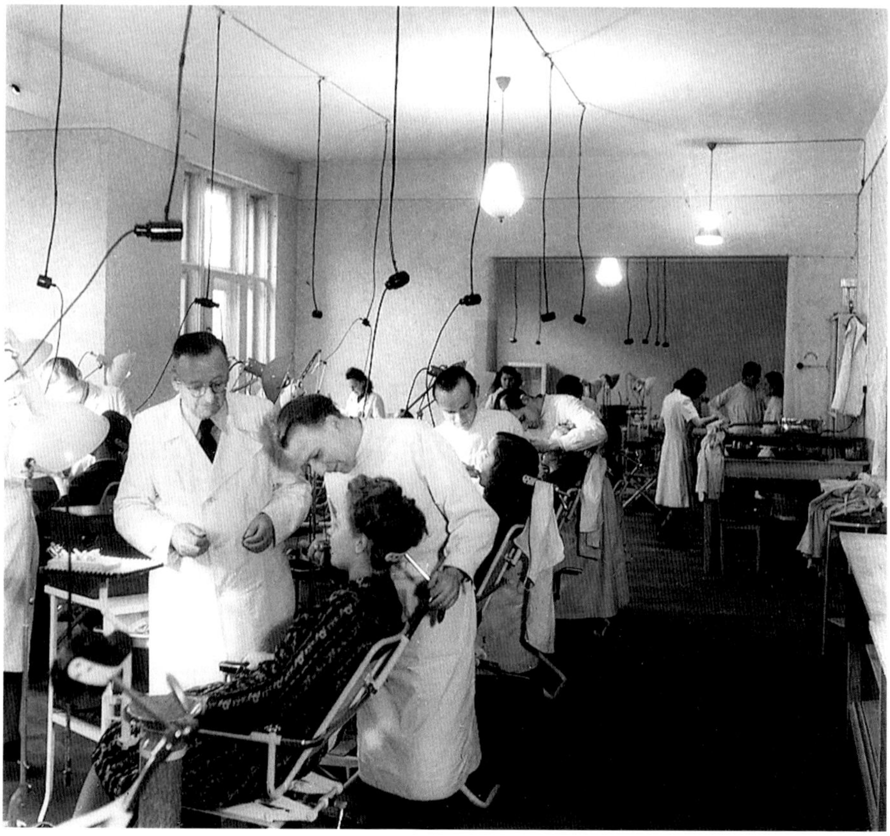

Der in knapp drei Monaten unter größten Schwierigkeiten während der Blockade eingerichtete Behandlungssaal der Zahn- und Kieferklinik in der Sybelstraße in Berlin-Charlottenburg.

Essen gab es zunächst in einer behelfsmäßigen Mensabaracke neben dem Haus in der Boltzmannstraße 3. Der Betrieb wurde am 1. Dezember 1948 aufgenommen. Ab dem 1. Februar 1949 verfügte man über eine eigene Küche, in der das Essen in höchst improvisierter Form zubereitet wurde.

Das Sichten von Büchern im Romanischen Seminar, Boltzmannstraße 3.

Studenten vor dem ersten Hauptgebäude der Freien Universität in der Boltzmannstraße 3, 1949.

Erste Anlaufstelle für Ostflüchtlinge: Das Amt für Gesamtdeutsche Studentenfragen des Verbandes Deutscher Studentenschaften half bei der Vermittlung von Studienplätzen in der Bundesrepublik. Das Amt beschaffte außerdem Lehrbücher, Medikamente, Lebensmittel und Kleidung aus Solidaritätssammlungen an westdeutschen Hochschulen und leitete sie an unterstützungswürdige Professoren und Studenten in der DDR weiter.

Im Studenten-Clubhaus der Freien Universität. Es war 1949 auf Antrag des studentischen Vertreters Otto Hess vom Kuratorium eingerichtet worden, damit sich studentische Gemeinschaften und die Studenten der FU trotz ihrer oft beengten Wohnverhältnisse treffen konnten. Hier die Studentenvertreter Eberhard von Brunn, Dietrich Spangenberg, Wolfgang Kalischer, Lieselotte Berger (von l. n. r.) und eine unbekannte Studentin.

Essenausgabe in der behelfsmäßigen Mensabaracke 1952.

Universitas litterarum unmöglich, und darum haben die Studenten zuerst – auf ihnen lastete der Druck am allermeisten –, haben dann aber auch verantwortungsvolle Männer erkannt, daß sie dort nicht bleiben durften, wo die Fahne der Freiheit nicht weht ... Möge die Freie Universität Berlin in den kommenden Jahren ein lebendiger Ausdruck des Freiheitswillens dieser stolzen Stadt sein.«[8]

Es war kein Zufall, daß die neue Universität aus dem Ruf nach einer freien Universität ihren Namen ableitete. Der 4. Dezember 1948 war als Tag der feierlichen Eröffnung der Freien Universität ein zufälliges Datum: Es gab im kriegszerstörten Berlin außer dem Titania-Palast kaum noch intakte Festsäle. Und an diesem Tage war er gerade frei. Unwetter verhinderten, daß über die Luftbrücke Vertreter der westdeutschen Universitäten in nennenswerter Zahl eingeflogen werden konnten. Der Lehrbetrieb hatte schon im November begonnen, und die Startbedingungen waren alles andere als gut: Von 5500 Bewerbern konnten nur 2140 als Studenten zugelassen werden. 21 Professoren standen für die Lehre zur Verfügung. Die Medizinische Fakultät hatte kein eigenes Klinikum, sondern mußte mit dem städtischen Westend-Krankenhaus vorliebnehmen. Immerhin kam zum Vorlesungsbeginn eine Bibliothek mit 350 000 Bänden zustande, aber der Lehrbetrieb fand teilweise in einem Kino und in einem U-Bahn-Schuppen statt. Wenn die Freie Universität keine Volkshochschule bleiben wollte, mußte sie die Lücken im Lehrkörper mit Gastdozenten füllen.

Daß Dahlem zum Standort der Freien Universität ausgewählt wurde, hatte einen historischen Hintergrund. Schon um die Jahrhundertwende, verstärkt aber zwischen 1906 und 1908 hatte der damalige Regierungsrat im preußischen Kultusministerium, Friedrich Althoff, Vorsorge getroffen, daß eines Tages in Dahlem ein deutsches Oxford entstehen könnte. Hier wurden Forschungsinstitute der Kaiser-Wilhelm-Gesellschaft und Teile der Friedrich-Wilhelms-Universität wie die Pharmazie und ein Versuchsgelände für die Landwirtschaft und die Pflanzenphysiologie angesiedelt. Althoff hatte durchaus daran gedacht, zu einem ferneren Zeitpunkt die Friedrich-Wilhelms-Universität aus dem Zentrum Berlins nach Dahlem zu verlagern. Die Freie Universität bekam zu ihrem Start Institutsgebäude der Kaiser-Wilhelm-Gesellschaft übereignet. Außerdem veranlaßte der amerikanische Stadtkommandant Frank Howley im April 1949, daß sie alle 16 im amerikanischen Sektor liegenden Institute der Humboldt-Universität übernehmen durfte. So kam die Freie Universität zu meteorologischen und naturwissenschaftlichen Einrichtungen, die auch für den Aufbau einer Vorklinik genutzt werden konnten.

Von Anfang an haben die Amerikaner die Freie Universität finanziell unterstützt, und zwar von 1949 bis 1954 jährlich mit ein bis zwei Millionen Mark. Das addierte sich in den Anfangsjahren zu einer Summe von neun Millionen Mark. Noch wichtiger als die offiziellen Gelder wurden auf Dauer die Spenden amerikanischer Stiftungen. Hier ist an erster Stelle die Ford Foundation zu nennen. Die ersten Kontakte zur Ford Foundation hatte Stadtkommandant Frank Howley geknüpft. Entscheidend wurde aber das Engagement des damaligen amerikanischen Hohen Kommissars John McCloy, der gute Verbindungen zur Hochfinanz besaß. McCloy wußte, daß die Ford Foundation in der damaligen Zeit über neue und riesige Finanzmittel in Höhe von 500 Millionen Dollar verfügen würde. Von dieser gewaltigen Summe erhoffte er sich eine Starthilfe für die Freie Universität. McCloy setzte den Direktor für Öffentlichkeitsarbeit in der Hohen Kommission, Shepard Stone, auf die Ford Foundation an. In einer Denkschrift für die Foundation schrieb Shepard Stone, der die alte Friedrich-Wilhelms-Universität in seiner Studienzeit als Doktorand in den frühen dreißiger Jahren kennengelernt hatte: Die deutschen Universitäten seien, weil zu traditionsverhaftet, »für die Bewältigung der politischen, sozialen und wirtschaftlichen Herausforderungen, mit denen sie durch den Kommunismus oder durch totalitäre Attacken von rechts konfrontiert werden, nicht gerüstet«. Europa brauche jedoch eine neue, internationale Universität, um diesen Herausforderungen begegnen zu können, und Berlin sei der richtige Standort für eine solche Universität. »Die Freie Universität Berlin bietet einzigartige Möglichkeiten für die

Der amerikanische Stadtkommandant Oberst Frank Howley.

Förderung der Völkerverständigung, für die Stärkung des demokratischen Gedankens, die Förderung der demokratischen Zusammenarbeit und die Heranziehung demokratischer Führungskräfte für Europa.«[9]

Daß Hilfe dringend nötig war, zeigte sich an dem enormen Zuwachs der neuen Universität. Im Jahr 1951 wurden bereits 5700 Studenten gezählt, von denen mehr als ein Drittel, nämlich etwa 2000, aus dem Osten kamen. Der Lehrkörper umfaßte damals einschließlich der Professoren und wissenschaftlichen Mitarbeiter 225 Personen.

Als führende Repräsentanten der Ford Foundation, Präsident Paul Hoffman und Henry Ford II., im Juni 1951 nach Berlin kamen, waren sie von der Entwicklung an der Freien Universität so begeistert, daß sich die Ford Foundation zu einem ungewöhnlichen Schritt entschloß: Statt Einzelprojekte der Forschung zu fördern, wurden hier erstmals Gelder für den Bau von Universitätsgebäuden – und dazu noch im Ausland – zur Verfügung gestellt. Mit der damals außerordentlich hohen Summe von 8,1 Millionen Mark konnte das Hauptgebäude der Freien Universität mit dem Auditorium maximum, der Bibliothek und der Mensa errichtet werden. Es blieb nicht bei einer einmaligen Aktion: Die Ford Foundation engagierte sich für den Aufbau eines Tutorenprogramms, für den Austausch von Studenten und Professoren mit amerikanischen Universitäten, für die Förderung der Osteuropaforschung und den Aufbau des Amerika-Instituts. Besonders wichtig war jedoch die großzügige finanzielle Unterstützung des Gastdozentenprogramms, ohne das die Freie Universität ihre Lücken im Lehrkörper nicht hätte ausgleichen können. Der Kurator aus den Gründerjahren der Freien Universität, Fritz von Bergmann, hat die Arbeit der Ford Foundation wie folgt charakterisiert: »Alle Projekte, die die Ford Foundation finanziert hat, waren sehr sorgfältig vorgeprüft und vorbereitet. Die Universität wurde zwar aufgefordert, Wünsche zu äußern, aber schon in der Diskussion hierüber, die teils in Berlin, teils in den Vereinigten Staaten stattfand, zeigten sich sehr dezidierte Vorstellungen auf seiten der Ford-Leute, und wenn uns dann die Spenden übergeben wurden, enthielten sie eindeutige Auflagen über den Verwendungszweck dieser Mittel.«[10]

In regelmäßigen Abständen schickte die Ford Foundation Sachverständige an die Freie Universität. Besonders aufschlußreich ist der Bericht von Dr. Shuster aus dem Jahr 1956. Shuster begründete, warum das Austauschprogramm und das Gastdozentenprogramm, für das die Ford Foundation erhebliche Mittel zur Verfügung gestellt hatte, so wichtig sind: West-Berlin habe den Charakter einer Insel, und für die meisten Berliner sei es kaum möglich, aus der Stadt herauszukommen. »Es ist folglich von größter Wichtigkeit, daß Besucher von Westdeutschland und aus dem Ausland nach Berlin kommen ... Für die Universität sind derartige Besucher eine reine Existenzfrage ... Das Professoren- und Studentenaustauschprogramm, das der Freien Universität seit ihrer Gründung viel Nutzen brachte, ist ihre Versicherung gegen einen Verlust an Weite und Wirkung, der durch die Insellage andererseits gegeben wäre.«[11]

In seinem Gutachten machte sich Shuster für zwei Disziplinen besonders stark: für die Entwicklung kritischer Studien im Marxismus-Leninismus und damit für den Aufbau eines Osteuropa-Institutes und für die Integration der Politischen Wissenschaft, die damals noch an der Deutschen Hochschule für Politik unterrichtet wurden, in die Freie Universität. Beide wissenschaftlichen Institutionen sollten demselben Ziel dienen: der Heranbildung demokratischer Staatsbürger, die auf Grund ihrer Kenntnisse gegen jeden Totalitarismus von rechts und links gefeit wären. Daß dieses Ziel erreicht werden sollte, zeigt die lange Liste Prominenter unter den Absolventen der Freien Universität, die seitdem in Politik, Wissenschaft und Wirtschaft tätig waren.

Höhepunkte in den deutsch-amerikanischen Beziehungen wurden zwei Ereignisse: der Besuch des amerikanischen Präsidenten John F. Kennedy am 26. Juni 1963 in der Freien Universität und die amerikanische Spende für den Aufbau des Klinikums Steglitz. Bevor John F. Kennedy vom Balkon des Rathauses Schöneberg den Hunderttausenden zurief »ich bin ein Berliner«, hatte er die Ehrenbürgerschaft der Freien Universität erhalten. Aus diesem Anlaß umriß Kennedy noch einmal die Vorstellungen, die die Amerikaner mit ihrem Engagement für die Freie Universität verbanden: »Diese

Der Direktor des Amtes für öffentliche Angelegenheiten in der amerikanischen Hohen Kommission für Deutschland, Dr. Shepard Stone, trug als einer der Direktoren der Ford Foundation maßgeblich zum Aufbau der FU bei und organisierte die amerikanische Hilfe.

Prof. Ernst Reuter dankt in seiner Rede im Titania-Palast am 6. August 1951 für die Millionen-Spende der Ford Foundation, mit der in der Folgezeit das Hauptgebäude der Freien Universität mit Auditorium maximum, Bibliothek und Mensa finanziert werden konnte.

Der Direktor der Care-Organisation in den USA, Donald A. Ostrander (r.), übergibt am 15. Juni 1952 eine Bücherspende. Neben ihm Rektor Prof. Dr. Hans Freiherr von Kress, ein Bibliotheksmitarbeiter und der erste Direktor der Universitätsbibliothek, Prof. Dr. Wieland Schmidt (v. r. n. l.). Im Hintergrund, Bildmitte: der ehemalige Gründungsstudent und spätere FU-Professor für Neuropharmakologie Dr. Helmut Coper.

Der von der Ford Foundation finanzierte Henry-Ford-Bau.

Im Amt für Gesamtdeutsche Studentenfragen wurden Kommilitonen aus der DDR beraten. Von dort geflüchtete Studenten verdecken ihre Gesichter vor dem Photographen.

Einsatz für das Klinikum: Die »Mother of Berlin«, wie Eleanor Dulles in den fünfziger Jahren genannt wurde, engagierte sich besonders für die Finanzierung des Steglitzer Klinikums. Unser Bild zeigt die jüngere Schwester des amerikanischen Außenministers 1965 bei einem Besuch im Studentendorf Schlachtensee im Gespräch mit Prof. Dr. Walther Killy (Mitte) ehemaliger Wohnheimbeauftragter der Freien Universität. Der Bau des Studentendorfs war ebenfalls unter besonderem Einsatz von Frau Dulles durch Bereitstellung amerikanischer Spendenmittel ermöglicht worden.

Lehrstätte hat kein Interesse daran, nur Syndikusse und vereidigte Buchprüfer auszubilden. Woran sie Interesse hat, und das gilt für jede Universität, ist die Ausbildung von Weltbürgern, Menschen, die schwierige und heikle Aufgaben meistern, vor denen wir als freie Männer und Frauen stehen, sowie Menschen, die bereit sind, ihre Kraft in den Dienst des Fortschritts einer freien Gesellschaft zu stellen. Das ist der Grund, warum Sie hier sind, und weshalb diese Universität gegründet wurde und wir alle aus ihr Nutzen ziehen.«[12]

Die größte Spende, die je von den Amerikanern für die Freie Universität aufgebracht worden war, belief sich auf 60 Millionen Mark. Sie wurde vom State Department zur Verfügung gestellt, um der Freien Universität ein eigenes Klinikum zu geben. Hier ist eine weitere große Gönnerin der Freien Universität zu nennen: Eleanor Dulles. Sie sorgte gemeinsam mit der Benjamin-Franklin-Stiftung dafür, daß die Freie Universität im Jahr 1968 das modernste Klinikum Europas erhielt. Schon allein der Bau dieses Klinikums nach amerikanischer Konzeption zwang die deutschen Mediziner zum Umdenken. Alle klinischen Disziplinen wurden unter einem Dach vereinigt und zugleich klinisch-theoretische Forschungsinstitute in dem Kompaktbau untergebracht. Der damalige Kurator Fritz von Bergmann hat die Reformanstöße der Amerikaner am Beispiel des Klinikums so geschildert: »Die Amerikaner aber, sowohl Mrs. Dulles wie die Benjamin-Franklin-Stiftung, die als Bauherr fungiert, ließen es nicht dabei bewenden, einen wesentlichen Anteil des Geldes zu geben – der andere Teil muß von deutschen Stellen aufgebracht werden –, sondern sie erwarten und forderten im Zusammenhang damit auch eine Modernisierung des medizinischen Unterrichts und ein Umdenken und Umschalten der bisherigen deutschen Auffassung in der Organisation der Kliniken. Das traditionelle, patriarchalische Prinzip, in dem die einzelne Klinik ein selbständiges Eigenleben führt, wird aufgegeben.«[13]

Erklärlich ist dieses amerikanische Engagement nur durch einen tiefen emotionalen Wandel. In Berlin wurden die Sieger- und Besatzungsmächte zuerst zu Schutzmächten und noch während der Blockade zu Freunden. Die Freie Universität stand für diesen Wandel; sie wurde zum Symbol der deutsch-amerikanischen Freundschaft. Dieser Symbolcharakter macht verständlich, warum sich die offiziellen Repräsentanten der Freien Universität in den Jahren der Studentenrevolte nach 1965 mit dem Protest gegen den Vietnamkrieg so schwer taten.

Das am 4. Juli 1962 seiner Bestimmung übergebene Schwesternhaus war der erste vollendete Bauabschnitt des neuen Universitäts-Klinikums in Berlin-Steglitz, das aus Mitteln der Benjamin-Franklin-Stiftung errichtet wurde.

Der Präsident der Vereinigten Staaten, John F. Kennedy, besuchte am 26. Juni 1963 Berlin. Vor dem Rathaus Schöneberg sprach er die legendär gewordenen Worte: »Ich bin ein Berliner.« Am selben Tag verlieh ihm die Freie Universität Berlin durch ihren Rektor Prof. Dr. Ernst Heinitz bei einem Festakt unter freiem Himmel die Ehrenbürgerwürde. An der Veranstaltung nahmen Bundeskanzler Konrad Adenauer und der Regierende Bürgermeister von Berlin, Willy Brandt, teil.

Die FU-Satzung und Streit mit den Korporationen

Daß die Freie Universität eine politische Gründung war, schlug sich auch in der Satzung nieder. Die beiden entscheidenden Kräfte, die mit ihrem Protest gegen die kommunistische Ausrichtung der Berliner Universität den Anstoß zum Aufbau einer freien Universität in den Westsektoren gegeben hatten, waren die Studenten und jene Politiker, die erkannt hatten, daß eine Universität für die Gestaltung der Gegenwart und Zukunft eines Volkes unentbehrlich ist. Beide Gruppen sollten den Einfluß auf ihre gemeinsame Schöpfung behalten. Daher stand in der Satzung der Freien Universität vom 4. November 1948 etwas Unerhörtes: Dem Akademischen Senat gehörten nicht nur die Dekane und Ordinarien als Wahlsenatoren jeder Fakultät an, sondern auch zwei Vertreter der Studentenschaft. Und in den Fakultätsvertretungen waren außer allen ordentlichen Professoren auch drei Vertreter der Privatdozenten und drei Vertreter der Studenten mit Sitz und Stimme beteiligt. Vergleichbares gab es an den deutschen Universitäten bis dahin nicht. Der politische Berater des amerikanischen Oberbefehlshabers Clay, Robert Murphy, schrieb damals: »Die Freie Universität gehört zu den am demokratischsten verwalteten Hochschulen in Europa, und einige ihrer Grundsätze könnten gut als Leitfaden für andere Universitäten Deutschlands dienen.«[14] Damit meinte Murphy vor allem die Mitwirkung von Studenten im Akademischen Senat. Das andere, in der deutschen Universitätsgeschichte neue Gremium war das Kuratorium. In ihm wirkten neben den Vertretern der Universität, darunter war ein Student, der Regierende Bürgermeister als Vorsitzender und zwei weitere Leiter der Abteilungen des Magistrats (später wurden sie Senatoren) sowie drei Mitglieder aus der Stadtverordnetenversammlung mit. Sie hatten eine Schlüsselposition. Denn im Kuratorium wurden die Haushaltsgelder verteilt, und vor allem wurde über die großen strategischen Fragen der Universität entschieden: die Gründung und Ausstattung von Instituten und die Bildung von Fakultäten. Ein weiteres Novum zeichnete die

Der Eingang zur Juristischen Fakultät in der Ihnestraße 22.

Freie Universität unter allen deutschen Universitäten aus: Außer der Finanzhoheit erhielt sie auch die Dienstherreneigenschaft. Damit konnte sie eigene Angestelltenverhältnisse und später auch Beamtenverhältnisse begründen. Diese Neuordnungen sind unter dem Schlagwort »Berliner Modell« in die deutsche Universitätsgeschichte eingegangen.

Das für die Amerikaner so bedeutsame Engagement für die westliche Demokratie zeigte sich

Studenten während einer Vorlesung im Jahr 1951.

Eine Nonne beim Studium im großen Lehrsaal des Germanischen Seminars.

Blick aus dem Henry-Ford-Bau.

Da die Universitätskliniken örtlich weit voneinander entfernt lagen, brachte eine Sonderstraßenbahn, der »Doktor-Express«, die Studenten auf direktem Wege von Klinik zu Klinik.

Kolleg bei dem Juristen Prof. Dr. Dr. Wilhelm Wengler.

Ein Kriegsversehrter als Werkstudent beim Verrichten von Botengängen.

Zwei von der FU-Arbeitsvermittlung »Heinzelmännchen« vermittelte Studenten 1949 beim »Enttrümmern«.

Der sogenannte Klappenschrank der FU wurde von Werkstudenten und -studentinnen bedient. Auf dem Tisch das Kollegheft.

Teppichklopfen war eine Arbeit, mit der viele Studenten ihr Geld verdienten.

Werkstudentin beim Babysitting.

Amerikanische Studenten tanzen im Sommer 1953 in der FU.

Hochkarätige Wissenschaftlerin an der FU: Anläßlich einer Vorlesungsreihe zum Gedenken an Ernst Reuter sprach die Philosophin Hannah Arendt 1955 über »Autoritäre und totalitäre Staatsform«. Hier im Gespräch mit Hanna Reuter (r.).

Ausländische Studenten aus aller Welt kamen an die Freie Universität. Eine Studentin unterhält sich mit dem Regierenden Bürgermeister von Berlin, Willy Brandt.

Am zehnten Gründungstag: der Regierende Bürgermeister von Berlin, Willy Brandt, Bundespräsident Prof. Dr. Theodor Heuss, der Präsident des Abgeordnetenhauses von Berlin, Willy Henneberg, während der Akademischen Feier am 4. Dezember 1958 (v. l. n. r.).

noch in einem anderen Punkt: Seit der Gründung der FU war es ein von den Studentenvertretern energisch verfochtener Grundsatz gewesen, keine belasteten Professoren zu berufen. Als belastet galt, wer in der NS-Zeit politische Karriere gemacht oder sich in der Sowjetzone für die Interessen der SED engagiert hatte. Die schlagenden Verbindungen, von den Burschenschaften bis zu den Corps, durften an der Freien Universität nicht in Erscheinung treten. Selbst ihren Mitgliedern wurde anfangs, bis zu einer anderslautenden Entscheidung des Bundesverwaltungsgerichts vom Jahr 1958, die Immatrikulation versagt. Denn die Gründungsstudenten machten die schlagenden Verbindungen für das Versagen der Universitäten gegenüber dem Nationalsozialismus mitverantwortlich: Sie seien Wegbereiter des völkischen Gedankengutes und Gegner der Weimarer Republik gewesen. Der restaurative Geist in den Verbindungen, der sich in ihrem Elitebewußtsein und dem Ausschluß von Frauen und Ausländern niederschlug, wurde als nicht mehr zeitgemäß abgelehnt. In Westdeutschland dagegen hatten die Korporationen und Burschenschaften an den Universitäten schon längst das alte Ansehen zurückgewonnen und spielten in den Allgemeinen Studentenausschüssen eine wesentliche Rolle.

1962 gab es in der Bundesrepublik 291 000 Studenten – von ihnen waren zirka 17 Prozent, nämlich 50 000, Mitglieder in Korporationen. Aber 60 Prozent aller Sitze in den Allgemeinen Studentenausschüssen wurden von Korporierten eingenommen. Und im Jahre 1965 gelang es ihnen sogar, zwei Korporierte zu den Vorsitzenden des

Verbandes Deutscher Studentenschaften, der Gesamtvereinigung aller Studentenvertretungen, zu machen.

Als 1963 durch eine Koalition des CDU-nahen Ringes Christlich Demokratischer Studenten mit den Korporierten erstmals mit Eberhard Diepgen ein Burschenschafter zum Vorsitzenden des Allgemeinen Studentenausschusses der Freien Universität gewählt wurde, war die Erregung groß. Selbst Professoren hielten die Besetzung einer so herausragenden Position an der Freien Universität durch einen Burschenschafter für einen Verstoß gegen die bisherige FU-Tradition. In einer Urabstimmung, an der sich 72 Prozent der Studenten beteiligten, wurde der AStA-Vorsitzende Eberhard Diepgen, der später einmal Regierender Bürgermeister in Berlin werden sollte, abberufen und der Konvent, der ihn gewählt hatte, aufgelöst. In den beiden folgenden Jahren begann das, was seitdem in der Presse als FU-Krise beschrieben wurde: Auseinandersetzungen um politische Veranstaltungen, Redefreiheit und Raumverbote. Nur zwei Jahre nach der Abwahl Diepgens, die Affäre um Erich Kuby war gerade abgeschlossen, zeigten die Repräsentanten der Freien Universität bereits eine ganz andere Haltung. Im Juni 1965 beehrte der konservative Rektor Herbert Lüers die Festveranstaltung zum 150jährigen Bestehen der Deutschen Burschenschaften in Berlin mit seiner Anwesenheit, was schon problematisch genug war. Zum Eklat wurde seine Anwesenheit dann durch die Aussagen der Redner. Auf dieser Festveranstaltung hielt der Präsident der Westdeutschen Rektorenkonferenz eine pointierte Rede, in der es hieß, die Korporationen und die Burschenschaften pflegten »Werte innerhalb der Studentenschaft und damit auch der Hochschule, die heute im Massenbetrieb der Hochschule gar nicht hoch genug eingeschätzt werden« könnten. Auf derselben Veranstaltung nahm der Staatsrechtler Professor August Bettermann, ein Mitglied des Akademischen Senats der FU, in seiner Rede vor den Burschenschaftern auf die politischen Unruhen um die Kuby-Affäre Bezug und erklärte, die Auseinandersetzungen würden zu dem Zweck mißbraucht, »Klamauk zu machen, Spektakel zu veranstalten ... Und ich rufe Sie in dieser Stunde auf, daß Sie uns dabei helfen möchten, das richtige Arbeitsklima an dieser Universität wiederherzustellen und den Ruf dieser Universität nicht gefährden zu lassen ... Lassen Sie sich nicht abschrecken dadurch, daß vor zwei Jahren der AStA-Vorsitzende einer der Ihrigen war, Eberhard Diepgen, der dann durch die Vox populi abgewählt wurde ... Machen Sie einen neuen Anfang, bringen Sie unsere Universität wieder in Ordnung. In diesem Sinne rufe ich: Burschen heraus ...«[15] Die Konservativen unter den Professoren waren an der Freien Universität tonangebend geworden.

Am Vorabend der Studentenrevolte zeichnete sich ab, daß der Gründergeist Studenten und Professoren nicht mehr zu einen vermochte. Die Mehrheit der Professoren hatte schon seit Mitte der fünfziger Jahre ein Ziel im Auge: die Freie Universität zu einer normalen westdeutschen Universität zu machen. Helmut Gollwitzer, der 1957 aus Bonn an die FU gekommen war, hat als Zeitzeuge diesen Wandel auf den Punkt gebracht. Ihm fiel unter seinen Professorenkollegen – neben dem Stolz auf das Modell Freie Universität – »auch ein gewisser Minderwertigkeitskomplex gegenüber den alten Universitäten auf. Daß die westdeutschen Universitäten die Freie Universität bei ihrer Eröffnungsfeier am 4.12.1948 geschnitten hatten, war noch unvergessen, aber bei allem Groll darüber schielte mancher doch heimlich auf sie als auf das zu erreichende Muster. Jedenfalls erwies sich deren Vorbild, begünstigt von der gesellschaftlichen Gesamtentwicklung, dann doch als stärker; statt einer Ausgestaltung des ›Berliner Modells‹ verlor sich das Interesse an ihm, und als die große Krise über unsere Universitäten kam, war die Freie Universität schon eine wie alle anderen.«[16]

Demonstrierende Studenten vor der Freien Universität Berlin, Juni 1966.

Die Studentenrevolte (1965 bis 1970)

In der kurzen Geschichte der Freien Universität hat die Studentenrevolte den schärfsten Einbruch gebracht, der in einer Universität denkbar war. Aber dieser Einbruch blieb nicht auf die Freie Universität beschränkt, sondern er erfaßte West-Berlin und begründete die seitdem vorherrschende Distanz der Stadt zu ihren Hochschulen. Die Studentenrevolte prägte zwar das Klima in den meisten Hochschulstädten der Bundesrepublik, sie war ein historisches Ereignis, das für kurze Zeit auch Europa bewegte, ob in Paris, Warschau, Prag oder Budapest. Aber wohl keine deutsche Universität hat mit den Folgen der Studentenbewegung so lange zu kämpfen gehabt wie die Freie Universität. Es ist müßig, darüber zu streiten, ob die außenpolitischen Ursachen für die Studentenbewegung wesentlicher waren als die innenpolitischen – im Ergebnis laufen beide Ursachen auf eine Zeitenwende hinaus. Eine Zeitenwende deswegen, weil es zu einem Bewußtseinswandel unter den jungen Intellektuellen gekommen war, bei dem Tabus, bisher geltende Werte und Vorbilder radikal in Frage gestellt wurden. Die Vorbilder im Kalten Krieg, die Amerikaner mit ihrem Demokratieverständnis, ihrem Way of life und ihrem Selbstverständnis, überall auf der Welt für Freiheit, Selbstbestimmung und Gerechtigkeit zu kämpfen, verloren ihren Nimbus. Herkömmliche Machtstrukturen der Ordinarienuniversität, an der die Institutsdirektoren alles bestimmten, brachen zusammen. Die anderen Universitätsangehörigen, seien es nun Studenten, Assistenten oder Dienstkräfte, entdeckten ihre Rechte und setzten sie mit Unterstützung der Politiker in der Gruppenuniversität seit 1968 kontinuierlich um. Das Tabu, daß über die Nazivergangenheit der Eltern und Großeltern nicht offen gesprochen wurde, fiel in der Studentenbewegung. Ebenso war der Marxismus in seiner westeuropäischen Interpretation, selbst als die Ideologie des Ostblocks, in der jungen Generation des Westens plötzlich akzeptabel

Einen Tag nach den tödlichen Schüssen eines Polizisten auf den Germanistikstudenten Benno Ohnesorg am 2. Juni 1967 während des Schahbesuchs wird der Studentenprotest zur Massenbewegung.

geworden. Und schließlich kam es zu einem Wandel in der Lebenseinstellung: Sexuelle Tabus fielen, Selbstverwirklichung wurde wichtiger als Pflichterfüllung und Arbeitsethos.

Natürlich waren die außenpolitischen Tabuverletzungen für die Öffentlichkeit am gravierendsten. Der Meinungsumschwung vollzog sich rapide. Noch am 22. November des Jahres 1963, als der von der jungen Generation in Deutschland bewunderte amerikanische Präsident John F. Kennedy ermordet worden war, waren 20000 Berliner Studenten spontan zu einer Trauerkundgebung vor das Schöneberger Rathaus gezogen. Zwei Jahre später galt der Amerikamythos bei einer wachsenden Minderheit nichts mehr. 1965 unterschrieben die beiden AStA-Vorsitzenden der Freien Universität einen Aufruf gegen den Vietnamkrieg, den der »ständige Arbeitsausschuß für Frieden, nationale und internationale Verständigung« verfaßt hatte – dieser Ausschuß wurde von der SEW, dem Ableger der SED, gelenkt. Im Februar 1966 beteiligten sich 2000 Studenten aus Protest gegen den Vietnamkrieg an einer Verkehrsblockade auf dem Kurfürstendamm. Danach zogen etwa 500 Studenten zum Amerikahaus, holten die amerikanische Fahne herunter und bewarfen das Gebäude mit Eiern. Als der amerikanische Vizepräsident Hubert Humphrey im April 1967 West-Berlin besuchen wollte, bereiteten radikale Studenten, die sich in einer Kommune zusammengetan hatten, ein sogenanntes Attentat mit Eiern, Mehl und Pudding vor. Ebenfalls 1967 formulierte die Kommune das berühmte Flugblatt zum Kaufhausbrand in Brüssel: »Ein brennendes Kaufhaus mit brennenden Menschen vermittelte zum ersten Mal in einer europäischen Großstadt jenes knisternde Vietnam-Gefühl (dabeizusein und mitzubrennen), das wir in Berlin bislang noch missen müssen. Wann brennen die Berliner Kaufhäuser?«[17] Das waren für die Mehrheit der Bevölkerung nicht nachvollziehbare Provokationen.

Schließlich kam es am 2. Juni 1967 zu jenem einschneidenden Ereignis, das die Aktionen von radikalen Minderheiten in Massenproteste verwandelte: der Erschießung des Germanistikstudenten Benno Ohnesorg von der Freien Universität. Ohnesorg hatte an einer Demonstration vor der Deutschen Oper gegen den Besuch des Schahs von Persien teilgenommen und wurde Opfer eines der brutalsten Polizeieinsätze dieser Jahre gegen die Studenten. Die Demonstration stand im Zusammenhang mit den Studentenprotesten gegen die Vereinigten Staaten, denn der Schah galt unter Kennern als ein grausamer Diktator, der jedoch wegen der Unentbehrlichkeit der Ölquellen in seinem Lande von den Amerikanern gestützt wurde. Zu einem Zeitpunkt, als der Schah die Oper bereits verlassen hatte und die Polizei Jagd auf einzelne Studenten machte, erschoß ein Polizist den Studenten Benno Ohnesorg in einer Nebenstraße. Hatte der 2. Juni 1967 aus dem Studentenprotest eine Massenbewegung gemacht, deren Funke auch auf Westdeutschland übersprang, so war die Reaktion der Bevölkerung und der Politiker in Berlin von ganz anderer Art. Der Regierende Bürgermeister Heinrich Albertz und Teile der Presse schoben den Studenten selbst die Verantwortung für den Tod von Benno Ohnesorg zu.

Als dann im Februar 1968 ein internationaler Vietnam-Kongreß mit 12000 Teilnehmern in Ber-

In einem Autokorso wird am 8. Juni 1967 der Leichnam Benno Ohnesorgs von Berlin nach Hannover überführt.

Internationaler Vietnamkongreß in Berlin mit 12000 Teilnehmern: Der Studentenführer Rudi Dutschke während der Vietnam-Demonstration am 18. Februar 1968.

lin stattfand, wurden zum ersten Mal seit der Blockade von 1948 bei einer Demonstration wieder rote Fahnen in West-Berlin gezeigt, und zwar die rote Fahne als Symbol der kommunistischen, nicht der sozialistischen Bewegung. Der Berliner Senat, das Abgeordnetenhaus und die Gewerkschaften riefen zu einer Gegenkundgebung auf, bei der die politische Sympathie der Berliner Bevölkerung für die Amerikaner bekundet werden sollte. Damals war der linke Studentenführer Rudi Dutschke, ebenfalls ein FU-Student, schon zum Schrecken der Berliner geworden. Es kam zu Ausschreitungen gegen langhaarige Studenten. Auf Plakaten konnte man lesen: »Laßt Bauarbeiter ruhig schaffen, kein Geld für langbehaarte Affen« und »Dutschke – Volksfeind Nr. 1«.

Warum in Berlin die Proteste gegen den Vietnamkrieg so eskalierten, zeigt ein Zitat über die taktischen Überlegungen im Sozialistischen Deutschen Studentenbund (SDS) aus jenen Tagen: »Der SDS war sich darüber im klaren, daß Berlin einer der letzten Orte auf der Welt war, wo sich die Bevölkerung fast ausnahmslos mit der Politik der Vereinigten Staaten identifizierte. Gerade dadurch wurde Berlin aber auch für die Innenpolitik der USA zum neuralgischen Punkt. Denn wenn in Berlin die Intelligenz gegen den amerikanischen Krieg in Vietnam auf die Straße ging, dann fühlten sich die konservativen Kreise in den Vereinigten Staaten von ihren letzten Freunden verlassen.«[18]

Einer der herausragenden deutschen Politologen, Richard Löwenthal, hat zum 30. Jubiläum der Freien Universität den Schluß gezogen, daß die Studentenrevolte im »wesentlichen aus außeruniversitären und deswegen nicht weniger legitimen Gründen« ausgebrochen sei. »Eine Generation war in Deutschland und im Westen überhaupt im Zeichen des Kalten Krieges, im Zeichen der Überzeugung, daß die Ideen der Freiheit und des Rechts beim Westen gut aufgehoben seien, herangewachsen. Sie hatte an diesen Überzeugungen Zweifel bekommen im Zeichen der Erstarrung der Fronten, der Erstarrung insbesondere des Gegensatzes zwischen einem nicht mehr stalinistischen, sondern nur noch bürokratischen Einparteiensystem im Osten und einem nicht weniger bürokratischen Mehrparteiensystem im Westen; und in dieser Situation der wachsenden Müdigkeit am Kalten Krieg, unter dessen Konsequenzen – der Teilung Europas, der Teilung Deutschlands, der Teilung Berlins – man litt, in dieser Situation hat der Vietnamkrieg für viele Tausende junger Menschen ... eine neue moralische und emotionale Entscheidung bedeutet. Tausende von jungen Menschen haben anhand dieses Krieges, in dem Amerika nach ihren moralischen und politischen Maßstäben unrecht hatte, die Überzeugung gewonnen, daß der Westen überhaupt unrecht habe.«[19]

Aber es gab auch innenpolitische Beweggründe, die die Studentenbewegung überhaupt erst zu einer Bewegung gemacht haben. 1958/59 beunruhigte die deutsche Öffentlichkeit die Frage, ob auch die Bundeswehr mit Trägersystemen für Atomwaffen ausgerüstet werden sollte. Das Studentenparlament der FU wollte schon im Juni 1958 die Studenten deswegen befragen. Als dann im Januar 1959 in den Räumen der Freien Universität ein Studentenkongreß gegen Atomrüstung stattfand, dessen linksorientierte Thesen die Politiker schockierten, begann sich der Akademische Senat der Freien Universität intensiv mit einer Frage zu beschäftigen, die noch Jahre später das Klima vergiften sollte – ob einzelnen Organen der Universität, dazu zählt auch die Studentenvertretung, ein allgemein politisches Mandat zusteht. Der Akademische Senat verneinte das ebenso, wie es später die Berliner Gerichte im Streit um politische Resolutionen des Studentenkonvents taten.

Studenten der Freien Universität protestieren im Henry-Ford-Bau gegen das Verbot einer politischen Veranstaltung mit dem Schriftsteller Erich Kuby im Mai 1965. Kuby hatte aufgrund einer umstrittenen Äußerung seit 1958 Hausverbot an der Freien Universität.

Der 13. August 1961 mit dem Bau der Mauer löste auch unter den FU-Angehörigen helle Empörung aus. Studenten engagierten sich bei der Organisation von Fluchthilfeaktionen. Gleichzeitig bewirkte der Mauerbau unter linken Studenten ein Nachdenken über die Frage, ob die von Bundeskanzler Adenauer betriebene Westintegration der Bundesrepublik nicht zu einem Scheitern der Wiedervereinigungspolitik geführt hatte. Solche Fragen wurden in der evangelischen Studentengemeinde, dem Argument Club, dem SDS und in der Humanistischen Union diskutiert. Alle Affären an der Freien Universität, die nach 1961 mit den Namen Erich Kuby und Ekkehart Krippendorff verbunden waren, haben letztlich ihren Hintergrund in der Deutschlandfrage und im Ost-West-Konflikt.

Der damalige Rektor Herbert Lüers verbot der Studentenvertretung, den Schriftsteller Erich Kuby zu einer politischen Veranstaltung im Auditorium maximum der Freien Universität am 7. Mai 1965 einzuladen, dem 20. Jahrestag der Kapitulation von Hitler-Deutschland. Der Rektor sah in einer Äußerung von Erich Kuby aus dem Jahr 1958 eine Beleidigung der FU. Kuby hatte schon im Jahr 1958 formuliert, daß der Name Freie Universität »ein äußerstes Maß von Unfreiheit zum Ausdruck bringt. Nur jene polemische Grundsituation vermag zu verbergen, daß in dem Wort Freie Universität eine innere antithetische Bindung an die andere, an die unfreie Universität jenseits des Brandenburger Tores fixiert ist«, eine Bindung, »die für meinen Begriff mit den wissenschaftlichen und pädagogischen Aufgaben einer Universität schlechthin unvereinbar ist«.[20] Seitdem gab es ein Hausverbot für Erich Kuby. Aber es war schon ein problematischer Vorgang, daß eine Universität, die gute Gründe für ihre Existenz anzugeben wußte, einer Diskussion über die Deutschlandpolitik wegen Kubys Ansicht über das Verhältnis zur Humboldt-Universität im Jahr 1965 auswich.

Mit diesem Konflikt wurde die Frage der Veranstaltungsfreiheit für die Studentenvertreter aufgeworfen. Die Verhältnisse eskalierten derartig, daß eine Protestresolution im Verlauf des Sommersemesters 1965 bereits nach wenigen Wochen von 3000 FU-Studenten unterschrieben worden war. Die Studenten griffen eine Forderung ihrer amerikanischen Kommilitonen von der Universität Berkeley auf, die als »free speech movement« in die Geschichte eingegangen ist: »Die Studenten der Freien Universität sollen das Recht haben, jedermann in ihrer Universität zu jeder Zeit und zu jedem Thema zu hören, soweit der Lehr- und Forschungsbetrieb dadurch nicht gestört wird.«[21]

Als am 14. Mai 1965 in einer West-Berliner Tageszeitung der Artikel des Assistenten Ekkehart Krippendorff veröffentlicht wurde, kam es zu einer weiteren Eskalation: Krippendorff hatte offengelegt, daß der berühmte Philosoph Karl Jaspers ebenfalls nicht zum 8. Mai 1965 in der Freien Universität sprechen sollte, weil der Rektor Herbert Lüers nicht mit den Auffassungen von Karl Jaspers zur Deutschlandpolitik übereinstimmte. Aufgrund dieses Artikels bekam Krippendorff einen Brief des Rektors, in dem ihm mitgeteilt wurde: Das Arbeitsverhältnis sei in einer Weise belastet worden, »daß eine weitere vertrauensvolle Zusammenarbeit nicht erwartet werden kann und der Freien Universität Berlin nicht zuzumuten ist«.[22] Im Klartext: Das Arbeitsverhältnis mit Krippendorff sollte nicht verlängert werden. Die Wahrhaftigkeit einer Universität, die das Wort »veritas« in ihrem Wappen führt, war im Fall Krippendorff in dem Augenblick in Frage gestellt worden, als das Aussprechen von Wahrheiten mit Sanktionen bedroht wurde. So wurde aus einem Fall Krippendorff ein Fall Lüers.

Die Auseinandersetzungen um die Raumvergabe an die Studenten spitzte sich in der Folgezeit aufgrund der Kuby-Krippendorff-Affäre sowie der Protestaktionen gegen den Vietnamkrieg derart zu, daß der Akademische Senat im Februar 1966 neue Raumvergabe-Richtlinien beschloß: Danach sollten Hörsäle der Universität lediglich für Festakte, wissenschaftliche und musische Veranstaltungen freigegeben werden. Veranstaltungen mit politischem Charakter hingegen sollten in Zukunft außerhalb der Universität oder allenfalls abends in der Mensa organisiert werden dürfen. Sämtliche politischen Studentenverbände, vom sozialistischen SDS bis zum Ring Christlich Demokratischer Studenten (RCDS), protestierten gegen diese Raumvergabe-Richtlinien. Eine Universität, die sich die »Freie« nannte und gleichzeitig mit Raumvergabe-Richtlinien politisch disziplinieren wollte – das konnte nicht gutgehen.

Der Sommer des Jahres 1966 sollte jedoch noch einen anderen Höhepunkt in der sich abzeichnenden Studentenrevolte bringen: das erste Sit-in an einer deutschen Universität nach amerikanischem Vorbild. Dieses Sit-in, an dem 3000 Studenten teilnahmen, hatte ein Thema zum Gegenstand, das rein studentische Interessen betraf: die befristete Immatrikulation zum Medizinstudium und die drohende Zwangsexmatrikulation von Jurastudenten, die das neunte Semester überschritten hatten. An der Freien Universität hatten die beiden Fakultäten entsprechende Maßnahmen beschlossen, und sie waren dabei einer Empfehlung der Kultusministerkonferenz gefolgt. Wie weit die Auffassungen über den Sinn dieser Maßnahme, die der Eingrenzung der wachsenden Studentenzahlen dienen sollten, auseinandergingen, zeigen zwei Zitate. Der Studentenkonvent der FU formulierte: »Befristete Zulassung und Zwangsexmatrikulation sind der Versuch, die jahrelangen Versäumnisse auf dem Gebiete der Hochschul- und Studienreform zu decken, indem sie den Studenten für die derzeitige Situation verantwortlich machen.« Der für seine konservativen Positionen bekannte Staatsrechtler an der juristischen Fakultät, Professor August Bettermann, hielt dem entgegen: Bei den Maßnahmen gehe es »nicht um eine Studienreform, sondern um eine Studentenreform«[23]. Diese Äußerung verstanden die

Urabstimmung an der Freien Universität.

Studenten als Beweis für die inzwischen manifest gewordene Reformunwilligkeit der Freien Universität.

Die Studenten wollten eine Urabstimmung über die Frage der Zwangsexmatrikulation veranstalten; der Rektor ließ sie aus formalen Gründen nicht zu. Daraufhin wurde eine Unterschriftensammlung gestartet, die ein bis dahin nicht gekanntes Maß an Mobilisierung brachte: 7000 FU-Studenten verlangten anstelle von Zwangsmaßnahmen eine umfassende Reform der Universität. Welcher Grad an Politisierung durch diese Konflikte inzwischen erreicht worden war, zeigt die Schlußresolution des Sit-ins vom 22. Juni 1966: »Wir kämpfen nicht nur um das Recht, längere Zeit zu studieren und unsere Meinung stärker äußern zu können. Es geht uns vielmehr darum, daß Entscheidungen, die die Studenten betreffen, demokratisch und unter Mitwirkung der Studenten getroffen werden ... Was hier in Berlin vor sich geht, ist ebenso wie in der Gesellschaft ein Konflikt, dessen Zentralgegenstand weder längeres Studium noch mehr Urlaub sind, sondern der Abbau oligarchischer Herrschaft und die Verwirklichung demokratischer Freiheit in allen gesellschaftlichen Bereichen.«[24]

Natürlich hatte der Tod des FU-Studenten Benno Ohnesorg am 2. Juni 1967 weitreichende innenpolitische Folgen. Aus einer Reformbewegung wurde die Revolte. Bereits auf dem Kongreß in Hannover, der nach dem Tod von Ohnesorg organisiert worden war, hatte der Studentenführer des SDS, Rudi Dutschke, erklärt, »daß die etablierten Spielregeln dieser unvernünftigen Demokratie nicht unsere Spielregeln sind, daß Ausgangspunkt der Politisierung der Studentenschaft die bewußte Durchbrechung dieser etablierten Spielregeln durch uns sein mußte«.[25] Das war ganz im Sinne von Herbert Marcuse, des großen Idols der damaligen Linken. Die Frage war nur, ob die Revolte vorwiegend in der Stadt, in der Universität oder an beiden Orten zugleich ausgetragen wurde. Am 18. Juni 1967 fanden im Clubhaus der Freien Universität Beratungen über eine »Gegenuniversität« statt, deren Ergebnisse durch das »Leibfried-Protokoll« übermittelt wurden. Folgende Forderungen wurden gestellt: politische Gegenseminare zu organisieren, modellhaft den etablierten Lehrbetrieb umzufunktionieren, das Methodengerüst zu erschüttern und einzelne Professoren der Lächerlichkeit preiszugeben.[26] Bereits im Juli wurde eine Gegenuniversität zur bestehenden Hochschule unter dem Namen »Kritische Universität« ausgerufen. In deren Konzept

Gründung einer Gegenuniversität: Mitglieder des Allgemeinen Studentenausschusses (AStA) beraten im Juni 1967 im Clubhaus der Freien Universität die Gründung einer »kritischen Universität«. Hochschulreferent Reinhard Selke, Hochschulreferentin Sigrid Fronius und der AStA-Vorsitzende Hartmut Häußermann (v. l. n. r.).

Entsetzen nach dem Anschlag auf Rudi Dutschke am 11. April 1968. In den Ostertagen kommt es zu Straßenschlachten zwischen Polizei und Studenten.

Studentenproteste gegen die Notstandsgesetze am 8. Juni 1967 vor dem Reichstag.

fanden sich so eindeutig politische Aussagen, daß der Schluß nahelag, Sozialisten wollten die Studentenrevolte dazu benutzen, um von der Universität aus die Gesellschaft langfristig zu verändern. So heißt es im Vorlesungsverzeichnis der »Kritischen Universität« (KU): »Die KU entwickelt sich in dem Maße von der Kritischen zur Gegenuniversität, in dem ihre Arbeit und deren Ergebnisse direkt als gesellschaftliche Kampfmittel eingesetzt werden können. Es muß der ›Kritischen Universität‹ gelingen, den aufkeimenden Widerstand unter den arbeitenden Massen dieser Stadt theoretisch zu artikulieren und damit praktisch voranzutreiben.«[27] Daß die Studenten, die das formuliert hatten, ihre Ziele nur reichlich vollmundig propagierten, war damals noch nicht zu erkennen. Es zeigte sich erst in den folgenden Semestern, daß die Masse der Studenten der etablierten Universität die Treue hielt. Dennoch darf sich keine klassische Universität in den Dienst einer derartigen Politisierung stellen. Von daher war der Widerstand der Universitätsleitung gegen die »Kritische Universität« verständlich.

Die Auseinandersetzungen in der Universität und in der Stadt setzten sich fort, obwohl die für das Desaster vom 2. Juni 1967 verantwortlichen Politiker nach und nach das Feld räumten: Zuerst trat am 21. September Innensenator Büsch zurück, am 22. September folgte der Rücktritt des Polizeipräsidenten Erich Duensing und am 26. September der Rücktritt des Regierenden Bürgermeisters Heinrich Albertz. Aber neue Ereignisse sollten eine Beruhigung der Situation, die mit dem Rücktritt hätte eintreten können, unmöglich machen. Nach dem Vietnam-Kongreß vom 17./18. Februar 1968 und der Gegenkundgebung vom 21. Februar kam es am 11. April, dem Gründonnerstag, zum Attentat auf den Studentenführer Rudi Dutschke vom SDS. Die Linken machten für das Attentat nicht nur den eigentlichen Täter, den rechtsradikalen Außenseiter Josef Bachmann, verantwortlich, sondern auch die Springer-Presse und die führenden Politiker in der Stadt. Die Ereignisse eskalierten: Steine wurden gegen das Springer-Haus geschleudert, aber auch gegen Polizisten, Autos des Zeitungskonzerns wurden in Brand gesetzt, Studenten und Polizisten lieferten sich in den Ostertagen 1968 Straßenschlachten in Berlin. Viele Studenten sahen sich bereits als Opfer einer Notstandssituation.

Da inzwischen in Bonn eine große Koalition von SPD und CDU/CSU regierte und eine Not-

Das Wappen der Freien Universität wird am 13. Mai 1968 vor dem Rektoratsgebäude verbrannt.

Rektoratsbesetzung am 27. Juni 1968.

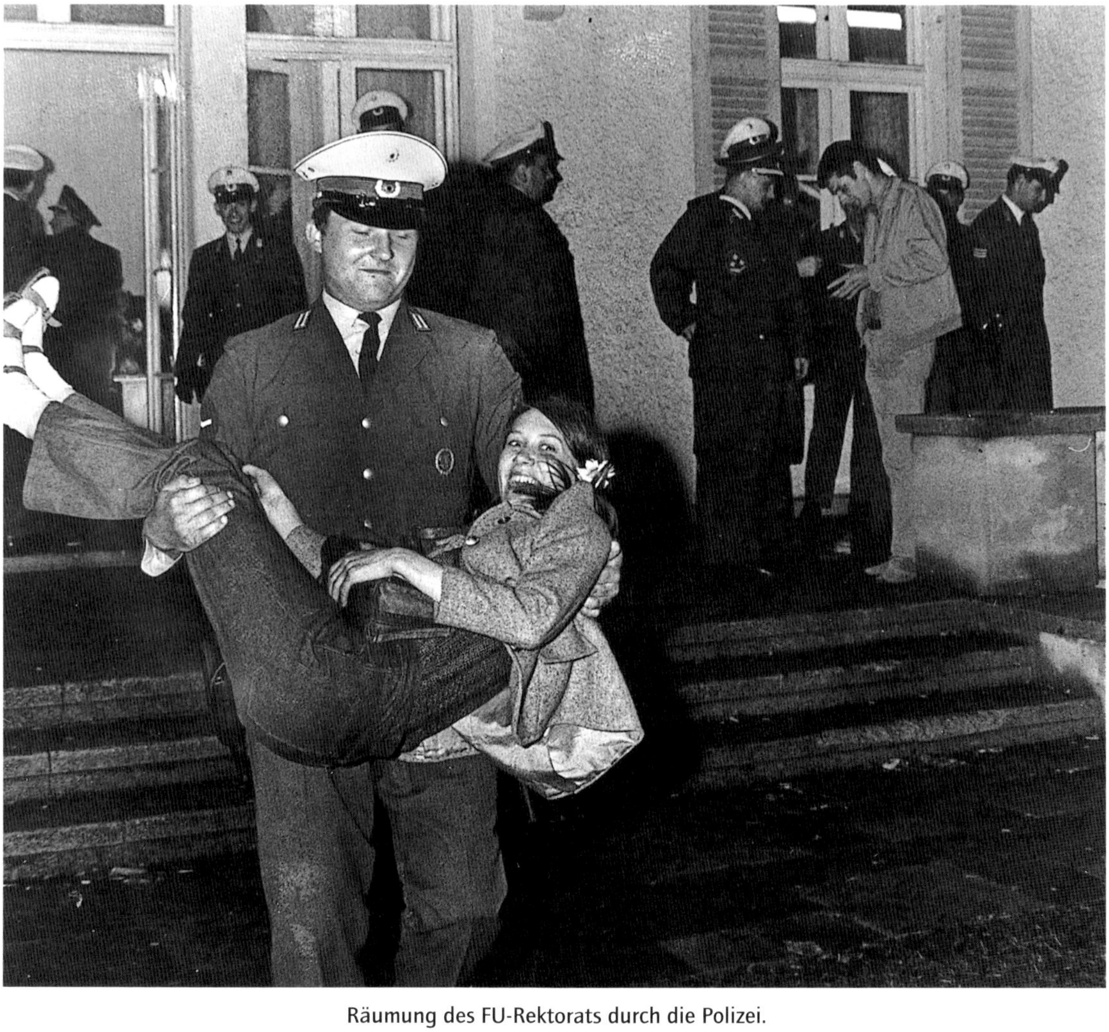

Räumung des FU-Rektorats durch die Polizei.

standsgesetzgebung vorbereitete, die in Krisenzeiten erstmals wieder den Einsatz der Armee im Inneren vorsah, kam es 1968 zu einem Sommersemester des permanenten Ausnahmezustandes. Studentenstreiks und Institutsbesetzungen wechselten einander ab. Besonders extrem waren die Besetzungen am Germanischen Seminar, am Ostasienseminar und am Otto-Suhr-Institut.

Wie auch immer man die innen- oder außenpolitischen Ursachen der Studentenbewegung gewichten will – mit dem Streit um die Reformsatzung am Otto-Suhr-Institut wurde der Konflikt, der aus den Grenzen der Universität in die Stadt getragen worden war, wieder in die Universität zurückverlagert. Das war das erklärte Ziel des Regierenden Bürgermeisters Klaus Schütz. Denn mit dieser Reformsatzung wurde der Paradigmawechsel an der deutschen Universität eingeleitet: Der Weg von der Ordinarienuniversität zur Gruppenuniversität. Dabei war die Freie Universität unter den deutschen Ordinarienuniversitäten noch die fortschrittlichste. Billigte sie doch den Studentenvertretern überhaupt Sitz und Stimme in den erlauchten Gremien der Akademischen Selbstverwaltung, dem Akademischen Senat und den Fakultäten, zu. Diese Mitbestimmung funktionierte in der Gründerzeit. Als der Konsens zwischen den Universitätsangehörigen nach 1964 zerbrach, hatten die Studenten kaum noch Einfluß, wenn sie im Dissens jeweils überstimmt werden konnten. Die Assistenten hatten überhaupt nichts zu sagen. Um noch einmal den Theologen Helmut Gollwitzer in seiner Bilanz von 1948 bis 1978 zu zitieren: »Revolten sind bekanntlich oft die Folge versäumter rechtzeitiger Reformen. Zwanzig Jahre später kam es über die nicht erfüllten Erwartungen zur Explosion aus inneruniversitären wie aus politischen Gründen.«[28]

Was am Otto-Suhr-Institut als Reformsatzung beschlossen und gegen den Widerstand des Akademischen Senats der Freien Universität von den Politikern durch ein Vorschaltgesetz des Abgeordnetenhauses am 17. Oktober 1968 durchgesetzt wurde, ist in der Tat eher eine Hochschulrevolution als eine Hochschulreform gewesen. Der Institutsrat als das entscheidende Gremium wurde nach dem Grundsatz der modifizierten Drittelparität zusammengesetzt: Jeweils zwei gleich starke Blöcke stellten die Professoren und die Studenten, der dritte Block wurde aus Vertretern der Assistenten, der Dozenten und des Personals gebildet. Die Reformsatzung galt zwar nur bis zum Inkrafttreten des Universitätsgesetzes vom 1. August des Jahres 1969. Aber der revolutionäre Grundgedanke der Reformsatzung von 1968 spielte auch in dem Universitätsgesetz von 1969 die entscheidende Rolle: Die Universitätsgremien wurden nach Gruppen zusammengesetzt. Und in den Gremien sollte keine Gruppe mehr so stark sein, daß sie aufgrund ihrer absoluten Mehrheit letztlich allein das Sagen hatte. Der Mitbestimmungsschlüssel sah daher so aus, daß künftig Studenten, Assistenten und Dienstkräfte zusammen die Professoren überstimmen konnten.

In den Streitfragen, in denen die Politisierung zum Maßstab wurde, geschah in den nächsten Jahren genau das: Studenten, Assistenten und Dienstkräfte drängten die Professoren in die Minderheit. Selbst ein so überzeugter Anhänger der Idee der Gruppenuniversität wie der links stehende Theologe Helmut Gollwitzer charakterisierte die Entwicklung so: »Die Gruppenuniversität, die ich für die dem Gründungsgedanken der FU entsprechende Universitätsform halte, hatte nie die Chance, unabhängig von den Verzerrungen durch politische Leidenschaften gestaltet und erprobt zu werden.«[29] Man kann es auch anders gewendet formulieren: Aus der Gruppenuniversität entstand die politisierte Fraktionsuniversität in dem Augenblick, als alle erkannten, daß sie sich unter den neuen Bedingungen gruppenübergreifend nach politischen Richtungen organisieren mußten.

Ein Assistent wird Präsident: Rolf Kreibich (24. 11. 1969 bis 24. 11. 1976)

Als am 24. November 1969 der Soziologie-Assistent Rolf Kreibich zum Universitätspräsidenten gewählt wurde, kam das einer Revolution gleich. Zum ersten Mal stand kein Professor und damit kein wegen seiner Reputation zu ehrender Ordinarius an der Spitze einer großen Universität, sondern ein Nachwuchswissenschaftler. Der Philosophieprofessor Hans-Joachim Lieber, der in der stürmischen Zeit von 1965 bis 1967 Rektor gewesen war, hatte als Liberaler keine Chancen – nicht nur weil er von den Konservativen gestützt wurde, sondern weil er als Repräsentant des Establishments galt. Der radikale Schritt an der Freien Universität hat in Deutschland wenige Nachahmer gefunden: Nur an den Universitäten in Hamburg, Bremen und an der Technischen Universität Berlin wurden in den nächsten Jahren ebenfalls Assistenten zu Universitätspräsidenten gewählt. Noch deutlicher, als es im Universitätsgesetz von 1969 sichtbar geworden war, konnte man nun die neuen Machtverhältnisse erkennen. Studenten, Dienstkräfte und Assistenten waren in der Lage, wenn sie zusammen abstimmten, die Mehrheit über die Ordinarien zu erringen.

Prof. Dr. Rolf Kreibich, erster Präsident der Freien Universität Berlin (1969–1976).

Die grundlegenden Kontroversen um die Universitätsreform hatten zwar bereits 1966 begonnen, sie erlebten aber erst nach der Wahl des Assistenten Kreibich eine derartige Zuspitzung, daß man in Berlin seit 1968/69 vom akademischen Bürgerkrieg sprechen konnte. Kreibich kommentierte seine Wahl Jahre später so: »Für die konservative Seite war es wohl die Katastrophe schlechthin, daß deren Machtablösung nunmehr real wurde.«[30] Nur zu schnell wandelte sich die gerade erst aus der Taufe gehobene Gruppenuniversität von 1968 in eine politisierte Fraktionsuniversität. Ernst Fraenkel, einer der angesehensten Politikwissenschaftler in Deutschland, formulierte nach der Wahl Kreibichs die neue Strategie: »Wir haben den Kampf innerhalb der Hochschulen verloren, jetzt müssen wir ihn von außen führen.«[31] Fraenkel gehörte mit den Dekanen der sechs Fakultäten der Freien Universität zu den Gründungsmitgliedern der »Notgemeinschaft für eine freie Universität«. Die »Notgemeinschaft« nahm den publizistischen Kampf mit einer dreifachen Zielrichtung auf: Sie wollte die Kommunistische Unterwanderung aufdecken und damit die Gesellschaft auf die Gefahren hinweisen, die ihr von den künftigen Hochschulabsolventen drohen könnte, den Terror gegen Dozenten anprangern und beweisen, daß die Gruppenuniversität nicht funktioniert und den Untergang der Universität im Humboldtschen Sinne herbeiführen würde.

Mit diesem letzten Punkt zielte sie auf den Kern der sozialdemokratischen Hochschulreform. Die Notgemeinschaft scheute sich nicht, ihre zahllosen Publikationen, die sie an Entscheidungsträger in Politik, Wirtschaft und Presse versandte, unter der Schlagzeile zu verbreiten: »Freie Universität unter Hammer und Sichel«.

Die Situation war in der Tat bedrohlich geworden: Auf mißliebige Professoren wurden sogenannte »Schweinejagden« veranstaltet. Mit Gewalt und dem Boykott ihrer Lehrveranstaltungen wurde im Sommersemester 1971 versucht, so prominente Professoren wie Alexander Schwan und Richard Löwenthal aus der Universität zu drängen. Nur durch das beherzte Eingreifen gemäßigter Studenten konnte am Otto-Suhr-Institut verhindert werden, daß aufgehetzte Linksradikale, insbesondere aus den Erstsemestern, Professor Schwan aus dem Fenster stürzten.[32] Daß Schwan ein Konvertit war, der sich von einem Anhänger der Drittelparität zu einem Unterstützer der Notgemeinschaft gewandelt hatte, erklärt zwar den Haß der Linken, entschuldigt aber keine Gewaltakte.

Die Freie Universität geriet nur zu schnell in den Ruf, eine »rote Kaderschmiede« zu sein. Im politischen Schlagabtausch wurde pauschal über die ganze Universität geurteilt. Dabei wäre eine Differenzierung angemessen gewesen: zwischen den »gesund« gebliebenen, nach wie vor leistungsfähigen Naturwissenschaften und den vom Leistungsverfall bedrohten Geistes- und Sozialwissenschaften. Der international bekannte Politologe Richard Löwenthal, Sozialdemokrat und Vorstandsmitglied im »Bund Freiheit der Wissenschaft«, hat das getan. Zum 25. Jahrestag der Freien Universität fällte er in der »Frankfurter Allgemeinen Zeitung« dennoch ein äußerst kritisches Urteil: »Die Freie Universität ist in den erkrankten Bereichen kein Ort geistiger Anregung für ihre Träger und darum kein Ort des Hineinwachsens in ein Klima kritischen Denkens für ihre Studenten mehr.«[33]

Die Formel »Freie Universität unter Hammer und Sichel« war zwar maßlos übertrieben, hatte aber einen realen Hintergrund. Unter den Professoren und Nachwuchswissenschaftlern, die von den Linken im Wahlkampf um das Präsidentenamt zeitweilig favorisiert und dann wieder fallengelassen wurden, war Rolf Kreibich derjenige, der am ehesten die Bedingungen der Linken zu erfüllen versprach. Von Anfang an wurde ihm ein Beraterkreis an die Seite gestellt, dessen Einfluß auf die künftige Planung der Freien Universität nicht durchschaubar war. Nach dem Willen des Gesetzgebers sollten zwar alle Gremien öffentlich tagen – die Transparenz war eine Forderung der Linken[34] –, aber dieser Beraterkreis scheute das Licht der Öffentlichkeit. Als die Kritik an diesen Widersprüchen heftig wurde und Journalisten über die Diskussionen im Beraterkreis zu informieren begannen, löste sich der Spuk scheinbar auf. Für die damals tonangebenden »Roten Zellen« waren jedoch die Ziele, die sie über den Beraterkreis an der Universität durchsetzen wollten, unverändert: 1. Eine immer erneuerte Politisierung der an die Universität kommenden Studenten. 2. Deswegen mußte die Universität auch Raum und Personal für eine solche Basisarbeit im Klassenkampf bieten. 3. Die Forschung hatte einer antikapitalistischen Gegenwartsanalyse zu dienen. 4. Um diese Aktivitäten rechtlich abzusichern, mußten Studien- und Prüfungsordnungen verändert werden. 5. Die Chancen zu einer Veränderung der Universität von unten sollten durch eine gezielte Personalpolitik wahrgenommen werden. Die »Roten Zellen« setzten ihre Hoffnung vor allem darauf, ihre kommunistischen Schulungsziele über die Tutoren und Assistenten umsetzen zu können.[35] Besonders stark wurde der Einfluß der sozialistischen Assistenten bei den Politologen, Germanisten, Soziologen und Psychologen.

In einer so exponierten Stadt wie Berlin mußten die »Roten Zellen« zum Ärgernis der Politiker werden. Die CDU forderte unumwunden ihr Verbot. CDU-Politiker bezeichneten sie schlicht als verfassungswidrig und sprachen von einer »entscheidenden Auseinandersetzung mit den Feinden der Demokratie«. Die Sozialdemokraten und an ihrer Spitze der damalige Wissenschaftssenator Werner Stein zweifelten ebenfalls nicht an der verfassungsfeindlichen Zielsetzung der »Roten Zellen«, aber sie wollten diese mit politischen Mitteln bekämpfen. Stein machte die Universitätspräsidenten darauf aufmerksam, daß sie bei den Einstellungen die Vorschriften des Beamtengesetzes zu beachten und die Verfassungstreue der Bewerber zu überprüfen hätten. Bereits die Zugehörigkeit zu einer »Roten Zelle« sei ein Indiz dafür, daß diese Einstellungsvoraussetzung nicht gegeben sein könne.[36] Kreibich warnte dagegen vor Gesinnungsschnüffelei. Er sah in dem Senatsbericht über die »Roten Zellen« keine zureichende juristische Begründung für ein Verbot und wies auf die Schwierigkeiten hin, die nun für jene Universitätsmitglieder bestünden, die mit legal gewählten Mitgliedern der »Roten Zellen« in den Gremien zusammenarbeiten müßten.[37]

Damit war das Muster für die Auseinandersetzungen der kommenden Jahre gelegt: Unter dem großen Dach der »Linken Fraktion« arbeiteten Verfassungsfeinde und linke Idealisten, Linksliberale sowie Opportunisten zusammen. Auf der Gegenseite formierten sich in der »Notgemeinschaft« als Kampforganisation die konservativen Professoren und in der »Liberalen Aktion« die konservativen und rechtsliberalen Universitätsangehörigen, um in den Gremien Präsident Kreibich und der »Linken Fraktion« jeden erdenklichen Widerstand entgegenzusetzen. In der Mitte standen die »Reformsozialisten«, die prinzipiell als Anhänger der Gruppenuniversität dem neuen Hochschulgesetz zum Erfolg verhelfen wollten. Sie waren zwar bereit, den sozialdemokratischen Präsidenten Kreibich zu unterstützen, aber sie leisteten gegen jede kommunistische Unterwanderung der Freien Universität Widerstand. Die sogenannte Kreibich-Fraktion, die einmal von den Linken bis zu den Liberalen gereicht hatte, zerbrach schon im November 1970. In dem schwelenden Konflikt der folgenden Jahre war es ein Ziel der »Reformsozialisten«, Kreibich zwar nicht zu stürzen, aber durch ein Team von Vizepräsidenten zu kontrollieren. Damit schlugen die »Reformsozialisten« die Brücke zur »Liberalen Aktion« und verhalfen mit ihren Stimmen auch deren Kandidaten in die Vizepräsidentenämter. Das Ziel war klar. Einer ihrer Sprecher, der Politologe Hartmut Jäckel, formulierte die über viele Jahre verfolgte Strategie 1974, als er für das Amt des Ersten Vizepräsidenten kandidierte, so: »Die Politik des Präsidialamtes muß ausgewogener und vor allem integrativer werden. Keine Universität kann es sich auf Dauer leisten, daß die Mehrzahl der Hochschullehrer, die kraft ihrer spezifischen Funktionen noch immer für den Rang und das Ansehen einer Universität einstehen, ins hochschulpolitische Abseits gedrängt wird.«[38]

Der Staat reagierte auf die linke Unterwanderung der Universität mit einem Zickzackkurs zwischen Entschlossenheit und Hilflosigkeit: Der Warnung vor den »Roten Zellen« folgte im Jahr 1971 das Verbot von drei germanistischen Lehrveranstaltungen. Diese drei sozialistischen Lehrveranstaltungen waren von der »Roten Zelle Germanistik« als Bestandteil eines sozialistischen Studienprogramms ausgegeben worden. Die Freie Universität klagte erfolgreich gegen dieses Verbot vor dem Verwaltungsgericht und bekam auch vor dem Oberverwaltungsgericht recht. Das Verwaltungsgericht stellte fest, daß die Staatsaufsicht über die Universitäten nur eine »stark eingeschränkte Rechtsaufsicht sein dürfe«. Das Verwaltungsgericht billigte der im Grundgesetz garantierten Wissenschaftsfreiheit einen außerordentlich hohen Rang zu. Da die »materialistische Literaturwissenschaft« zur Germanistik gehöre, könne der Staat Lehrveranstaltungen selbst dann nicht verbieten, wenn in ihnen »einseitig historisch-materialistisch vorgegangen worden« sei. Einen Verstoß gegen die Verfassungstreue konnte das Gericht nicht feststellen: »Eine Verpflichtung auf die jeweils herrschende politische Meinung oder auf das Gedankengut, das allen Parteien gemeinsam ist, enthält die Verpflichtung zur Verfassungstreue nicht.«[39] Damit war einmal mehr deutlich geworden, daß sich die Berliner Universitäten der Frage stellen mußten, wie sie in der neuen Situation dem Pluralismus der verschiedenen Lehrmeinungen in ihren Vorlesungen und Seminaren gerecht werden konnten.

Das nächste Mal zeigte der Berliner Senat Härte, als er sich weigerte, den Marxisten Hans-Heinz Holz auf einen Lehrstuhl zu berufen. Nach dem Hochschulgesetz ist der Wissenschaftssenator berechtigt, von der Reihenfolge der Berufungsvorschläge abzuweichen – deswegen konnte sich Senator Stein in diesem Fall durchsetzen. Auch der belgische Trotzkistenführer Ernest Mandel wurde von Senator Stein nicht an die FU berufen: Der Senator warf der Universität vor, ihn nie zuvor durch einen Berufungsvorschlag so herausgefordert zu haben.[40] Aber auf die entscheidende Frage, wie eine Universität auf die Herausforderung durch die Linken angemessen zu reagieren hätte, blieben alle die Antwort schuldig. Der Marxismus als Wissenschaft war nicht in dem KPD-Urteil von 1956 durch das Bundesverfassungsgericht verboten worden. Aber die Frage, ob der Marxismus von unabhängigen Wissenschaftlern gelehrt werden müsse oder ob auch überzeugte Marxisten die marxistische Theorie in Forschung und Lehre zum Gegenstand der Wissenschaft machen dürfen, wurde nicht beantwortet.

Der wissenschaftliche Pluralismus, eine damals oft gehörte Formel, wurde zur unbequemen Herausforderung. Leichter erschien da schon der Versuch, die im akademischen Bürgerkrieg verfeindeten Wissenschaftler zu trennen. Was zunächst ein Gedankenspiel war, wurde bei den Politologen und Germanisten – wo die Marxisten besonders radikal auftraten – ernsthaft erwogen, aber in letzter Minute doch verworfen. Bei den Psychologen kam es jedoch zur Spaltung des Instituts in einen Holzkamp-Flügel und einen Jäger-Flügel. Professor

Besprechung.

Nach dem Seminar.

Lesepause.

In der Vorlesung.

Klaus Holzkamp, der mit dem Projekt des sozialistischen Schülerladens bundesweit für Schlagzeilen gesorgt hatte, schlüpfte unter das schützende Dach des Fachbereichs Philosophie und Sozialwissenschaften – dieser Fachbereich entwickelte sich zur Trutzburg der Linken. Professor Adolf Jäger führte seine empirisch orientierten Psychologen in den Fachbereich Erziehungswissenschaften. Seit dem Jahr 1971 bekämpften sich beide Institute erbittert; erst 1993 gelang die Zusammenführung. Noch im Jahr des 40jährigen Jubiläums der Freien Universität, 1988, sollte die damals geplante Neustrukturierung der FU mit an der Unversöhnlichkeit der Psychologen scheitern.

Nachdem der wissenschaftliche Pluralismus über Versuche nicht hinausgekommen war, wurde zuerst im sozialdemokratisch regierten Hamburg die Treueprüfung für den Öffentlichen Dienst verschärft. Es folgte dann bundesweit die Regelanfrage beim Verfassungsschutz für alle Bewerber. Seit dem 1972 von der Ministerpräsidentenkonferenz beschlossenen Radikalenerlaß waren Kandidaturen für die »Roten Zellen« und ihre Nachfolgeorganisationen wie den »Kommunistischen Studentenverband«, den »Kommunistischen Bund«, die »Proletarische Linke/Parteiinitiative«, die »Marxisten-Leninisten« oder die »Aktionsgemeinschaften von Demokraten und Sozialisten« mit dem Risiko verbunden, später keine Beschäftigung als Lehrer, Richter oder Wissenschaftler zu finden. Der Radikalenerlaß von 1972 wuchs sich zu einer Mißtrauenserklärung an die junge Generation aus und vergiftete das Klima zumindest in den Hochschulstädten der Bundesrepublik nachhaltig.

Das Jahr 1973 brachte eine weitere bundesweite Weichenstellung: Diesmal kam sie vom Bundesverfassungsgericht in Karlsruhe mit dem berühmten Urteil zum niedersächsischen Hochschulgesetz. Seitdem galt rechtsverbindlich für alle Bundesländer, daß auch an einer Gruppenuniversität Mindeststandards einzuhalten waren. Den Professoren stand wegen ihrer herausragenden Bedeutung für die Wissenschaft in Fragen, die unmittelbar die Lehre und Forschung sowie die Berufung neuer Wissenschaftler betrafen, zumindest ein Anteil von 50 Prozent der Stimmen, teilweise sogar die absolute Mehrheit in den Gremien zu. Eine derartige Richtungsentscheidung hatte sich in Berlin schon durch einen Spruch des Verwaltungsgerichts angedeutet, das die Gewichtung der Stimmen nach dem Grad der Qualifikation empfohlen hatte.[40] Der Grundgedanke war klar: Die Studenten kommen und gehen, für sie sind die Hochschulen »Durchlauferhitzer« beim Einüben von Politik und Demokratie. Die Professoren dagegen sind der Universität auf Dauer verbunden. Sie prägen den Ruf einer Universität, ihre Innovationskraft ist für Wissenschaft und Wirtschaft unentbehrlich, und sie sind für eine sachgerechte Ausbildung der Studenten gegenüber der Gesellschaft verantwortlich.

Damit war der klassischen Konstellation der Kreibich-Koalition die Grundlage entzogen. Ein Bündnis, das seine stärksten Stützen in den Dienstkräften, den Assistenten und den Studenten fand, aber die Mehrheit der Professoren ausschloß, ja vor den Kopf stieß, war nicht länger zu verantworten.

Daß sich Kreibich in der Stadt und unter den Professoren immer mehr Kritik eingehandelt hatte, lag auch noch an seiner Fehleinschätzung in der Bündnisfrage. Das geteilte Berlin lebte unter ständiger Bedrohung durch die DDR und die Sowjetunion. Nichts konnte gefährlicher sein für die sozialdemokratische Politik der Gesellschafts- und Hochschulreform, die unter dem Motto »mehr Demokratie wagen« stand, als wenn Kommunisten über die Mitbestimmung beherrschenden Einfluß auf die Hochschulpolitik nehmen konnten. Als es 1974 zu Gremienwahlen an der Freien Universität kam, errang die konservative »Liberale Aktion« zusammen mit den »Reformsozialisten« einen Sieg über die »Linke Fraktion«. Aber auch das war für Kreibich kein Anlaß zur Änderung seiner Politik. Öffentlich verteidigte er die »Aktionsgemeinschaften von Demokraten und Sozialisten« und die linke Gruppierung »Demokratische Hochschule«: Viele Angehörige dieser Gruppen gehörten nicht zur SEW, und sie verträten eine »Bildungspolitik und Hochschulpolitik, die mit meiner kongruent ist«, sagte er. Mit Blick auf die »Liberale Aktion« jedoch konnte der FU-Präsident nur »viele grundsätzliche Unterschiede in der Hochschulpolitik« feststellen.[42] Die Folgen lagen auf der Hand. Wissenschaftssenator Werner Stein kritisierte Kreibich öffentlich, die »Reformsozialisten« und die »Liberale Aktion« wählten gemeinsam ein Vizepräsidententeam, in dem es keinen Vertreter der »Linken Fraktion« mehr gab. Das Ziel war klar. An der Freien Universität war ein Kurswechsel angesagt. Kreibich erkannte immer noch nicht die Zeichen der Zeit und erklärte sich zum Schutzpatron der Linken: Es gelte die Mitarbeit aller Universitätsmitglieder zu erhalten, und er wolle nicht »gegen 50 Prozent der Universitätsmitglieder Politik machen«.[43]

Als 1976 nach siebenjähriger Amtszeit erneut eine Präsidentenwahl anstand, hatte Kreibich keine Chancen mehr. Die Entscheidung, die dann zu treffen war, konnte nur so aussehen: Die »Reformsozialisten« stellen den Präsidenten, nachdem sie bereits seit 1974 mit dem Politologen Hartmut Jäckel den Ersten Vizepräsidenten vorweisen konnten, oder die »Liberale Aktion« als die konservative Mehrheitsvertretung der Professoren hebt ihren »weiteren« Vizepräsidenten aus der Ära Kreibich, Siegfried Baske, auf den Schild, oder es gelingt, einen prominenten Wissenschaftler von außen nach Berlin zu holen.

Genau diese Lösung strebten die »Reformsozialisten« zusammen mit dem gemäßigten Teil der »Linken Fraktion« an. Sie konnten den bekannten Literaturwissenschaftler Eberhard Lämmert zur Rückkehr nach Berlin bewegen. Lämmert hatte schon 1969, als er noch als Germanist an der Freien Universität tätig war, das Konzept der SPD für eine Gruppenuniversität unterstützt.[44] Und schon 1969 hatten Sozialdemokraten die Hoffnung gehabt, Lämmert für die erste Präsidentschaft unter dem neuen Hochschulgesetz an der Freien Universität gewinnen zu können. Lämmert hatte jedoch 1970 die Freie Universität verlassen und war nach Heidelberg gegangen.

Der große Dialog (1976 bis 1983)

Der akademische Bürgerkrieg flammte mit der Wahl des Germanisten Eberhard Lämmert zum FU-Präsidenten erneut auf. Die konservative »Liberale Aktion«, die mit ihrem Kandidaten Professor Siegfried Baske ins Rennen gegangen war, wollte künftig an der Freien Universität tonangebend werden. Ihr zentrales Argument lautete, daß die »Liberale Aktion« etwa 70 Prozent der Professoren und 35 Prozent der Assistenten an der Freien Universität vertrete. Die SPD-nahen »Reformsozialisten« waren jedoch nicht bereit, Professor Baske als Präsidenten zu unterstützen, und zwar deswegen, weil sie in Professor Baske einen Kandidaten sahen, der nur zu bereit schien, auch die konservativsten Positionen der »Notgemeinschaft« zu berücksichtigen. Die »Notgemeinschaft« hatte sich schließlich mit ihrer scharfen Ablehnung des neuen Hochschulgesetzes von 1969 hervorgetan, das bekanntlich die Handschrift der SPD trug. Die »Notgemeinschaft« hatte sich auch nicht gescheut, bei der Aufdeckung von kommunistischen Aktivitäten in einzelnen Fachbereichen der Freien Universität generell davon zu sprechen, daß die Freie Universität »unter Hammer und Sichel« stehe. Obwohl Lämmert kein Wunschkandidat der Kommunisten innerhalb der »Linken Fraktion« war, erhielt er am 22. Juni 1976 im Konzil, dem Wahlgremium für die Präsidenten und Vizepräsidenten, 84 Stimmen. 70 Stimmen wurden für Siegfried Baske abgegeben.

Was sich danach an der Freien Universität, im Berliner Abgeordnetenhaus, aber auch in der konservativen Publizistik in Deutschland abspielte, ist nur noch mit dem Begriff Hysterie zu erklären. Schon vor der Präsidentenwahl hatte die »Liberale Aktion« erklärt, es gehe um die Frage einer verstärkten »Zusammenarbeit aller freiheitlich-demokratischen Kräfte«, um zu verhindern, daß der Exponent »eines Linkskartells« gewählt werde. Es gehe also um die Entscheidung, ob die seit den Vizepräsidentenwahlen von 1974 unternommenen Konsolidierungsbemühungen zugunsten einer »einwandfrei demokratischen und wissenschaftlich leistungsorientierten Universität fortgesetzt und intensiviert werden oder ob die Anhänger eines dogmatischen und intoleranten Marxismus-Leninismus den machtpolitischen Einfluß, den sie während der ersten fünf Jahre der Amtszeit Kreibichs gewonnen hatten, zurückerlangen«.[45] Die Öffentlichkeit war entsprechend eingestimmt. Als dann am 22. Juni Lämmert gewählt wurde, gab die »Notgemeinschaft« die meinungsbildenden Parolen heraus: »Mit der Wahl des Volksfrontpräsidenten Lämmert ist die Politik einer Konsolidierung der FU vorerst gescheitert. Die FU bleibt eine maßgeblich von Kommunisten abhängige Universität ... Damit ist der Beweis erbracht, daß das Berliner Universitätsgesetz und seine Grundprinzipien unter den in Berlin gegebenen Umständen nur der langfristigen Taktik der Kommunisten zugute kommen wird. Die durch dieses Gesetz seit 1969 ruinierte Universität kann sich offensichtlich nicht aus eigener Kraft regenerieren.«[46] Und dann fuhr die »Notgemeinschaft« fort: »Kein Demokrat kann sich Lämmert als Vizepräsident zur Verfügung stellen.« Für die CDU erklärte in Bonn der bildungspolitische Sprecher Anton Pfeifer zur Wahl Lämmerts, der Volksfrontgedanke gewinne in einzelnen Universitäten an Boden. Die Berliner CDU forderte den Senat auf, den durch ein Volksfrontbündnis gewählten Professor Lämmert nicht als Präsidenten zu bestätigen. In den konservativen Zeitungen, von der »Berliner Morgenpost« über »Die Welt« bis zur »FAZ«, wurde Lämmerts Wahl mit Volksfrontattributen begleitet. Wer sich einen seriösen Anstrich geben wollte, setzte gerade noch ein Fragezeichen hinter diesen Begriff.

Sachliche Überlegungen, daß auf jeden Fall bei 84 Konzilsstimmen für Lämmert eine Mehrheit von Demokraten den neuen FU-Präsidenten gewählt hatte, gingen in dem öffentlichen Getöse unter. Noch schlimmer jedoch war ein anderer Vorgang, der mit der Wahl Lämmerts verbunden war und noch viele Jahre später die Atmosphäre an der Freien Universität vergiften sollte: Das rätselhafte Verschwinden der Stimmzettel unmittelbar nach der Präsidentenwahl. Die Zusammenhänge um diese Wahlzettelaffäre sollten noch 1983 und 1987 die Amtszeit von Lämmerts Nachfolger, Professor Dieter Heckelmann, überschatten. Wenn man einen Tiefpunkt im akademischen Bürgerkrieg an der FU fixieren kann, dann sind es die Auseinandersetzungen um die Wahl Lämmerts und das Verschwinden der Stimmzettel.

Prof. Dr. Eberhard Lämmert, zweiter Präsident der Freien Universität Berlin (1976–1983).

Der Versuch des Jurastudenten Hans-Georg Wellmann und einer Dienstkraft, die Wahl Lämmerts vor dem Verwaltungsgericht wegen der verschwundenen Stimmzettel anzufechten, scheiterte: Die Strichliste, anhand derer er angeblich zu einem anderen, für Professor Baske günstigeren Ergebnis gekommen war, konnte der klagende Student dem Gericht nicht vorlegen. Dagegen bestätigten Zeugenaussagen der an der Auszählung der Stimmen beteiligten Mitglieder des zentralen Wahlvorstandes die Stimmabgabe vom 22. Juni. Erst nach der Gerichtsentscheidung vom September 1976 konnte der Berliner Senat Eberhard Lämmert als FU-Präsidenten bestellen.[47]

Wie wenig das Volksfrontattribut auf einen liberalen Ordinarius wie Eberhard Lämmert paßte, belegen seine eigenen Äußerungen. Anläßlich des 30jährigen Jubiläums der Freien Universität hat Lämmert einige grundsätzliche Ausführungen gemacht, die zeigen, daß er in einer von Ideologien und Politik bestimmten Universität das Ende der Wissenschaftsfreiheit sieht. Er rechtfertigte die Gründung der Freien Universität von 1948 damit, daß der Berliner Universität im Ostteil der Stadt »unter dem Namen Humboldts ein Bildungssystem aufgezwungen worden war, das Zulassung und Lehre unter das Diktat einer Einheitspartei stellte«.[48] Lämmert zeigte sich bereits 1978, nach anderthalbjähriger Erfahrung im Präsidentenamt, zutiefst enttäuscht über das Ausmaß der Politisierung an der Freien Universität. So sei die Freie Universität gar nicht zu der Gruppenuniversität geworden, die die Väter des Hochschulgesetzes von 1969 vorgesehen hätten, sondern zu einer Fraktionsuniversität: »Die Überhitzung politischer Erwartungen oder Enttäuschungen hat nahezu in allen Gremien ein anderes Solidarisierungsprinzip wirksam werden lassen: Politische oder bildungspolitische Fraktionen beherrschen seither stärker als an jeder anderen deutschen Hochschule die Arbeit der zentralen Selbstverwaltungsorgane und führen für zwei oder vier Jahre zu starren Mehrheiten oder zu einer abgeschotteten Proporzwirtschaft. Damit macht sich in der Berufungspolitik wie in der Bewirtschaftung von Forschungsmitteln unversehens ein überholt geglaubtes Prinzip der Besitzstandswahrung neuerlich breit, das an einer Universität stets die ernsthafteste Gefährdung für wissenschaftliche Innovationen darstellt.«[49] Deutlicher konnte die Kritik an den Zuständen in der Freien Universität nicht formuliert werden.

Lämmert mußte sich jedoch auch noch mit einer ganz anderen Situation auseinandersetzen: Die Freie Universität, die in ihren Anfangsjahren für 5000 Studenten geplant war, erreichte im Jahre 1976 mit 32 500 Studenten die Spitzenstellung unter allen deutschen Hochschulen, und sie sollte im Jahr 1980 mit der Integration von Teilen der Pädagogischen Hochschule die Grenze von 40 000 Studenten überschreiten. Schon damals erreichte allein ein Teilkörper, der Fachbereich Philosophie und Sozialwissenschaften, mit 5700 Studenten die Größe einer kleinen Universität.

Nach Berlin strömten die Studenten aus allen Teilen der Republik. Das war von den Politikern zum Teil gewollt. Denn in Berlin, der Stadt im Herzen der DDR, sollte die Erinnerung an die offene deutsche Frage wachgehalten werden. Aber es kamen nicht nur Studenten in die Stadt, die sich besonders für die nationale Frage engagierten, sondern auch solche, die sich in der unter alliiertem Status stehenden Stadt der Einberufung zur Bundeswehr entziehen wollten. Dies waren eher linke Studenten. Das hatte Folgen für das politische Klima in West-Berlin. Hatten sich die Berliner mitten im Blockadewinter 1948 mit den studentischen Gründern der Freien Universität identifiziert, so lehnten sie spätestens seit 1968 alle Studenten ab, deren Äußeres auf eine linke Gesinnung schließen ließ. Die Äußerung des Regierenden Bürgermeisters Klaus Schütz, »ihr müßt diesen Typen nur ins Gesicht sehen«,[50] drückte diese Stimmung nur zu deutlich aus. Und die Freie Universität, auf deren Campus die Protestformen der neuen Studentengeneration zum ersten Mal deutlich geworden waren, wurde ganz im Sinne der »Notgemeinschaft« als ein Ort betrachtet, von dem eine Gefährdung Berlins und der Bundesrepublik ausging. Nach den Auseinandersetzungen um den Vietnamkrieg, nach den Unruhen um das Attentat auf Rudi Dutschke, nach den Institutsbesetzungen im Zusammenhang mit der Beratung der Notstandsgesetze war in Berlin die Angst vor einer kommunistischen Unterwanderung, ausgehend von den Universitäten, besonders ausgeprägt. Um es mit Lämmerts Worten zu formulieren: »Demonstrierende Studenten unter roten Fahnen und Parolen avancierten rasch zum inneren Feind der Stadt, und mit ihnen bald auch ihre Ausbildungsstätte, die überfüllte Universität.«[51]

Der 1972 von den Ministerpräsidenten formulierte »Radikalenerlaß« wurde in Berlin besonders heftig diskutiert. Wer immer sich für eine Position im Öffentlichen Dienst bewarb, vom Inspektorenanwärter an aufwärts, mußte mit einer Regelanfrage beim Verfassungsschutz rechnen, und die Auskünfte der Verfassungsschutzämter konnten mit Hilfe der Computer jederzeit schnell zur Verfügung gestellt werden. Bisweilen wurden die wahren Beweggründe für eine Ablehnung von Bewerbern, nämlich mangelnde Verfassungstreue, verschleiert. Viele Studenten sahen in dem Radikalenerlaß eine Mißtrauenserklärung an die junge Generation.[52]

Im Jahr 1976 kam es kurze Zeit nach dem Amtsantritt von Lämmert zu massenhaften Protestaktionen der Studenten an den Berliner Universitäten, besonders an der Freien Universität.

Dabei zeigte sich ein erstaunliches Phänomen: Die Studenten, die gegen Berufsverbote demonstrierten und im Protest die Lehrveranstaltungen boykottierten, wandten sich zugleich gegen jegliche Bevormundung durch die extremen politischen Studentenparteien. Maoistische oder SEW-nahe Studentengruppen, die jahrelang Versammlungen manipuliert hatten, mußten sich daran gewöhnen, daß sie mit ihren Rednern und Resolutionen nicht mehr tonangebend waren. Viele nicht organisierte Studenten wagten es erstmals, vor Versammlungen mit 2000 bis 3000 Studenten zu sprechen. Gleichzeitig bildete sich eine neue linke Studentenbewegung, die Spontis. Sie sorgten zumindest, trotz etlicher anarchistischer Attitüden, für ein neues offenes Diskussionsklima an den Universitäten.[53]

Nach Jahren der Isolation trauten sich erstmals wieder Politiker in die Universitäten und stellten sich der Diskussion mit den Studenten. Nach dem Amtsantritt von Peter Glotz als neuem Wissenschaftssenator in Berlin im Mai 1977 begann eine wahre Diskussionsoffensive, und die Präsidenten der beiden großen West-Berliner Universitäten, Eberhard Lämmert und Rolf Berger für die Technische Universität, bildeten mit Glotz ein Trio, das für einen neuen Stil der Auseinandersetzung mit der jungen Generation sorgte. Alle drei profilierten sich als Kritiker des ausufernden Radikalenerlasses. Aber sie griffen auch andere Ängste der Studenten auf: Sorgen um den künftigen Arbeitsplatz. Peter Glotz hat es mit als erster formuliert, daß die Bildungsexpansion der späten sechziger und frühen siebziger Jahre nicht nur die Chancen der jungen Generation verbessern, sondern zugleich auch die Konkurrenz um die Stellen verschärfen werde.

Bereits in der Ölpreiskrise von 1973 hatten sich die Grenzen des Wirtschaftswunders gezeigt. Nicht unbegrenzt konnte sich die Gesellschaft eine Expansion mit immer besser bezahlten Akademikern leisten. 1975 hatten die Innenminister verkündet, daß künftig nicht mehr 60 Prozent der Hochschulabsolventen in den Öffentlichen Dienst übernommen werden könnten, sondern nur noch 15 Prozent. Daß die Wirtschaft nicht in der Lage sein würde, alle jene Hochschulabsolventen zu versorgen, die nicht mehr im Öffentlichen Dienst unterkommen konnten, lag auf der Hand. Es

Diskussion im Audimax nach der Verschärfung der Prüfungssituation durch das Wissenschaftliche Landesprüfungsamt 1980.

Überfüllter Hörsaal Anfang der achtziger Jahre.

wurde damit fraglich, ob sich für die Massen ein Studium zehn Jahre später auszahlen würde. Gleichzeitig galt es jedoch, jene geburtenstarken Jahrgänge in Millionenstärke im Blick zu behalten, die zwischen 1961 und 1967 geboren waren. Die Widersprüche in der Bevölkerungs- und Wirtschaftspolitik traten deutlich zutage. Die Ministerpräsidenten zwangen im Jahre 1977 die Hochschulen, sich für den Andrang der geburtenstarken Jahrgänge zu öffnen. Dennoch kam der weitere Ausbau der Studienplätze zum Erliegen. Denn auf die Millionenjahrgänge der sechziger Jahre folgte die Halbierung der Geburtenzahlen in den siebziger Jahren. Es wurde jene verhängnisvolle Politik der »Untertunnelung des Studentenberges« eingeleitet, die bis in die späten neunziger Jahre anhalten sollte: Statt die Hochschulplanung auf die geburtenstarken Jahrgänge auszurichten, orientierte man sich an der Generation nach dem »Pillenknick«.[54] In jenen Jahren wurde die Freie Universität mit ihren überlangen Studienzeiten und hohen Studienabbrecherquoten zu einem Negativsymbol der Massenuniversität – letztlich war sie jedoch nur ein Vorläufer jener extremen Überlastung, die alsbald viele deutsche Hochschulen zu Massenuniversitäten machen sollte. West-Berlin wurde zum Seismographen künftiger Erschütterungen.

Das neue Diskussionsklima an den Universitäten Berlins bewährte sich selbst in dem extremen Jahr 1977, als RAF-Terroristen den Generalbundesanwalt Buback erschossen und eine Lufthansamaschine mit Urlaubern nach Mogadischu (Somalia) entführt wurde, um inhaftierte Gesinnungsgenossen in Stammheim freizupressen. Daß in Berlin über die verschiedenen Aspekte des die Öffentlichkeit so schockierenden Buback-Nachrufes eines anonymen Göttinger »Mescalero-Studenten« offener und realistischer diskutiert werden konnte als in anderen deutschen Städten, ist Peter Glotz und der freieren Gesprächsatmosphäre an der Freien und der Technischen Universität zu danken.[55] Denn der Buback-Nachruf drückte nicht nur die auf den ersten Blick ins Auge springende »klammheimliche Freude« über den Tod des Generalbundesanwalts aus, sondern enthielt auch eine Absage an den Terrorismus, wenn auch auf der Grundlage eines ganz anderen Wertverständnisses, als es üblich war.

Die sonstigen herausragenden Ereignisse während der Amtszeit Lämmerts können hier nur in Stichworten genannt werden: Die Integration von Teilen der Pädagogischen Hochschule in die Freie Universität; die Technische Universität und die Hochschule der Künste; die Neugliederung des linksdominierten Fachbereichs Philosophie und Sozialwissenschaften; schließlich die Renaissance der darniederliegenden Philosophie an der Freien Universität durch die Berufung der drei herausragenden Philosophen Tugendhat, Theunissen und Gründer.

Dennoch ging die Konsolidierung an der Freien Universität während der Amtszeit von Eberhard Lämmert nur langsam voran. Die politischen Rahmenbedingungen haben sie verzögert. Aber auch innerhalb der Universität waren die Wunden, die in der Zeit der Studentenrevolte und der Amtszeit Kreibichs geschlagen worden waren, zu tief, um schon vernarbt zu sein. Die »Reformsozialisten« hielten jedoch an ihrer Konsolidierungspolitik fest und wiederholten auch unter Lämmert ihr altes Rezept, den Präsidenten durch ein Team von Vizepräsidenten einzurahmen. Bereits bei den Vizepräsidentenwahlen im Sommer 1977 wurde mit ihrer Unterstützung der Jurist Dieter Heckelmann zum Ersten Vizepräsidenten gewählt. Er löste den bisherigen Ersten Vizepräsidenten ab, den »Reformsozialisten« Hartmut Jäckel, der zum Senatsdirektor ernannt worden war. Neben Heckelmann kam mit Professor Hierholzer als medizinischem Vizepräsidenten ein weiterer Konservativer ins Amt. Die Reformsozialisten stellten den Erziehungswissenschaftler Professor Schwenk als dritten Vizepräsidenten. Und von der »Linken Fraktion« erhielt nur noch der zum gemäßigten »Dienstagskreis« gehörende Professor Nissen einen Platz im Leitungsteam der Freien Universität. So wurden die Weichen für eine langfristige Überwindung des akademischen Bürgerkriegs und für eine konservative Führung in den folgenden Jahren gestellt.

»Ende des hochschulpolitischen Bürgerkriegs« (1983 bis 1988)

Das Ende der jahrzehntelangen SPD-Regierung und ein Berliner Senat unter der Führung des CDU-Politikers Richard von Weizsäcker kennzeichneten eine Wende, die nicht ohne Einfluß auf die Universitäten bleiben konnte. Lämmert wurde unter dem neuen Berliner Senat zur Zielscheibe konservativer Kritik. Und das Hochschulgesetz wurde mit der Mehrheit von CDU und FDP schleunigst novelliert. Die »Linke Fraktion« sollte künftig schon aufgrund der Gesetzesvorgaben schlechtere Chancen für Kandidaten aus ihren Reihen bei der Präsidentenwahl erhalten. Das Nominierungsverfahren war durch das Abgeordnetenhaus so geändert worden, daß alle Vorentscheidungen im Akademischen Senat fielen. Wenn der Akademische Senat mit einfacher Mehrheit eine hochschulpolitisch geschlossene Liste beschloß, dann konnte das Konzil als das eigentliche Wahlgremium unter den vorgeschlagenen Kandidaten nur noch einen auswählen. In Berlin begann die Zeit der Blockwahlen. Sowohl an der Freien Universität als auch an der Technischen Universität wurden auf die Nominierungslisten für die Präsidentenwahl jeweils zwei Zählkandidaten gehievt, um dem eigentlichen dritten Kandidaten zu einem möglichst reibungslosen Durchmarsch zu verhelfen. Pluralistische Präsidentenlisten mit Kandidaten aus unterschiedlichen Lagern gab es in diesen Jahren nicht.

Prof. Dr. Dieter Heckelmann, dritter Präsident der Freien Universität Berlin (1983–1991).

Auf der Nominierungsliste für die Präsidentenwahl von 1983 war Dieter Heckelmann noch am ehesten als Kompromißkandidat anzusehen. Die beiden konservativen Zählkandidaten, Professor Eberhard Grabitz als Sprecher der »Liberalen Aktion« und Professor Klaus Hempfer als Mitglied der »Notgemeinschaft«, hatten sich als Hardliner hervorgetan. Am 28. Juni 1983 wurde der Jurist Dieter Heckelmann (»Liberale Aktion«) zum neuen Präsidenten der Freien Universität gewählt. Diese Wahl hatte jedoch eine Vorgeschichte, die sich noch zu einer langen Nachgeschichte entwickeln sollte: Der Konkurrent, der Heckelmann hätte gefährlich werden können, der Osteuropaexperte Siegfried Baske, hatte schon Wochen zuvor auf eine Kandidatur verzichtet, nachdem im Zusammenhang mit der Stimmzettelaffäre bei der Lämmert-Wahl von 1976 öffentlich schwere Vorwürfe gegen ihn erhoben worden waren. Baske, der 1976 noch der Kandidat der »Liberalen Aktion« gewesen war, hatte sich von den Konservativen getrennt und war zur »Unabhängigen Mitte« übergewechselt. Im Februar/März 1983 zeichnete sich ein mögliches Bündnis der »Linken Fraktion« mit der »Unabhängigen Mitte« zugunsten von Baske bei der bevorstehenden Präsidentenwahl ab. Dieses Wahlbündnis, das sich durchaus hätte durchsetzen können, wollten die Konservativen unbedingt verhindern. In dieser Situation erschien ein Artikel in der »Deutschen Universitätszeitung«, in dem die Amtsführung des bisherigen Präsidenten Eberhard Lämmert kritisiert wurde. Der Artikel enthielt zugleich eine Aussage, die den Schluß nahelegte, daß Professor Baske an der Beseitigung der Stimmzettel bei der Wahl Lämmerts 1976 aktiv beteiligt gewesen war: Darin hieß es, Baske habe versucht, »sich mit ›verlorenen‹ Stimmzetteln in das Präsidialamt hineinzuklagen«. Es blieb nicht bei diesem Artikel. Der Jurastudent Karl-Georg Wellmann, der im Jahr 1976 die Wahl Lämmerts vor dem Verwaltungsgericht angefochten und sich dabei auch auf die verschwundenen Stimmzettel berufen hatte, entschuldigte sich jetzt öffentlich bei Lämmert für sein damaliges Verhalten. Wellmann hatte inzwischen als CDU-Mitglied

Sommersemester.

Notizen für das Seminar.

Karriere gemacht; er begründete seine öffentliche Entschuldigung damit, daß ihm erst jetzt – im Frühjahr 1983 – bekanntgeworden sei, wie die Stimmzettel unter Mitwirkung von Baske beiseite geschafft worden seien.[56]

Aufgrund dieser öffentlichen Beschuldigungen sah sich Professor Siegfried Baske veranlaßt, den Antrag auf Einleitung eines Disziplinarverfahrens gegen sich selbst zu stellen. Untersuchungsführer wurde der FU-Kanzler Detlef Borrmann. In einem Disziplinarverfahren muß der Untersuchungsführer auch alle entlastenden Momente berücksichtigen. Aus dem Untersuchungsbericht vom 7. August 1983, den Borrmann verfaßt hatte, geht folgender Sachverhalt hervor: Am Tag nach der Wahl von Eberhard Lämmert zum FU-Präsidenten, am 22. Juni 1976, mußte der Fachbereich Grundlagenmedizin ebenfalls Wahlen abhalten, für die eine Urne benötigt wurde. Die aus diesem Grund vom zentralen Wahlvorstand angeforderte Wahlurne enthielt alle Stimmzettel der Präsidentenwahl vom Vortag. Diesen Zufall machte sich ein

Vor dem Schwarzen Brett in der Mensa.

kleiner Kreis von Konservativen in der Verwaltung des Fachbereichs Grundlagenmedizin zunutze. Sie meldeten die Tatsache, daß die Stimmzettel sich in ihren Händen befanden, weder dem Präsidenten noch dem Wahlvorstand, sondern versuchten, den unterlegenen Kandidaten Siegfried Baske telefonisch mit der Botschaft zu erreichen, daß er sich etwas Wichtiges abholen sollte. Baskes persönlicher Referent schilderte bei der Zeugenvernehmung den Vorgang so: Am 25. Juni habe er sich in der Fachbereichsverwaltung des Fachbereichs Grundlagenmedizin die Stimmzettel in einem Briefumschlag aushändigen lassen. »Ich bin dann abgezogen und mit meinem Auto zunächst in Richtung Präsidialamt gefahren. Sie dort in den Briefkasten zu werfen schied jedoch aus, weil ich dabei hätte gesehen werden können. Dasselbe galt für das Niederlegen im Haus. Mir war auch klar, daß ich mit keinem darüber reden konnte ... Ich ging dann mit dem Briefumschlag in die Universitätsbibliothek, wo aber auch zuviel los war, und dann durch die Garderobe des Henry-Ford-Baus ... Dort tütete ich dann die Stimmzettel aus dem Briefumschlag in eine Plastiktüte um und ging mit dieser zurück in den Henry-Ford-Bau. Dort habe ich zunächst auf einer Bank gesessen, dann lange auf einer zweiten, bis ich den Eindruck hatte, nun keinen Verdacht mehr zu erwecken, und habe mich dann von dort entfernt, wobei ich die Plastiktüte an der zweiten Bank unten auf dem Fußboden stehen- oder liegenließ. Ich ging schweißgebadet zum Duschen. Dies alles war am 25. Juni 1976.« Der Kanzler der Freien Universität hielt dem Referenten von Baske zugute, »daß er wohl nach einem Ort gesucht hat, an dem er sie [die Stimmzettel] verlieren konnte und an dem sie dann gefunden wurden«[57]. Diese unglaubliche Affäre hatte für diejenigen, die hauptsächlich daran beteiligt waren, keine negativen Folgen. Jedoch sollte die Affäre als Tiefpunkt des akademischen Bürgerkriegs elf Jahre lang immer wieder das Klima an der Freien Universität vergiften. Vor allem die zweite Amtszeit von Präsident Heckelmann wurde von dieser Affäre überschattet.

Mit Heckelmann stand zum ersten Mal seit 1969 wieder ein Konservativer an der Spitze der Freien Universität. Wer jedoch erwartet hatte, daß die Konservativen ihre Macht zu einem Rollback mißbrauchen könnten, erlag einer Fehleinschätzung. Die Zeit war reif für einen hochschulpolitischen Friedensschluß an der Freien Universität. Niemand hatte mehr Verständnis für Grabenkämpfe und die Intrigen der Fraktionsuniversität. Außerhalb Berlins galt die Freie Universität als Ausnahmefall, als eine exotische Verirrung in einer ansonsten befriedeten Hochschullandschaft. Und in Berlin wollte man die Irrungen der Fraktionsuniversität außerhalb Dahlems auch nicht mehr ernst nehmen. Schon längst ging es um ganz andere Fragen: Wie kann die Universität ihre Leistungen in der Forschung so stärken, daß sie zu einem positiven Faktor für die Wirtschaft der Stadt wird? Und wie kann sich die Freie Universität in die deutsche Hochschullandschaft einordnen, um ihren Beitrag zu der großen Aufgabe der ausreichenden Versorgung der geburtenstarken Jahrgänge mit Studienplätzen zu leisten?

Kein Untergang trotz schwerer See.

Bundespräsident Dr. Richard von Weizsäcker während der 40-Jahr-Feier der Freien Universität Berlin am 4. Dezember 1988 im Gespräch mit FU-Präsident Prof. Dr. Dieter Heckelmann (l.) und TU-Präsident Manfred Fricke.

Der inneruniversitäre Frieden wurde zunächst auf der Basis des Status quo geschlossen: Wo die wichtigen hochschulpolitischen Gruppen ihre starken Bastionen in den Fächern hatten, dort blieben sie unangetastet. Linke und Konservative behielten ihre Hochburgen. Die Proporzuniversität war die Folge. Am 5. September 1985 titelte der Tagesspiegel: »Das Ende des hochschulpolitischen Bürgerkrieges«. Präsident Heckelmann wurde mit folgenden Sätzen zitiert: »Der hochschulpolitische Bürgerkrieg ist zu Ende. Die Fraktionsdisziplin lockert sich zugunsten von sachorientierten Gremienentscheidungen. Im Akademischen Senat, wo knochenhart nach Blöcken abgestimmt wurde, ist entweder durch das Team im Präsidialamt oder durch interfraktionelle Gespräche der Weg zu deutlichen Mehrheitsentscheidungen geebnet worden.«[58] Die Linken machten deutlich, daß sie zähneknirschend die Konsequenzen aus den veränderten Machtverhältnissen gezogen hatten. In ihrer Hauspostille, der »taz«, sprachen sie die Befürchtung aus, ein rechtes Präsidialamt ohne linke Beteiligung würde die »seit Jahren angekündigte

Studentenproteste 1988. Vorlesung auf dem Wittenbergplatz.

Studierende protestieren gegen schwierige Studienbedingungen, 1988.

Kahlschlagsanierung der Geistes- und Sozialwissenschaften und der Frauenforschung in kürzester Zeit vollziehen«. Deswegen brauchten die Linken auch Vizepräsidenten im Leitungsteam. Sie wollten ihre beiden Vizepräsidenten aber nur so lange unterstützen, wie die Voraussetzungen stimmten. Dagegen lobten die beiden Vizepräsidenten der »Linken Fraktion«, Professor Peter Hübner und Professor Hellmuth Bütow, gegenüber dem Tagesspiegel das angenehme neue Klima: »Im Präsidententeam ist die Zusammenarbeit sehr sachorientiert. Die Kooperation ist sehr vertrauensvoll, fair und offen. Nicht ein Mal sind die linken Vizepräsidenten von Heckelmann über den Tisch gezogen worden.«[59]

In dem neuen Klima wuchs auch die Bereitschaft, sich wieder intensiv den eigentlichen Aufgaben der Universität in Forschung und Lehre zuzuwenden und mit sichtbaren Leistungen den Wettbewerb mit anderen Hochschulstädten aufzunehmen. Die schiere Größe, die die Freie Universität immer wieder in die Schlagzeilen gebracht hatte, war nun nicht mehr ein erstrebenswertes Ziel an sich. Zweimal hatte die FU, immerhin die bis dahin größte deutsche Hochschule, die Maximilians-Universität in München, übertroffen: 1981 mit 45000 Studenten und 1983 mit 50500 Studenten. Die Größe der Freien Universität wurde zugleich zum Symptom für ihre Probleme. Ein bösartiger Kommentator hätte bei der Summierung aller negativen Erscheinungen zu dem Ergebnis kommen können:

> Die Freie Universität gehört zu den teuersten deutschen Hochschulen;
> die Studenten studieren an ihr länger als an anderen deutschen Universitäten;
> dafür werden in einigen Fächern auch die großzügigsten Durchschnittsnoten von 1,0 bis 1,5 vergeben;
> der hochschulpolitische Bürgerkrieg zwischen Links und Rechts tobt an der Freien Universität ungebrochen weiter, während er in anderen Hochschulstädten längst beendet ist.

Ein solches Pauschalurteil war jedoch nicht angemessen. Schon während der Amtszeit Lämmerts wurden in den Naturwissenschaften Spitzenleistungen erzielt, auch die Leistungen in der Medizin konnten sich sehen lassen. Als Leistungskriterien gelten bundesweit die Sonderforschungsbereiche, in denen Großvorhaben der Forschung über viele Jahre unter strengen Qualitätskriterien zusammengefaßt werden. Seit Mitte der siebziger Jahre stellten die Physiker an der Freien Universität zwei Sonderforschungsbereiche, und die Mediziner kamen ebenfalls auf zwei Sonderforschungsbereiche. Die Geowissenschaften der Freien Universität beteiligten sich an einem Sonderforschungsbereich der Technischen Universität, und die Chemiker aus Dahlem waren seit den achtziger Jahren auch in einem Sonderforschungsbereich der TU aktiv. Nur die Geistes- und Sozialwissenschaften brachten es nicht fertig, einen Sonderforschungsbereich an die Freie Universität zu holen.

Ein weiteres Gütezeichen sind die eingeworbenen Drittmittel, weil auch diese Gelder nicht einfach mit der Gießkanne verteilt werden, sondern nur aufgrund nachgewiesener Leistungen an bestimmte Fächer einer Universität gehen. Die eingeworbenen Drittmittel steigerten sich von 23,7 Millionen im Jahr 1977 auf 35,2 Millionen Mark im Jahr 1980. Damit ist ein Teil der Leistungssteigerung bereits in der Amtszeit von Eberhard Lämmert zu verzeichnen gewesen.[60] Zehn Jahre später, 1987, stand zwar die Universität München im Vergleich der klassischen Universitäten (Geistes- und Sozialwissenschaften, Naturwissenschaften und Medizin) mit eingeworbenen Drittmitteln in Höhe von 100 Millionen Mark an der Spitze, aber die Freie Universität erreichte mit 75 Millionen Mark einen hervorragenden Platz, und zwar weit vor anderen westdeutschen Universitäten wie Bonn mit 50 Millionen, Münster mit 46 Millionen, Bochum mit 45 Millionen oder Erlangen mit 44 Millionen Mark.[61] Die Technischen Universitäten blieben bei diesem Vergleich unberücksichtigt.

Die Überwindung des akademischen Bürgerkriegs und die Einreihung der Freien Universität in den Leistungswettbewerb gehören zu den unbestreitbaren Fortschritten während der Präsidentschaft Heckelmanns. Hätte er sich mit nur einer

Amtszeit als Präsident begnügt, so würde er allein im Lichte dieser Leistungen und der Befriedung der Universität beurteilt werden. Aber der akademische Bürgerkrieg, der zu einem Verfall der Maßstäbe an der Freien Universität beigetragen hatte, holte ihn bei der Kandidatur für eine zweite Amtszeit im Jahre 1987 ein. Die alte Stimmzettelaffäre aus dem Jahr 1976 und deren Darstellung in der »Deutschen Universitätszeitung« von 1983 wurde nun in allen Einzelheiten aufgerollt. Jetzt stand aber nicht mehr Siegfried Baske im Mittelpunkt der öffentlichen Auseinandersetzungen, sondern FU-Präsident Dieter Heckelmann und der Pressesprecher unter Präsident Lämmert, Johannes Schlootz. Und zwar aus folgendem Grund: Der Artikel in der »Deutschen Universitätszeitung« vom April 1983 hatte so viele kenntnisreiche Andeutungen enthalten, daß er nur von Insidern geschrieben sein konnte. Der Verdacht fiel auf Schlootz. Lämmert hatte deshalb den FU-Kanzler Detlef Borrmann 1983 mit den Untersuchungen gegen Schlootz beauftragt, Dieter Heckelmann, der damals als Erster Vizepräsident den Präsidenten in allen Angelegenheiten vertreten konnte, hatte jedoch die Ermittlungen während einer mehrwöchigen Abwesenheit von Lämmert an sich gezogen und die Untersuchungen mit dem Ergebnis abgeschlossen, daß keine Vorwürfe hinsichtlich eines Dienstvergehens gegen Schlootz erhoben werden könnten. Das Pikante in dieser Situation war, daß Heckelmann genau wußte, wie berechtigt der Verdacht von Präsident Lämmert gewesen war, und daß der Artikel in der »Deutschen Universitätszeitung« nicht nur von einem kenntnisreichen Anonymus in der Universität geschrieben, sondern auch noch von einem Kreis prominenter FU-Professoren gegengelesen und redigiert worden war. Der SPD-Abgeordnete Hans Kremendahl – damals hochschulpolitischer Sprecher der Opposition – verglich FU-Präsident Heckelmann 1987 öffentlich mit dem Dorfrichter Adam aus Kleists Komödie »Der zerbrochene Krug«. Heckelmann habe gewissermaßen eine Untersuchung in eigener Sache vorgenommen, um Schlootz, sich selbst als Mitverfasser dieses Artikels und einen kleinen Kreis von Prominenten, der bei der Abfassung zu Rate gezogen worden war, zu decken. Das war ohne Zweifel ein Fehlgriff, der einem Juristen nicht unterlaufen darf.

Die Kandidatur von Heckelmann für eine zweite Amtszeit stand seitdem im Zwielicht. Und das Zwielicht wurde noch düsterer, als Professor Grabitz als Sprecher der Konservativen im Akademischen Senat sich bei der Verteidigung Heckelmanns zu der Aussage verstieg: »Da kann man nicht lange nach gutem oder schlechtem Stil fragen, der Stil wurde uns aufgezwungen.«[62] Das klang so, als ob es noch zwischen 1983 und 1987 genügend Gründe für eine Art übergesetzlichen Notstands in einer Situation des permanenten akademischen Bürgerkriegs gegeben hätte. Die zweimalige Entschuldigung von Heckelmann für sein damaliges Verhalten ebnete ihm zwar den Weg zur Wiederwahl, aber gleichzeitig fiel damit ein Schatten auf die »Liberale Aktion«, die unbeirrt zu ihrem Präsidenten stand.

Es bleibt festzuhalten: Die Kontroversen um die zweite Amtszeit von Heckelmann führten nicht mehr zu einem Wiederaufleben des akademischen Bürgerkriegs. Zu vertrauensvoll war die Zusammenarbeit über alle Fraktionsgrenzen hinweg in seiner ersten Amtszeit gewesen. Hätte Heckelmann auf eine zweite Amtszeit verzichtet, dann würde mit seinem Namen vor allem die herausragende Leistung der Befriedung der Freien Universität verbunden bleiben. Zum Zeitpunkt des 40jährigen Jubiläums im Jahr 1988 war die Freie Universität wieder zu einer normalen deutschen Universität geworden – mit wissenschaftlichen Standards und beachtenswerten Leistungen.

Aber für eine größere Hochschulreform kam das Jahr 1988 für die FU – so wie sie nun einmal war – noch nicht in Frage. Damals hatte die Führungsspitze der Freien Universität erkannt, daß die Gliederung der FU von 1970, als aus sechs Fakultäten 24 Fachbereiche entstanden waren, keinen Bestand mehr haben konnte. Die Universität besaß viel zu viele Fachbereiche, die nur ein Fach repräsentierten und sich damit eine Blickverengung auferlegt hatten, die der Wissenschaft nur schadet. Die Westdeutsche Rektorenkonferenz hatte bereits damals mahnend darauf hingewiesen, daß zwölf Fachbereiche für eine Universität die obere Grenze darstellen sollten.[63] Zu jener Zeit hatte die Freie Universität jedoch noch nicht die Kraft zu einer einschneidenden Neugliederung. 1988 hatte die Strukturkommission des Akademischen Senats unter Leitung von Professor Hans Westmeyer einige weitreichende Vorschläge zur Hochschulreform gemacht: Die Zersplitterung der Medizin in fünf Fachbereiche sollte dadurch überwunden werden, »daß künftig alle Aufgaben der Humanmedizin einschließlich der Zahnmedizin in einer Fakultät zusammengefaßt werden«. Der Zustand im geistes- und sozialwissenschaftlichen Bereich wurde dahin gehend kritisiert, daß hier Organisationsentscheidungen getroffen worden waren, »die weniger von sachlichen Erwägungen als von hochschulpolitischen Vorlieben/ Abneigungen der Beteiligten bestimmt waren«. Die Strukturkommission schlug damals schon eine Zusammenführung der Germanisten mit dem Fachbereich Neuere fremdsprachliche Philologien vor und verband diesen Vorschlag mit einer Kritik an der Parzellierung in zu viele Fachbereiche: »Nach Auflösung der alten philosophischen Fakultäten hat die Parzellierung und damit die Gefahr der Abkapselung der einzelnen Fächer insbesondere die Geisteswissenschaften getroffen«,[64] hieß es in dem Westmeyer-Bericht. Daß der Versuch, die Struktur der Freien Universität im Wintersemester 1988/89 zu ändern, im Studentenstreik weitgehend scheiterte und dabei als späte Sumpfblüte des akademischen Bürgerkriegs noch einmal der Zwist zwischen den beiden verfeindeten psychologischen Instituten hochkam, war nur noch eine Fußnote aus vergangenen Zeiten.

Nach der Resignation zu neuem Selbstbewußtsein (1989 bis 1998)

Der Fall der Mauer am 9. November 1989 kam für die Berliner Universitäten nicht weniger überraschend als für die Politiker. Zwar hatte es zaghafte Kontakte zwischen der Freien Universität und der Humboldt-Universität schon vor 1989 gegeben. Aber da die Freie Universität eine Gegengründung zur Humboldt-Universität gewesen ist, tat sich die DDR außerordentlich schwer, überhaupt Beziehungen zur Freien Universität zu dulden. In dem ersten Abkommen über Kultur und Wissenschaft zwischen der Bundesrepublik und der DDR wurden daher Kooperationen, an denen die Freie Universität beteiligt war, bewußt verschleiert. Eigentlich mußte die Humboldt-Universität als Hochburg der SED nach der Wiedervereinigung eine völlige Neuorientierung befürchten. Aber auch die Freie Universität als Gegengründung konnte unter den neuen Verhältnissen in Frage gestellt werden. Reichten in einem wiedervereinigten Berlin nicht zwei Universitäten aus?

Nach dem bekannten Muster des Einigungsvertrages, wonach der Westen die Maßstäbe setzte und der Osten sich anzupassen hatte, mußte die Humboldt-Universität zunächst damit rechnen, daß ihr das Hochschulmodell der Bundesrepublik übergestülpt werden würde. Aber in Berlin verlief die Entwicklung nur kurzfristig nach diesem Schema. Bald wurde die Frage gestellt: Kann nicht der Wiedervereinigung der Stadt auch die Wiedervereinigung der beiden Universitäten folgen? Nach dem Wechsel von der rot-grünen zur Großen Koalition von CDU und SPD hatte Wissenschaftssenator Manfred Erhardt (CDU) von Anfang an das Ziel vor Augen, die Humboldt-Universität zu einer Eliteuniversität mit einer weit über die Stadt hinausreichenden Ausstrahlung auszubauen. Erhardt ließ sich dabei von zwei Erkenntnissen leiten: Das westdeutsche Hochschulmodell ist international gesehen alles andere als vorbildlich, und die Berliner Massenuniversitäten, die FU und die Technische Universität, haben so viele Defizite, daß sie selbst erst zur Reform gezwungen werden müssen, bevor sie eine internationale Ausstrahlung erreichen können. Erhardt setzte ganz auf die Gestaltungsfreiheit, die ein Politiker bei dem Neuaufbau einer Universität hat; und er schaltete vom Wissenschaftsrat benannte Spitzenwissenschaftler ein, um die neue Humboldt-Universität zu planen. Die reformierte Humboldt-Universität sollte gleichzeitig die schwerfälligen Hochschultanker im Westen Berlins in Bewegung setzen.

Andrang im Zulassungsbüro.

Weltweit war der Name Humboldts ein Begriff. Und jene Universität im Zentrum Berlins, die 1810 nach Humboldts Ideen gestaltet worden war, besaß immer noch einen Ruf. Die Metropole Berlin, die als künftige Hauptstadt zugleich auf die Ausstrahlung in Kultur und Wissenschaften angewiesen ist, brauchte nur zuzugreifen und die Humboldt-Universität gewissermaßen zu vermarkten. Dasselbe galt für das Universitätsklinikum der Humboldt-Universität – auch die Charité besaß einen weltweiten Ruf. Vergleichbares konnte man über die Freie Universität nicht sagen. Sie war eine Nachkriegsgründung der Studenten und Politiker und hatte sich ihren Ruf als Universität erst mühsam im Laufe der Jahre erwerben müssen. Ihr Gründungsmythos, der für den Wandel im deutsch-amerikanischen Verhältnis steht, war nur in Deutschland und unter Eingeweihten in Amerika ein Begriff, aber wo sonst noch?

Mit dem Amtsantritt des Präsidenten Johann Wilhelm Gerlach im Jahr 1991 stand die Freie Universität damit vor einer doppelten Herausforderung: Ihre Defizite in der Lehre waren eklatant, und ihre Rolle in Berlin war durch die neue Konkurrenz der Humboldt-Universität nicht mehr unangefochten. Gerlach und einigen anderen Mitgliedern der Freien Universität, die vor den Mängeln nicht die Augen verschlossen hatten, war die neue Herausforderung sofort bewußt. Zwar hatte die Freie Universität in Einzelberichten über die Prüfungssituation, die Studiendauer und die Drittmitteleinwerbung viele Daten zur Verfügung, die ihr eine genaue Analyse ihrer Stärken und Schwächen erlaubten. Aber diese Daten wurden selten im Zusammenhang betrachtet. Die Transparenz der Freien Universität war in der Vergangenheit weitgehend folgenlos geblieben. Wer die Forschungsberichte von 1977 bis 1994 vergleicht, wird in vielen Fällen feststellen, daß über mehr als ein Jahrzehnt dieselben Fächer eine schwache Leistungsbilanz aufzuweisen haben und andere, die schon in den siebziger Jahren stark waren, auch in den neunziger Jahren für den Glanz der Freien Universität sorgen. Nicht nur der Wissenschaftsrat hatte in seinen Veröffentlichungen über die Studiendauer offengelegt, daß die Freie Universität in 31 Studiengängen bundesweit mit die längsten Studienzeiten aufzuweisen hatte. Auch ein FU-interner Bericht über Studium und Lehre hatte ans Tageslicht gebracht, daß in den Geistes- und Sozialwissenschaften die Ausbildungssituation besonders prekär war: In 24 Studiengängen erreichten nur 20 bis 40 Prozent der Studienanfänger auch den Abschluß. Von den anderen wußte man nicht, ob sie das Studium abgebrochen, das Fach gewechselt hatten oder an eine andere Hochschule gegangen waren.[65] Nach wie vor fielen die Noten bei den Diplom- und Magisterprüfungen an der Freien Universität dadurch auf, daß sie mit einem Durchschnitt zwischen 1,4 und 1,7 exorbitant und damit eher erschreckend gut waren. Bei den Staatsexamina dagegen betrug die Durchschnittsnote 2,8 und die Durchfallquote war wesentlich höher als bei vielen Hochschulprüfungen. Wie ließen sich diese Unterschiede – teilweise in denselben Fächern – begründen?

Die Freie Universität war damals mit 62 000 Studenten die zweitgrößte in Deutschland. Einzelne Fächer hatten die Größe kleiner Hochschulen erreicht: 8000 Germanistikstudenten, 5000 Politologiestudenten – die Masse drohte die Universität zu ersticken. Daß die Freie Universität schrumpfen mußte, erschien unumgänglich. Die Frage war nur, unter welchen Bedingungen sie kleiner zu werden hatte: Sollte die Reduzierung gestaltet oder nur unter dem Druck von Millioneneinsparungen erzwungen werden?

Für die Freie Universität war es ein brutales Erwachen: Der Aufbau Ost wurde gekoppelt mit dem Abbau West. Die ersten drastischen Einschnitte brachte das Jahr 1993 für die Freie Universität. Allein beim Abbau der Berliner Studienplätze von 115 000 auf 100 000 mußte die Freie Universität mit 10 000 Studienplätzen den größten Beitrag leisten. Damit nicht genug. Der Freien Universität wurde zuerst die Zahnklinik Nord in Wedding genommen und an die Humboldt-Universität verlagert, dann folgte der große Einbruch in der Hochschulmedizin. War bisher die Freie Universität mit dem Klinikum Steglitz und dem modernsten Universitätsklinikum Europas, dem Rudolf-Virchow-Klinikum in Wedding, das medizinische Zentrum in Berlin, so veränderten jetzt die Politiker in Senat und Abgeordnetenhaus die Gewichte zuungunsten der FU. Das Klinikum Rudolf Virchow wurde der Humboldt-Universität zugeordnet. Durch die Verbindung mit der Charité soll die medizinische Forschung einen derartigen Schub erhalten, daß Berlin in der Hochschulmedizin an den bisher herausragenden Standorten München und Heidelberg vorbeiziehen kann. Die Konzentration von Forschungslaboren, riesigen

Kreative Methoden bei der Studienplatzvergabe.

Die Universitätspräsidenten protestieren am 8. Juli 1994 im Audimax der Freien Universität gegen die Sparauflagen des Berliner Senats: Prof. Dr. Marlis Dürkop (Humboldt-Universität), Prof. Dr. Dieter Schumann (Technische Universität) und Prof. Dr. Johann W. Gerlach (Freie Universität).

Drittmittelsummen und Krankenhausbetten in Wedding und Mitte ist politisch gewollt und vom Wissenschaftsrat einhellig befürwortet worden. Aus den Empfehlungen des Wissenschaftsrats zum Ausbau der Charité konnte darüber hinaus die Freie Universität ablesen, welche zweitrangige Rolle ihr in der Hochschulmedizin künftig zugedacht war: Sollte die Finanzkrise in Berlin weiter den Hochschulausbau gefährden, dann wäre es besser, der Charité die Priorität zu geben und das Klinikum der Freien Universität, das jetzt den Namen Benjamin Franklin trägt, in ein städtisches Krankenhaus umzuwandeln. Nichts wäre verhängnisvoller als eine dauerhafte Unterfinanzierung von drei Universitätsklinika in Berlin, hatte der Wissenschaftsrat gesagt.[66]

Es sollte noch dramatischer kommen: Unter dem Diktat der leeren Kassen wurde in Berlin tabula rasa gemacht, die Priorität für die Humboldt-Universität behielten die Politiker dabei dennoch stets im Auge. Zwischen den Jahren 1993 und 2003 wird aus den Berliner Hochschulen nahezu eine Milliarde Mark herausgespart. Das bedeutet, daß die selbst in den Vertragsverhandlungen mit Brandenburg versprochenen 100 000 Studienplätze in Berlin nicht zu halten sind. Auch die 85 000 Studienplätze, die die Senatspolitiker jetzt für unverzichtbar erklären, stehen vorerst nur auf dem Papier. Daß es im Jahr 2003 vielleicht nur noch 75 000 sein werden, mußte Erhardts Nachfolger, Wissenschaftssenator Peter Radunski, unter dem Druck der Öffentlichkeit einräumen.[67] Daß es sogar nur 62 500 werden könnten, haben Experten bereits seriös errechnet.[68]

Das hat Folgen vor allem für die Freie und für die Technische Universität: Nimmt man nur die Geistes- und Sozialwissenschaften sowie die Naturwissenschaften, so muß die Freie Universität ihren Professurenbestand halbieren – von 750 Professuren auf 368. Rechnet man die Veterinär- und die Humanmedizin hinzu, so wird die Freie Universität im Jahre 2003 auf ungefähr 500 Professuren kommen.

Trotz dieses Aderlasses im Westen wird die Humboldt-Universität nach wie vor ausgebaut. Sie muß zwar auf 20 Prozent ihres Professurenbestandes verzichten, aber sie erhält in Adlershof einen neuen Campus für die Naturwissenschaften. Dort, wo Berlin seine Zukunft sieht, in der Zusammenarbeit von Wirtschaft und Wissenschaft, dort, wo künftig von der Innovationskraft der Wissenschaftler die Umwandlung von Ideen und Forschungsergebnissen in marktfähige Produkte erwartet wird, bekommt die Humboldt-Universität die erste Chance. Den hervorragend bewerteten Naturwissenschaftlern der Freien Universität und der Technischen Universität bleibt lediglich die Möglichkeit, sich über die Institute der »Blauen Liste«, die ebenfalls in Adlershof konzentriert werden, auf dem neuen Campus zu engagieren.

Zur Erinnerung an den einstigen Sitz der Alliierten Kommandatura in der Kaiserswerther Straße 16–18, heute Präsidialamt der Freien Universität, wird im Juni 1998 eine Gedenktafel enthüllt.

Die Freie Universität hat diese Entwicklung zuerst mit Sorge, dann mit Resignation und zum Schluß mit Wut begleitet. Alles wurde beherrscht von einer Sparpolitik, bei der nicht nach den Prioritäten in der Stadt gefragt wurde; vielmehr gab die neue Finanzsenatorin Annette Fugmann-Heesing im Abstand von Vierteljahren immer neue Millionensummen als bestimmende Größe für alle politischen Entscheidungen vor. Zur nachträglichen Rechtfertigung der absurden Resultate dienten Gedankenspiele von einer angeblichen Stunde Null. Es wurde ernsthaft die Frage aufgeworfen, wie Berlin, wenn es noch einmal die Stunde Null gäbe, mit Universitäten und Hochschulklinika ausgestattet werden würde. Die Antwort lautete jeweils: Dann hätten wir selbstverständlich nur zwei Universitäten und zwei Universitätsklinika. Unangefochten in diesem Gedankenspiel war immer die Technische Universität wegen ihrer Bedeutung für die industriellen Arbeitsplätze in der Stadt und der Region, und als zweite Universität nannten etliche Politiker ausschließlich die Humboldt-Universität.[69] Dasselbe Spiel ereignete sich gedanklich bei den Universitätsklinika: Die Charité und das Klinikum Rudolf Virchow wurden als notwendig für die Stadt akzeptiert, aber das FU-Klinikum Benjamin Franklin stand zur Disposition – seine Umwandlung in ein städtisches Krankenhaus ist mehrfach ernsthaft erwogen worden.[70]

In dieser Situation hat Präsident Gerlach alles unternommen, um den Widerstand zu mobilisieren. Er hat die Wirtschaft dazu bewegt, sich im Interesse des Standortes Berlin öffentlich für die

Kaum ein anderes Thema wird in der Hochschulpolitik so kontrovers diskutiert wie die Studiengebühren.

FU-Präsident Prof. Dr. Johann W. Gerlach auf einer Demonstration am 10. Dezember 1997.

Bewahrung von möglichst vielen Studienplätzen an allen drei Universitäten zu engagieren. Er hat sogar die Studenten zu Protestaktionen gegen die Sparpolitiker ermuntert. Und er hat das juristische Mittel eingesetzt, das in dieser Situation zur Verfügung stand: die erfolgreiche Klage vor dem Landesverfassungsgerichtshof gegen das Haushaltsstrukturgesetz von 1996, wegen der beabsichtigten Schließung der Zahnmedizin an der FU.[71]

In der Freien Universität haben Gerlach und sein Vizepräsidententeam, darunter besonders Klaus Dietz und Werner Väth, die Dekane und die Mitglieder des Akademischen Senats mit immer neuen Initiativen dafür zu gewinnen versucht, in dieser Situation der extremen Gefährdung der Freien Universität nicht passiv zu reagieren, sondern das Heft zur Gestaltung in der Hand zu behalten. Diese Überzeugungsarbeit ist gelungen. In der

Proteste gegen Sparmaßnahmen im Hochschulbereich, Dezember 1997.

Der erste immatrikulierte Student der Freien Universität, Prof. Dr. Stanislaw Kubicki, begrüßt die Neuimmatrikulierten zu Beginn des Sommersemesters 1998.

Freien Universität hat sich in dem entscheidenden Gremium, dem Akademischen Senat, eine Verantwortungsgemeinschaft herausgebildet, die in völlig neuen Kategorien denkt, nicht mehr in Begriffen konservativ, progressiv oder liberal, nicht mehr im Politikverständnis der Fraktionsuniversität von gestern, sondern in dem neuen Bewußtsein: »Wir sind alle Mitglieder einer Universität«.[72] Darauf weist auch Präsident Gerlach in seinem Rechenschaftsbericht hin. Da fühlt sich keiner mehr als verlängerter Arm der CDU, der SPD oder der Grünen, und im vertrauten Gespräch sieht man Wissenschaftler, die einst der »Notgemeinschaft« angehört haben, mit Kollegen, die sich früher in der »Linken Fraktion« für manche dubiose Aktionseinheit mit Linksextremisten engagiert hatten.

Die Freie Universität hat in der Krise der Sparpolitik endgültig Politisierung und Grabenkämpfe überwunden. Bei seiner Wiederwahl zum Präsidenten im Jahre 1996 hatte Gerlach selbst das Vertrauen der Konservativen gewonnen. Sie haben ihn seitdem unterstützt. Die hochschulpolitischen Fraktionen von einst gibt es an der Freien Universität von heute nicht mehr. Die Grabenkämpfe von gestern und vorgestern sind soweit vergessen, daß sich Linke und Konservative in dem gemeinsamen Ziel unterstützen, der Freien Universität selbst unter dem Spardiktat der Großen Koalition einen herausragenden Platz in Berlin und Deutschland zu bewahren.

Nur deswegen konnte es selbst unter dem Druck protestierender Studenten im Streikwinter 1997/98 gelingen, daß der Akademische Senat nicht vor der schmerzhaften Entscheidung zurückgewichen ist, die Struktur der Freien Universität den Sparvorgaben der Politiker anzupassen. Gerlach mußte seitdem mit dem Vorwurf leben, sich zum Büttel des Berliner Senats zu machen. Aber er hat wie die Mehrheit des Akademischen Senats die Herausforderungen der Zeit erkannt: Entweder lassen sich die Universitäten von Politikern fremdbestimmen, oder die Universitätsangehörigen nehmen ihr Geschick wieder selbst in die Hand und gestalten auch unter einem brutalen Spardruck die Hochschule neu. Die FU hat sich für einen neuen

Herzlich willkommen an der Freien Universität! Zum Sommersemester 1998 werden die Neuimmatrikulierten mit einem Festakt empfangen.

Zuschnitt der großen, mittleren und kleinen Fächer entschieden.[73]

Im Jubiläumsjahr 1998 steht die Neugliederung der Freien Universität in zwölf Großfachbereiche oder Fakultäten an. Auch diese Neugliederung ist sorgfältig vorbereitet worden. Die Hauptlast der Vorbereitungen hat – wie schon bei der Entscheidung über die Zahl der künftigen Professuren – die Entwicklungsplanungskommission unter ihrem Vorsitzenden Professor Hans Merkens geleistet. Aber ohne die politische Absicherung durch den Akademischen Senat und das Präsidententeam mit Gerlach und dem Ersten Vizepräsidenten Peter Gaehtgens an der Spitze wäre auch diese Reform undenkbar.[74]

Die Freie Universität geht gestärkt aus der Strukturdebatte hervor. Die Leistungsindikatoren stellen ihr ein gutes Zeugnis aus. Bei den Drittmitteleinnahmen ist die Freie Universität auf 106 Millionen Mark gekommen. Zur Zeit hat sie neun Sonderforschungsbereiche. Davon stellen die Physik drei, die Medizin und die Chemie je zwei; die Geowissenschaften und die Biologie können jeweils einen Sonderforschungsbereich aufweisen. Noch hat die FU jedoch keinen Sonderforschungsbereich in den Geistes- und Sozialwissenschaften bewilligt bekommen. Das könnte sich möglicherweise bald ändern. Die Freie Universität kann sich unter den deutschen Universitäten durchaus sehen lassen. Wer nicht unbedingt das sogenannte Ranking von Zeitschriften und Magazinen zum Maßstab für eine Einordnung macht, wird eher dem Urteil der Scientific community vertrauen. In den Naturwissenschaften hat die Scientific community durch eine hochrangig besetzte Expertenkommission unter Leitung des früheren Vorsitzenden des Wissenschaftsrats, Professor Karl-Heinz Hoffmann, der Freien Universität Spitzenleistungen bescheinigt.[75]

Die Deutsche Forschungsgemeinschaft, die traditionell die meisten Drittmittel für die Forschung an die Hochschulen verteilt, ist für ihre strengen Leistungskriterien bekannt, geschätzt und gefürchtet. Wenn die Deutsche Forschungsgemeinschaft die Freie Universität unter 70 Hochschulen an die fünfte Stelle setzt, dann hat das Gewicht.[76] Seitdem Drittmittel als Leistungskriterium besonders gewertet werden, ist bekannt, daß die großen Summen für die Forschungsförderung vor allem in den Technikwissenschaften, den Naturwissenschaften und der Medizin vergeben werden. Wenn in einem deutschlandweiten Vergleich die Freie Universität mit ihrem hohen Anteil geisteswissenschaftlicher Fächer dennoch auf den fünften Platz gesetzt wird, dann spricht das für sich. An der Spitze steht bei der Deutschen Forschungsgemeinschaft die Technische Universität Aachen, gefolgt von der klassischen Maximilians-Universität München, der Technischen Universität München, der klassisch orientierten Universität Heidelberg und der Freien Universität. Das heißt, unter den Universitäten mit einem Fächerspektrum von den Geisteswissenschaften über die Naturwissenschaften bis zur Medizin kann die Freie Universität sogar nach München und Heidelberg den dritten Rang behaupten. Und die Alexander-von-Humboldt-Stiftung hat die Freie Universität zum ersten Mal zusammen mit der Münchner Maximilians-Universität auf den ersten Platz in Deutschland gesetzt – weil sie bei jungen ausländischen Wissenschaftlern so begehrt ist. Auch dieses Ranking hat Gewicht.

Den Berliner Politikern kann man im Jubiläumsjahr nur eine Empfehlung geben: Wenn sie den Gründungsmythos der Freien Universität beschwören, sollten sie nicht aus dem Blick verlieren, daß die Freie Universität auch mit Leistungen aufwarten kann, die ihr einen herausragenden Platz in der Stadt und in Deutschland sichern. Auf der Gründungsfeier der Freien Universität am 4. Dezember 1948 hatte der Historiker Friedrich Meinecke mit Blick auf die Universität Unter den Linden formuliert: »Fern bleibe darum der Gedanke, einen unmittelbaren Kampf der beiden Universitäten gegeneinander zu beginnen.« Die Kampfposition des Kalten Krieges ist heute Vergangenheit. Nach der Wiedervereinigung stehen die Freie Universität und die Humboldt-Universität im »Wetteifer miteinander«, wie Meinecke es sich gewünscht hatte. Ein zweiter Wunsch, auf der Gründungsfeier von Ernst Reuter ausgesprochen, harrt noch der Einlösung: »Seien Sie sicher, wir, die wir mit Ihnen zusammengearbeitet haben, wir werden trotz aller Sorgen und Mühen jederzeit und jede Stunde an Ihrer Seite sein ... Möge die Freie Universität Berlin in den kommenden Jahren ein lebendiger Ausdruck des Freiheitswillens dieser stolzen Stadt sein.«[77] Noch haben viele Berliner Politiker die seit der Studentenrevolte vollzogene Distanz zur Freien Universität nicht überwunden. Das Bekenntnis zu drei Universitäten in der Stadt ist bisher eher ein Lippenbekenntnis, als daß es von Herzen kommt. Die Freie Universität hat es jedoch verdient, daß sich Berlin mit ihr – wie zu Ernst Reuters Zeiten – wieder identifiziert.

Uwe Schlicht

Literaturverzeichnis

Fritz von Bergmann: Die Hilfe der USA für die Freie Universität, Sonderdruck der Steuben-Schurz-Gesellschaft, 1963

Forschungsberichte der Freien Universität von 1977–1980, 1981–1983, 1984–1987, 1988–1991, 1993/94, hrsg. vom Präsidenten der Freien Universität

Ludwig von Friedeburg u. a.: Freie Universität Berlin und politisches Potential der Studenten, Luchterhand, Neuwied u. Berlin 1968

15 Jahre Freie Universität Berlin, FU Spiegel 1963

Hellmut Gollwitzer, Richard Löwenthal, Eberhard Lämmert: 30 Jahre Freie Universität Berlin, Dokumentationsreihe der Freien Universität Nr. 5

Siegward Lönnendonker, Tilman Fichter: Freie Universität Berlin, Teil I–IV, hrsg. von der Pressestelle der Freien Universität, Berlin 1973, 1974, 1983

Uwe Prell und Lothar Wilker: Die Freie Universität Berlin 1948–1968–1988, Verlag Arno Spitz, Berlin 1989

Bernd Rabehl: Am Ende der Utopie. Die politische Geschichte der Freien Universität Berlin, Argon Verlag, Berlin 1988

Rechenschaftsberichte der Präsidenten Rolf Kreibich, Eberhard Lämmert, Dieter Heckelmann und Johann Wilhelm Gerlach

Uwe Schlicht: Vom Burschenschafter bis zum Sponti, colloquium Verlag, Berlin 1980

James F. Tent: Freie Universität Berlin, colloquium Verlag, Berlin 1988

Wissenschaftsrat: Fachstudiendauer an Universitäten, Köln 1986, 1988, 1990, 1991

Wissenschaftsrat: Stellungnahme zur Ausbauplanung der Charité und zu den Perspektiven der Hochschulmedizin, Köln 1996

Anmerkungen

1 Interview mit Horst Hartwich, in: Der Tagesspiegel vom 15. 4. 1998
2 Prell/Wilker: Die Freie Universität Berlin 1948–1968–1988, S. 219
3 Tent: Die Freie Universität Berlin, S. 219
4 Tent: ebenda, S. 179
5 Der Tagesspiegel vom 23. 7. 1948
6 Bergmann: Die Hilfe der USA für die Freie Universität, S. 5
7 FU Spiegel 1963, S. 15–16
8 FU Spiegel 1963, S. 13–14
9 Tent: ebenda, S. 242
10 Bergmann: ebenda, S. 7
11 Lönnendonker/Fichter: Freie Universität Berlin, Teil II, S. 113–118
12 Lönnendonker/Fichter: Freie Universität Berlin, Teil III, S. 156
13 Bergmann: ebenda, S. 13
14 Tent: ebenda, S. 186
15 Schlicht: Vom Burschenschafter bis zum Sponti, S. 55–57
16 Gollwitzer, in: 30 Jahre Freie Universität, S. 11
17 Schlicht: ebenda, S. 7
18 Schlicht: ebenda, S. 21
19 Löwenthal, in: 30 Jahre Freie Universität, S. 23
20 Friedeburg u. a.: Freie Universität und politisches Potential der Studenten, S. 247–248
21 Friedeburg u. a.: ebenda, S. 254
22 Friedeburg u. a.: ebenda, S. 280
23 Schlicht: ebenda, S. 70
24 Schlicht: ebenda, S. 71
25 Freie Universität Berlin/Hochschule im Umbruch, Teil V, S. 195
26 FU Dokumentation V, S. 204–205
27 FU Dokumentation V, S. 260
28 Gollwitzer, in: 30 Jahre Freie Universität, S. 13
29 Gollwitzer, in: 30 Jahre Freie Universität, S. 13
30 Prell/Wilker: ebenda, S. 197
31 Prell/Wilker: ebenda, S. 198
32 Der Tagesspiegel vom 26. 6. 1971
33 Frankfurter Allgemeine Zeitung vom 5. 12. 1973
34 Der Tagesspiegel vom 18. 11. 1969
35 Der Tagesspiegel vom 11. 11. 1970
36 Der Tagesspiegel vom 29. 9. 1970, vom 10. 10. 1970, vom 23. 10. 1970 und vom 5. 11. 1970
37 Der Tagesspiegel vom 22. 10. 1970
38 Der Tagesspiegel vom 11. 5. 1974 und 16. 5. 1974
39 Der Tagesspiegel vom 21. 11 .1971, vom 7. 1. 1971, vom 13. 1. 1971 und vom 16. 3. 1971
40 Der Tagesspiegel vom 25. 2. 1972 und 29. 2. 1972
41 Der Tagesspiegel vom 8. 1. 1971
42 Der Tagesspiegel vom 21. 1. 1972, vom 3. 2. 1974 und vom 7. 2. 1974
43 Der Tagesspiegel vom 5. 2. 1974 und vom 6. 5. 1974
44 Der Tagesspiegel vom 25. 6. 1969
45 Erklärung der »Liberalen Aktion« vom 6. 6. 1976 (Schlicht-Archiv)
46 Erklärung der »Notgemeinschaft« vom 22. 6. 1976; Der Tagesspiegel vom 24. 6. 1976; Die Zeit vom 2. 7. 1976
47 Der Tagesspiegel vom 25. 9. 1976
48 Lämmert, in: 30 Jahre Freie Universität, S. 28
49 Lämmert, in: 30 Jahre Freie Universität, S. 31
50 Zitiert nach der Stuttgarter Zeitung vom 9. 4. 1998
51 Lämmert, in: 30 Jahre Freie Universität, S. 30
52 Schlicht: ebenda, S. 104–108; Der Tagesspiegel vom 2. 11. 1976
53 Schlicht: ebenda, S. 128–142; Der Tagesspiegel vom 10. 12. 1976
54 Schlicht: ebenda, S. 123–127
55 Schlicht: ebenda, S. 136–140; Der Tagesspiegel vom 23. 1. 1977
56 Der Tagesspiegel vom 12. 6. 1983
57 Untersuchungsbericht von Detlef Borrmann vom 7. 8. 1983, S. 1–27 und Ergänzungsbericht, S. 1–7
58 Der Tagesspiegel vom 5. 9. 1985
59 Ebenda
60 Forschungsberichte der Freien Universität Nr. 3 (1977–1980) und 4 (1981–1983)
61 Der Tagesspiegel vom 28. 8. 1988
62 Der Tagesspiegel vom 1. 11. 1987
63 Der Tagesspiegel vom 14. 8. 1988
64 Westmeyer: Empfehlungen zur Struktur der Freien Universität in den neunziger Jahren (Kommissionsbericht), S. 9, 17 und 114
65 Der Tagesspiegel vom 21.6.1992 und vom 30.5.1997; Hans-Dieter Gelfert: Bericht über Studium und Lehre an der Freien Universität (Kommissionsbericht); Wissenschaftsrat: Berichte über die Studiendauer
66 Empfehlungen des Wissenschaftsrats zur Charité, Köln 1996, S. 80–92 und 140–141
67 Der Tagesspiegel vom 7. 7. 1994, vom 10. 6. 1997, vom 15. 8. 1997 und vom 25. 4. 1998
68 Der Tagesspiegel vom 3. 1. 1997 und vom 15. 1. 1997
69 Der Tagesspiegel vom 17. 3. 1997
70 Gutachten des Wissenschaftsrats zur Charité, Der Tagesspiegel vom 1. 3. 1996 und vom 29. 1. 1997
71 Der Tagesspiegel vom 23. 10. 1996
72 Schriftlicher Rechenschaftsbericht von Präsident Johann Wilhelm Gerlach, Berlin 1997, S. 2–5
73 Strukturplan der Freien Universität von Prof. Hans Merkens, Der Tagesspiegel vom 28. 11. 1997
74 Der Tagesspiegel vom 30. 5. 1997 und vom 11. 3. 1998
75 Der Tagesspiegel vom 25. 7. 1997
76 Der Tagesspiegel vom 5. 1. 1998
77 FU Spiegel: 15 Jahre Freie Universität Berlin, S. 13–16

Seite 1 des ersten Matrikelbuchs

Ehemalige

Ein kunstvoll improvisierter Anfang

von Dieter Knust

Der Anruf kam kurz nach zehn Uhr: Eine Direktorenwitwe sagte, daß 200 wissenschaftliche Bände, Nachlaß ihres verstorbenen Mannes, abgeholt werden könnten. Der Preis? Nein, nein, das sei eine Spende. Eine halbe Stunde später war ein älterer Herr am Apparat. Er hätte mindestens 100 Stühle und ein Dutzend Tische in einem Abstellraum. Ob wir die brauchen könnten? Natürlich. Ein Lastwagen wurde organisiert, dann fuhr man los, um das Mobiliar nach Dahlem zu bringen. So ging es wochenlang den ganzen Tag hindurch. Keine Frage, die Gründung der FU war zu einer Angelegenheit aller Westberliner geworden.

Dieter Knust war Pressereferent des ersten Allgemeinen Studentenausschusses (AStA) der FU und langjähriger ARD-Mitarbeiter.

Spätherbst 1948: Auf dem schmalen Tisch blakten brennende Kerzen. Professor Edwin Redslob, Geschäftsführender Direktor der Freien Universität, hielt seine erste kunstgeschichtliche Vorlesung. Ein paar Gemälde standen an der Wand. Dicht an dicht saßen die Studenten, in Jacken oder Mäntel gehüllt, auf den zum Teil sehr klapprigen Holzstühlen, machten sie sich Notizen. Ein Anfang war gemacht. Mehr aber auch nicht. Denn künftig wollten die Studenten über die Entwicklung ihrer neuen Universität mit entscheiden, das galt auch für die Berufung der Professoren, um nur ein Beispiel zu nennen.

Ganz mutige Studenten fuhren in diesen Wochen und Monaten etwa nach Leipzig, um heimlich wenigstens einen kleinen Teil der Fachbibliothek eines neuen FU-Professors nach West-Berlin zu bringen. Nicht immer ging das gut. Aber meistens. Und in der sowjetisch besetzten Zone ging die Jagd auf unliebsame Studenten weiter. Beinahe jede Woche erreichten Listen mit den Namen gerade Verhafteter die FU. Inzwischen wollten 5000 Bewerber ihr Studium an der neuen Universität aufnehmen. Platz war maximal für 2000. Und so mußten Zulassungsprüfungen für eine »Selektion« sorgen, die aber mit politischen Überzeugungen nichts zu tun hatten. Und Pflichtvorlesungen gab es auch nicht. Nur die Ansätze für ein modernes »Studium generale« wurden heiß diskutiert.

Erinnerungen an Dovifat

von Manfred Sack

Neulich, auf dem Heimweg von der U-Bahn, traf ich einen Nachbarn von schräg gegenüber, einen Hamburger Botanik-Professor. Und wie es in irrlichternden Unterhaltungen zu geschehen pflegt, kamen wir – wirklich plötzlich – auf die FU und auf den Hörsaal im alten Hauptgebäude, Boltzmannstraße 3. Und da erzählte er eine Geschichte, die wortwörtlich die meine war – ohne daß der eine je vom anderen (und seinem Dasein an der FU) gewußt hätte:

Trauben von Studenten in beiden offenen Türen, die hintersten auf Zehenspitzen, im Hintergrund eine in heftigem Ton gehaltene Vorlesung. Auskunft am Schwarzen Brett: Emil Dovifat über »Praktische Publizistik«. Die Vermutung war, daß, wenn Studenten sich dermaßen drängen, was los sein müsse. So wie der Botaniker zehn Jahre nach mir bin ich, der Musikwissenschaftler, zur nächsten Vorlesung früh genug erschienen und habe einen Platz bekommen – so wie fortan zwei Semester lang. Weder bei ihm wie bei mir gab es die leiseste Spekulation, Publizist, sagen wir: Journalist zu werden. Es war nichts als Neugier und ein intellektuelles Vergnügen, einem leidenschaftlich in sein (man weiß: von ihm erst wirklich entdecktes und forciertes) Fach vernarrten Kenner zuzuhören und zu begreifen, was uns im Alltag in Gestalt von Zeitungen, Zeitschriften, Wochen- (heute: Tages-)schauen usw. begegnet und was darin eigentlich vonstatten geht. Im Grunde war es eine Unterrichtung über einen elementaren Gegenstand der Demokratie, und sie geschah tatsächlich »praktisch«: über die Nachricht, den Leitartikel, die Reportage, die Glosse oder das Pressephoto, den Trieb des Journalisten, über die strikte Trennung von Redaktion und Anzeigenabteilung.

Der Journalist Manfred Sack, der fast vier Jahrzehnte lang für »Die Zeit« gearbeitet hat, studierte an der FU.

Merkwürdig übrigens, daß derlei Usancen später institutionalisiert werden mußten: als man die Studenten zum »Studium generale« treiben mußte. Vielleicht auch deswegen, weil rhetorisch so begabte Lehrer, wie Dovifat einer war, so selten sind?

Rechtslehrer

von Gisela Knobloch

Sommersemester 1956, mein erstes Studiensemester. In meiner Erinnerung scheint immer die Sonne. Ich fahre am frühen Morgen mit meinem Bruder, der ebenfalls an der FUB studiert und heute dort Hochschullehrer ist, auf seiner Lambretta durch das stille Villenviertel Dahlem. Ich sehe mich in einem Hörsaal des Henry-Ford-Baus bei »Andersens Märchenstunde«, ich lausche, wie Professor Andersen uns in die deutsche Rechtsgeschichte einführt. Es ist drückend heiß, als Professor von Lübtow uns im Audimax die Lehren des römischen Rechts verkündet und dabei feststellt: »Ein preußischer Assessor kann notfalls alles, auch ein Schlachtschiff steuern.« Ich bemühe mich vergebens, die Ausführungen von Professor Becker in seiner Einführung in die Rechtsphilosophie zu verstehen. Er spricht von »Gegenopfer und Opferverwehrung« und bildet ein Beispiel, in dem um ein Mietrecht am Schatten einer Ziege gestritten wird.

Gisela Knobloch, Präsidentin des Berliner Kammergerichts.

Es ist Winter geworden. Professor Hirsch liest am Sonnabend morgen um acht Uhr sein Gesellschaftsrecht und reagiert ungehalten, wenn ein Student verspätet den Hörsaal betritt. Ich erinnere mich an sehr lebhafte und interessante Vorlesungen von Professor Blomeyer. Er schreitet vor uns auf und ab, verbindet Vorschriften des BGB mit denen des römischen Rechts und macht dabei mit den Armen Bewegungen, daß der Hörer glaubt, einen Römer vor sich zu sehen, der sich in seine Toga hüllt. Ein anderes Mal warnt er uns nachdrücklich vor dem Jurastudium: Wer nicht eine wirkliche Liebe zum Recht in sich spüre, sondern meine, einen einfachen Berufsweg vor sich zu haben, solle die Finger davon lassen, denn es gebe schon massenhaft schlechte Juristen.

Schließlich taucht Professor Brandt vor mir auf. Auch viele Studenten anderer Fakultäten drängeln sich in seinen Veranstaltungen zum Familienrecht: »Wenn ein junger Mann in einer lauen Sommernacht bei Mondschein auf einer Parkbank seine Angebetete fragt, ob sie ihn heiraten wolle, so ist das bei Juristen kein Fall von Unzurechnungsfähigkeit; der Jurist nennt das vielmehr Verlobung.« Aber er konnte auch anders. Kurz vor dem ersten Staatsexamen, bei dem er einer meiner Prüfer sein sollte, hetzt er uns in seinem Kolloquium am Sonnabend vormittag kreuz und quer durchs BGB, bis wir alle entmutigt feststellen, daß wir eigentlich gar nichts wissen und können. Im Ergebnis zeigte er sich aber durchaus als wohlwollender Prüfer.

Wenn ich diese Zeilen noch einmal lese, merke ich, daß mich die Hochschullehrer wirklich außerordentlich beeindruckt haben. Das gilt auch bei den Vorlesungen außerhalb der Jurisprudenz von Professor Dovifat und Professor Weischedel. Für Politik habe ich mich dagegen damals nicht interessiert.

Die Zeiten ändern sich

von Horst Teltschik

Berlin im Winter 1962/63: Die Auswirkungen von Mauerbau und Kuba-Krise lasteten noch immer auf Stadt und Menschen. Einmal in der Woche zum Kohlenhändler, um die rationierten Briketts abzuholen, die den Kohleofen mühsam wärmten. Dann der demonstrative Besuch von Präsident John F. Kennedy in Berlin. Die Stadt atmete befreit auf. Keine Absperrungen an der FREIEN Universität, keine Sicherheitsgefährdung für den amerikanischen Präsidenten. Die Studenten strömten.

Dr. Horst Teltschik, einst Student an der Freien Universität und ehemaliger Kanzlerberater, arbeitet inzwischen für BMW und ist Vorstandsvorsitzender der Herbert-Quandt-Stiftung.

Das Otto-Suhr-Institut – eine Perle der Politischen Wissenschaft, Monopolstellung in Deutschland. Glanzvolle Namen wie Richard Löwenthal, Ernst Fraenkel, Gerhard Ritter, Roman Herzog und viele andere mit nationaler und internationaler Reputation, akademische Lehrer für repräsentative Demokratie, Pluralismus, Rechtsstaatlichkeit, Marktwirtschaft und internationale Beziehungen.

Wenige Jahre später ein radikal verändertes Bild: Die Studentenrevolte, ihr Höhepunkt 1968, geprägt von Radikalismus, Intoleranz, Gewalt und linker Ideologie. Politische wie akademische Autoritäten fielen wie leere Hüllen in sich zusammen. Wer nicht Marx, Lenin, Marcuse, Che Guevara oder Mao gelesen hatte, überstand keine Vollversammlung. Zuletzt zählte sogar Agitationsmaterial aus der DDR. Mauer, Stacheldraht, die blutige Niederschlagung des Prager Frühlings, Hunderttausende von Toten in der chinesischen Kulturrevolution – welchen »Revolutionär« kümmerten schon solche Realitäten?

Es gab Gegenwehr. Richard Löwenthal kämpfte – ein großer Wissenschaftler an der Freien Universität. Er prägte mich entscheidend.

Ein revolutionäres Studium

von Gretchen Dutschke

Meine Eltern meinten, ich würde gleich von den Kommunisten geschnappt, trotzdem bin ich 1964 aus den USA nach Berlin gekommen. Die Stadt enthielt für mich einen Hauch der freiheitlichen Heldenmythologie, die Stadt mit der Schreckensumringung durch die kommunistischen Angreifer, aber auch mit der Spannung, sich an Verbotenes zu wagen. Dann traf ich Rudi Dutschke und wurde nicht von den Kommunisten geschnappt, aber von Rudi (nein, vielleicht umgekehrt), der an der FU studierte.

Gretchen Dutschke kam aus den USA in die Turbulenzen der deutschen Studentenbewegung.

Ich erinnere mich noch an das erste Mal, als ich durch den Henry-Ford-Bau spazierte. Ich war noch keine Studentin und besuchte ein Seminar des Theologen Helmut Gollwitzer. Dort saß ich in einem riesigen Saal und hörte zu, verstand wenig, bis Rudi sagte, er würde mitkommen, mir durch Übersetzen helfen. Erst 1966 schrieb ich mich an der Theologischen Fakultät ein. Viel Zeit zum Studieren hatten wir nicht mehr. Mittlerweile war ich mit Rudi verheiratet. Es gab ungefähr jede Woche eine Demonstration. Ich tippte an unseren Aufklärungsschriften, bastelte Plakate, diskutierte die Ereignisse mit Rudi oder marschierte. Wenn es ans Studium ging, mußte es für unseren Kampf um eine demokratischere und gerechtere Gesellschaft und für ein kulturrevolutionäres Miteinanderleben relevant sein. Gollwitzer begriff das. In seinen Seminaren durften wir Themen behandeln, die unser Verständnis von Theorie und Praxis in der Gesellschaft erweitern sollten: alternative Lebensformen oder meine Magisterarbeit über revolutionäre Bewegungen zur Zeit Christi. Was fehlte, waren die gewöhnlichen Dinge wie Exegese. Wie sollte Bibelauslegung mit der nächsten Vietnam-Demonstration in Zusammenhang gebracht werden oder noch schlimmer: Bibelgriechisch?

1968 wurde Rudi angeschossen, und wir verließen Berlin. Ich war nicht fertig mit dem Studium. Aber ich kam 1971 wieder und machte Exegese, fand sogar ein »Untergrund-Neues Testament«, und es gelang mir auf wundersame Weise, mein Studium an der FU abzuschließen.

Vom Durchfall zur Liebeserklärung

von Horst Bosetzky

Nach dem Abitur war ich zu Siemens gegangen, um Industriekaufmann zu werden, und hatte dort mit jedem Tag der Lehre mehr unter der intellektuellen Leere gelitten – nur noch getragen von der Vorstellung, anschließend an der FU studieren zu können. Voller Stolz begann ich im April 1960 mein erstes Semester, damals noch vom Rektor höchstpersönlich mit Handschlag begrüßt. Endlich konnte ich mich an der Alma mater ergötzen, erkennen, was die Welt im Innersten zusammenhält, mich später einmal Diplom-Soziologe nennen und irgendwo mit viel Prestige mein Geld verdienen. Die FU, das waren auch Geist und Kraft Amerikas. Doch schon ein halbes Jahr später war auch dieser Traum dahin ... Sah ich das Gebäude der Wiso-Fak in der Garystraße auch nur von weitem, hatte ich unter Durchfall zu leiden. Was Wunder, war ich mir doch absolut sicher, durchzufallen, wenn es um die Diplomprüfung ging. Einer wie ich war hier absolut fehl am Platze, kam ich doch als Kind kleiner Leute aus dem Neuköllner Hinterhaus. Schlimm war, daß ich nie genau wußte, was ich alles zu wissen hatte, und noch schlimmer waren die Nebenfächer, die ich eigentlich haßte, für die ich aber weitaus mehr Kraft aufzuwenden hatte als für alle Soziologie zusammen. Und auch von der verstand ich oft nicht mehr als eine Ameise, kriecht sie über diesen Text. In zwei Kriminalromanen (»Einer von uns beiden« und »Stör die feinen Leute nicht«) habe ich meine FU-Zeit aufzuarbeiten versucht, und im August 1998 erscheint mit »Champagner und Kartoffelchips« ein Roman, in dem sich mein Held Manfred Matuschewski von 1960 bis 1969 in Dahlem tummelt. Und was mich selber angeht? Kurzum, ich bin nicht gescheitert und hänge heute so sehr an »meiner« FU, daß mich schlechte Rangplätze und mitunter zu hörende Grabgesänge sehr schmerzlich berühren, denn es gab ein Happy-End zwischen uns, weil ich so wunderbare Professor/ inn/ en und Assistenten wie Renate Mayntz, Otto Stammer, Ludwig von Friedeburg, Jürgen Fijalkowski, Dieter Claessens und Günter Hartfiel hatte. Und was war damals alles los: An- und Abtestate gab es noch. Neben Rudi Dutschke habe ich im Hörsaal gesessen, und bei meiner letzten Prüfung im Rigorosum hatte man den Raum unter Wasser gesetzt. Wenn ich träume, noch einmal jung zu sein, sehe ich mich über die schiefergrauen Gehwegplatten von der S-Bahn kommen. Und die FU Berlin ist und bleibt für mich die Nummer eins unter den deutschen Hochschulen. Ende einer Liebeserklärung.

Horst Bosetzky, Soziologieprofessor an der Fachhochschule für Verwaltung und Rechtspflege, wurde unter dem Pseudonym -ky als Krimiautor bekannt.

Ein nervöses Jahr

von Gordon A. Craig

Am Ende meines ersten Semesters an der FU (Sommer 1962) wurde ich von einer charmanten älteren Dame gefragt, welches Fach ich unterrichtete. Ich sagte ihr, ich sei Historiker und gäbe ein Hauptseminar zur »Literatur und Politik in der Weimarer Republik«. Ich erzählte, daß einer meiner Studenten für mich gerade einen hervorragenden Aufsatz über das Thema »Soziale Schichtenbildung in den Romanen Vicki Baums« geschrieben hatte. Meine Gesprächspartnerin sah deutlich verstimmt aus und sagte, daß solch ein Thema für eine deutsche Universität ungeeignet sei.

Der Historiker Prof. Dr. Gordon A. Craig veröffentlichte zahlreiche Werke zur deutschen Geschichte.

Ihre Schärfe amüsierte mich, und ich bewunderte ihre hartnäckige Weigerung zuzugeben, daß das Prinzip »autres temps, autres mœurs« ebenso für die Universität wie anderswo gelten müsse. Ich war nicht mit ihr einverstanden. 1962 war ein nervöses Jahr; die Mauer war gerade gebaut worden, und niemand konnte sagen, was als nächstes gebaut oder abgerissen würde. Mir schien es, die Universität mußte auf die Bedrohungen ihrer Existenz antworten, nicht indem sie sich an das Althergebrachte klammerte und sich jedem Änderungsvorschlag widersetzte, sondern indem sie neue Ideen begrüßte und versuchte, ihre traditionellen Aufgaben durch neue und aufregende Ansätze zu erfüllen.

Ich bin glücklich, daß in dieser Krisenzeit die FU-Verwaltung sowie der Lehrkörper und die Studierenden von ihrer Vorstellungskraft und nicht von Vorsicht inspiriert wurden. Die Freie Universität hat davon profitiert.

Der Grundgedanke der Mitverantwortung

von Herta Däubler-Gmelin

Ich bin Ende 1962 aus der schwäbischen Universitätsstadt Tübingen an die FU nach Berlin gegangen. Das war eine andere Welt: nicht nur die Großstadt Berlin, in der Kalter Krieg und Teilung Europas durch Mauer und Stacheldraht, durch Schikanen beim Grenzübertritt und Lärmangriffe sowjetischer Tiefflieger unmittelbar und täglich zu spüren waren, in der Willy Brandt und Egon Bahr dann die neue Ostpolitik entwickelten und Schritt für Schritt auf den Weg brachten. Auch die Freie Universität war anders: moderner, demokratischer, politisch mittendrin und vor allem eine Gemeinschaft der Lehrenden und Lernenden mit studentischer Mitbestimmung. Man studierte nicht nur vor sich hin, sondern war zudem als Universitätsbürgerin gefragt, wichtig und hatte Verantwortung. Wie manche andere Westdeutsche hatte auch ich zunächst die Absicht, nur die üblichen zwei Semester zu bleiben. Daraus wurde nichts. Ich habe dann auch meine erste juristische Staatsprüfung in Berlin abgelegt. Die FU hat mich nicht mehr losgelassen: Studium, AStA-Mitwirkung, Konvent, Republikanischer Klub, Proteste und Demonstrationen zur Veränderung der Gesellschaft – das war alles gleichermaßen wichtig. Jurastudium und über den Rand enger fachlicher Wissensvermittlung hinausreichende Gegenuniversität, Konflikte mit traditionellen Professoren und Versuche neuer Lern- und Lehrformen, Streit und Auseinandersetzung mit konservativen Studentengruppen sowie mit solchen, aus denen später Tendenzen zu Gewalt und Terrorismus hervorbrachen – geprägt haben jene Jahre an der FU uns alle: Die Studierenden nahmen sich und ihre Ziele ernst, sie wurden von den Lehrenden ernst genommen. Die Studierenden wurden gefordert und forderten selber – sich, die Lehrenden und die Politik.

Prof. Dr. Herta Däubler-Gmelin ist Rechtsexpertin im Deutschen Bundestag. Als Honorarprofessorin gibt sie Lehrveranstaltungen an der Freien Universität.

Zwar hat Politiker und Lehrende schon vor Jahrzehnten der Mut verlassen, dieses Modell der Gemeinschaft aus Lehrenden und Lernenden weiterzuführen. Heute ist die FU eine ganz normale Universität mit ganz normalen Problemen. Sie bleibt jedoch eine Universität mit hohem Anspruch. Ich halte den Grundgedanken von Mitverantwortung und Mitbestimmung als Teil der akademischen Freiheit im ursprünglichen FU-Konzept für außerordentlich modern. Es wäre gut, wenn Reformbereitschaft und Reformfähigkeit in der FU nicht allein die bessere Vermittlung von Fachwissen, mehr Internationalität und effizientere Kooperation über die Fachbereiche hinaus auf ihre Fahnen schrieben, sondern auch gerade diesen alten und, wie gesagt, wieder ganz modernen Mitbestimmungs- und Mitverantwortungsgedanken.

Intellektuelle Reife

von Karen Kramer

Es hörte sich für meine 1970er Ami-Ohren recht vielversprechend an: eine »freie« Universität. Kosten- und grenzenlos. Aber die Sprache – jene sprichwörtlich schwere – hatte ich damals nur in Ansätzen bewältigt; die mageren Überbleibsel aus dem amerikanischen Studium würden wohl kaum zum Studium der Philosophie ausreichen. Selbst eine Fahrt in der U-Bahn war eine sprachliche Herausforderung: Daß man gewisse Sitzplätze nur »in Verbindung mit dem Schwerbehindertenausweis« nutzen dürfe, hatte mich veranlaßt, meinem Mann zu verkünden, die Deutschen seien aber nun wirklich sehr pingelig – es reiche nicht, dem Schaffner den Behindertenausweis vorzulegen, man müsse auch seine Bandagen (Verbindung = Verband) herzeigen! Nun gut; mit einiger Mühe ging ich durch die knallharte Sprachschule eines Kreuzberger Kinderladens, wo dreijährige Lehrer/innen mich täglich gnadenlos zwangen, mich auf deutsch verständlich zu machen, und wo die Elternabende mich lehrten, wie unendlich kompliziert die Welt sein kann.

Dr. Karen Kramer, Direktorin des Stanford Berlin Study Center.

Durch diese Erfahrung linguistisch und kulturell gestählt, schrieb ich mich ein halbes Jahr später an jener freien Uni ein. Das Philosophische Institut in der Gelfertstraße enttäuschte meine Erwartungen an eine freie Universität keinesfalls; Margeritha von Brentano weihte uns einerseits in die Kritische Theorie, andererseits in das Rauchen mit beiden Händen ein; in Wolfgang Haug fanden wir einen brillanten Lehrer, der uns herausforderte, in den Nuancen der Sprache gespeicherte Weisheiten und Dummheiten aufzuspüren. Und am Germanischen Seminar durfte ich das absolute Gegenteil von dem »Time is Money«-Ansatz meiner Heimat erleben: Dort haben wir nämlich ein ganzes Semester lang drei Seiten von Hegels Ästhetik mit der Lupe studiert (welche drei Seiten das waren, weiß ich aber heute nicht mehr).

Vor dem Magisterstudium an der Freien Universität hatte ich an Stanford den B.A. gemacht; nach dem Magister an der FU kehrte ich als Doktorandin nach Stanford zurück. Die relative Strenge des ersten amerikanischen Studiums hatte mich intellektuell gefördert und diszipliniert; aber an jener ungewöhnlich freien Universität der frühen siebziger Jahre bin ich erst intellektuell gereift. Seither ist es mir eine Freude, zur institutionellen Kooperation zwischen meinen beiden Universitäten beizutragen.

Eine seltsame Begebenheit

von Matthias Keidtel

Die Vorzüge der Lage eröffnen sich aus der Luft: Nähert man sich dem Campus der Freien Universität mit dem Flugzeug, was allerdings eher unwahrscheinlich ist, da die FU über keinen eigenen Landeplatz verfügt, erkennt man zunächst nur Grün. Viel Grün. Dazwischen versprengt Villen, größere und kleinere. Und dann einen ausgedehnten flachen Komplex, mehr nicht. Auf den ersten Blick aus der Luft deutet also nicht viel darauf hin, daß dort unten eine der größten europäischen Universitäten angesiedelt ist. Da sich der einfache Student seinem Institut aber normalerweise zu Fuß nähert, stehen an jeder zweiten Straßenecke blauweiße Hinweisschilder, die ihm die Orientierung erleichtern sollen. Hat der Student – sagen wir mal, er will Germanistik studieren – sein Gebäude schließlich gefunden, wird ihm die Orientierung jedoch gleich wieder geraubt. Denn der Germanistikstudent hat jenen flachen Komplex, auf dem Boden der Tatsachen »Rostlaube« genannt, betreten und sieht sich einem schier unentrinnbaren Geflecht aus endlosen Gängen und Querverbindungen gegenüber. Um die Verwirrung noch zu steigern, tragen die Gänge so kryptische Bezeichnungen wie K 31/10, so daß unser Germanistikstudent schon hilflos die Hände über dem Kopf zusammenschlagen will, als er im Eingangsbereich eines Ganges zu seiner Freude eine gläserne Pförtnerloge entdeckt. Dank des freundlichen Hinweises vom Pförtner erreicht der Student den Raum, in dem das Seminar stattfinden soll, gerade noch rechtzeitig. Alle Plätze an den Tischen sind bereits besetzt, so daß sich der Student in die zweite Reihe setzen muß. Mit aufgeschlagenem Notizblock wartet er auf den Dozenten, der schon mehr als eine Viertelstunde Verspätung hat. Unruhe breitet sich aus. Als dann ein junger Mann, den unser Student zunächst für einen Kommilitonen hält, hereinkommt und sich für sein Zuspätkommen entschuldigt, da er den Raum nicht gleich gefunden habe, muß der Student innerlich lächeln – allmählich beginnt er sich wohl zu fühlen. Nach dem Seminar, das ihm mehr wie ein Gespräch unter gleichgesinnten Freunden vorgekommen ist, geht er in die germanistische Bibliothek und ist einigermaßen überrascht. Die Arbeitsplätze gruppieren sich größtenteils um grüne Innenhöfe, die auch begehbar sind. Da es draußen noch warm ist, beschließt er, sich ein wenig ins Gras zu setzen. Nach einer Weile fährt er erschrocken hoch und stellt überrascht fest, daß es schon Mittag ist. Zeit fürs Mittagessen, denkt er, streicht sich das Gras von der Hose und geht in die Mensa. Gleich am Eingang entdeckt er ein Faß mit Rotwein, von dem er sich reichlich einschenkt. Er ißt und trinkt gut. An seinem Nebentisch erkennt er den jungen Dozenten vom Vormittag und prostet ihm beherzt zu.

Matthias Keidtel studierte Germanistik und Geschichte an der FU. Im März 1998 erschien sein erster Roman »abgetaucht«.

Leicht angeheitert verläßt er die Mensa und geht in einem der vielen Parks spazieren. Immer wieder passiert er Villen, in denen Institute der Freien Universität untergebracht sind. Hier läßt es sich lange aushalten, denkt er und geht so lange herum, bis er sich verlaufen hat.

Sein Wunsch nach einem lang andauernden Studium sollte sich jedoch nicht erfüllen. Eine Reihe von Verordnungen hinderten ihn daran, sich Zeit zu lassen. Nach der Zwischenprüfung gab es kein Halten mehr. Und als er schließlich den Termin für seine Magisterprüfung erfuhr, wußte er, daß sich sein Studium leider dem Ende entgegenneigte. Noch einmal sucht er wehmütig all die Orte seines studentischen Lebens auf: die germanistische Bibliothek mit ihren reichen Beständen, die Mensa, in der er mitunter besser gegessen hatte als in so manchem Lokal, den Raum seines ersten Seminars und die Parks. Am Ende seines Studiums war ihm auch die Rostlaube so vertraut wie die eigene Wohnung. Als er schließlich mit seiner Magisterurkunde in der Hand die Universität verließ, langsam die Habelschwerdter Allee überquerte und durch einen der Parks nach Hause gehen wollte, bemerkte er an einer Ecke einen jungen Mann hilflos die blauweißen Hinweisschilder studieren. Er trat näher an ihn heran, um ihm seine Hilfe anzubieten. Zu seinem Erstaunen sah er, daß er selbst es war, der dort stand. Er war immer noch angeheitert vom reichlich genossenen Wein

und fragte, wie er am schnellsten zu seinem Institut käme. Denn in einer guten halben Stunde hatte er eine Vorlesung. Der Fremde wies ihm die Richtung, und dann zerriß er übermütig ein Papier und rannte mit lächelndem Gesicht zurück zu seiner Universität.

Eine Universität im Grünen

Der Architekt Heinrich Straumer entwarf den
U-Bahnhof Thielplatz 1912/1913 im schlichten »Landhausstil«.

Aus der Luft betrachtet, ähnelt Dahlem einer gepflegten Parklandschaft. Die meisten der rund 250 FU-Gebäude befinden sich dort, viele zeugen von der fast hundertjährigen Geschichte des Wissenschaftsstandortes Dahlem. Pläne entstanden, südwestlich Berlins auf dem Gelände der ehemaligen Domäne Dahlem eine Wissenschaftsstadt, ein deutsches Oxford, zu errichten. 1911 wurde die »Kaiser-Wilhelm-Gesellschaft zur Förderung der Wissenschaften« gegründet. Die Institute der Kaiser-Wilhelm-Gesellschaft entwickelten sich zu einem der fruchtbarsten Wissenschaftszentren der Welt, aus dem zwölf Nobelpreisträger hervorgingen. Als die Freie Universität 1948 gegründet wurde, lag es nahe, sie in Dahlem anzusiedeln. So standen die Gebäude der Kaiser-Wilhelm-Gesellschaft zur Verfügung, es konnten Villen angemietet werden, und es war Platz vorhanden, um Neubauten zu errichten. Bereits 1948 übergab die amerikanische Militärregierung der Freien Universität das Gebäude Ihnestraße 22, 1927 vom »Hausarchitekten« der Kaiser-Wilhelm-Gesellschaft, Carl Sattler, errichtet. Unter den Nationalsozialisten spielte das Gebäude als Sitz des Instituts für Anthropologie, menschliche Erblehre und Eugenik eine unrühmliche Rolle. Heute gehört es zum Fachbereich Politische Wissenschaft.

Seite 93
Studieren, Forschen und Arbeiten im Grünen:
das Gästehaus der Freien Universität.

Einige der baugeschichtlich interessantesten Gebäude liegen in einem Umkreis von kaum einem Quadratkilometer. Das 1916 erbaute Haus in der Boltzmannstraße 3, in dem sich früher das Kaiser-Wilhelm-Institut für Biologie befand, wurde 1948 das erste Hauptgebäude der neuen Universität. Heute wird es zum überwiegenden Teil vom Fachbereich Rechtswissenschaft genutzt. Der sogenannte Otto-Hahn-Bau beherbergte früher das Kaiser-Wilhelm-Institut für Chemie, in dem Otto Hahn, Fritz Straßmann und Lise Meitner in den

Otto-Suhr-Institut in der Ihnestraße 22. Das 1927 von Carl Sattler erbaute Haus, zunächst Sitz des Kaiser-Wilhelm-Instituts für Anthropologie, menschliche Erblehre und Eugenik, wurde 1948 von der amerikanischen Militärregierung als eines der ersten Gebäude der Freien Universität zur Nutzung übergeben.

dreißiger Jahren bei der Suche nach Transuranen das »Zerplatzen« des Uran-Atomkerns durch den Beschuß von Uran mit Neutronen entdeckten. Der Otto-Hahn-Bau wird vom Institut für Biochemie genutzt, mit renovierten Labor- und Praktikumsräumen.

Mit diesem Bestand älterer Gebäude war ein Lehrbetrieb in den rasch wachsenden Fächern nicht durchführbar. So entstanden bald die ersten Neubauten.

1954 wurde der Henry-Ford-Bau in der Garystraße 35–39 bezogen. Finanziert durch Spenden der Ford-Foundation, enthielt er zwei Nutzungsbereiche: Zum einen ist er bis heute das zentrale Hörsaalgebäude der FU mit Auditorium maximum (1100 Plätze), Theatersaal und weiteren Hörsälen. Zum anderen hat die Universitätsbibliothek dort ihre Lesesäle, Magazinräume und sonstigen Arbeitsbereiche. Für viele repräsentiert er mit seinem Erscheinungsbild noch immer die Dahlemer Universität.

Anfang der siebziger Jahre entstand mit der »Rost- und Silberlaube« an der Habelschwerdter Allee auf dem ehemaligen Obstbaumgelände der größte Gebäudekomplex außerhalb der Klinika. Die Studentenzahlen hatten sich von 1948–1960 von 2140 auf 12 300 erhöht. Außerdem sollte eine Baukonzeption gefunden werden, die internationalen Maßstäben standhielt und sich in die örtlichen Bedingungen einfügte. Ausgeführt wurde in der Tradition Le Corbusiers ein kompaktes netzartiges Bebauungssystem, das mit kleinen Innenhöfen und Dachgärten aufgelockert wurde und nicht mehr als drei Geschosse besaß. Die Fassade der Rostlaube schmückt Corten-Stahl, der – anders als erwünscht – ungehemmt weiterrostete. Die Silberlaube ist in Aluminium gekleidet. Hinter der Planung der räumlichen Netzstruktur stand die Philosophie, daß jeder mit jedem kommunizieren können sollte. Die räumliche Nähe der Institute sollte die interdisziplinäre Arbeit unterstützen. Bis heute gehen die Meinungen über »das verrottete

Das erste Hauptgebäude der Freien Universität: die Boltzmannstraße 3. Zunächst war hier die Philosophische Fakultät untergebracht. Heute wird es überwiegend von den Juristen genutzt.

Der Otto-Hahn-Bau, das ehemalige Kaiser-Wilhelm-Institut für Chemie, war eines der ältesten Gebäude der Kaiser-Wilhelm-Gesellschaft. Der repräsentative Bau wird heute von den Biochemikern genutzt. Die Naturwissenschaftler Otto Hahn, Lise Meitner und Fritz Straßmann beobachteten hier erstmalig die Kernspaltung des Urans.

Die Physikalischen Institute in der Arnimallee 14. Die naturwissenschaftlichen Fächer sind zu einem großen Teil rund um die Arnimallee angesiedelt.

Ursprünglich sollte ein gemeinsames Gangsystem alle naturwissenschaftlichen Neubauten vernetzen. Heute sind nur die zwei Gebäude der Physik zu beiden Seiten der Arnimallee durch Gangbrücken verbunden.

Das renommierte John-F.-Kennedy-Institut für Nordamerikastudien der Freien Universität. 1963 beschloß der Akademische Senat auf Vorschlag des Politologen Prof. Dr. Ernst Fraenkel, Forschung und Lehre über Nordamerika in einem eigenen Institut zu bündeln.

Der Funkturm-Architekt Heinrich Straumer ließ 1914–1919 für den Luftfahrtindustriellen und Naturwissenschaftler Dr. Enno Walter Huth einen repräsentativen Wohnsitz im Landhausstil erbauen. Seit 1981 wird das Haus vom Fachbereich Altertumswissenschaften genutzt.

Die Universitätsbibliothek mit anschließendem Henry-Ford-Bau in der Garystraße 35–39. Der Henry-Ford-Bau ist nach der amerikanischen Stiftung benannt, die neben dem Mensagebäude in der Van't-Hoff-Straße auch dieses Gebäude finanzierte. Es ist durch einen zweigeschossigen zurückliegenden Brückenbau mit der Universitätsbibliothek verbunden, die in einem gesonderten Bauteil liegt.

Der Henry-Ford-Bau während der Semesterferien.

Der Haupteingang der Rostlaube. In dem 1967 bis 1972 errichteten und mit rostenden Corten-Stahlplatten verkleideten Gebäude sind vor allem die geisteswissenschaftlichen Institute der FU untergebracht. Da der von den Architekten geplante äußerliche Rosteffekt nach innen weiterwanderte und nicht gestoppt werden konnte, bürgerte sich bald die Bezeichnung Rostlaube für das Gebäude ein.

Schlachtschiff« (Oswald Mathias Ungers) auseinander: Für die einen verkörpert der Gebäudekomplex die anonyme Massenuniversität, ihre fehlende Überschaubarkeit und Verwahrlosung, andere schätzen die Rostlaube als Kommunikationszentrum und Markenzeichen der FU. Nach der notwendigen Asbestsanierung soll der Gebäudekomplex der Geisteswissenschaftler von dem britischen Architekten Sir Norman Foster, der auch das Reichstagsgebäude umgestaltet hat, umgebaut und erneuert werden.

Andere Wege der Baukonzeption ging die Freie Universität Ende der siebziger/Anfang der achtziger Jahre mit der Bereichsbibliothek Erziehungs- und Unterrichtswissenschaften und dem Neubau des Philosophischen Instituts in der Habelschwerdter Allee. Transparenz durch Glas, Offenheit durch lichtdurchflutete Räume hieß die Devise. Mit dem Neubau des Philosophischen Instituts hat die Freie Universität erstmals wieder versucht, den Typus der »Villa« bei einem Neubau aufzugreifen, um sich der örtlichen Umgebung anzupassen.

Seit den achtziger Jahren war Geld knapp. Die Freie Universität beschränkt sich nun auf kleinere, in Eigenregie durchgeführte Neubauten: Jüngst feierte das Immatrikulationsbüro in der Iltisstraße 5 Richtfest, auch das Haus der Studentenschaft am Kiebitzweg 13–17 ist fertiggestellt.

Hinter der Rostlaube liegen die Gebäude der Naturwissenschaften rund um die Arnimallee. Anfang der sechziger Jahre entstanden die ersten allein stehenden Neubauten wie das umstrittene »Hochhaus« für Anorganische Chemie, Fabeckstraße 34–36.

Anders als die Geisteswissenschaftler bevorzugten die Naturwissenschaftler eine nicht ineinandergeschachtelte Flachbauweise. Von der geplanten Vernetzung aller naturwissenschaftlichen Neubauten durch ein gemeinsames Gangsystem ist nur die Gangbrücke in der Arnimallee verwirklicht worden, die die beiden Bauten der Physik verbindet. 1995 entstand das Gebäude der Informatik.

Auf alten Obstanbauflächen. Im Hintergrund die Silberlaube.

Blick in einen der vielen Innenhöfe der sogenannten Rostlaube.

Wendeltreppe an der Silberlaube.

Lichtdurchflutete Arbeitsräume und Bibliothek. Das 1982/83 von dem Architektenehepaar Hinrich und Inken Baller erbaute Philosophische Institut in der Habelschwerdter Allee 30 greift den Typus der Villa auf.

Da der finanzielle Rahmen für Bauprojekte immer enger wurde, konnte das geplante Geozentrum nicht mehr realisiert werden. Vielmehr sind die Institute der Geologie, Geophysik und Paläontologie sowie die Kommunikationswissenschaft und das Zentralinstitut für Sozialwissenschaftliche Forschung (ZI 6) auf das Hochschulgelände in Lankwitz, bis 1980 Gelände der Pädagogischen Hochschule, verlegt worden. Mit der Auflösung des Zentralinstituts entstand Raum, um die Geographie und später die Meteorologie in den Gebäuden unterzubringen.

Ebenfalls weitab vom zentralen Campus liegt das Hochschulgelände Düppel. Die Vorschläge zur Verlegung der damaligen Tierärztlichen Hochschule nach Dahlem stammen aus dem Kaiserreich. 1951 wurde die Veterinärmedizinische Abteilung der Medizinischen Fakultät der FU eröffnet und 1952 zur eigenen Fakultät ausgebaut. Schon bald nutzten die Veterinärmediziner der Freien Universität auch das große Gelände des Gutes Düppel im Süden Zehlendorfs. 1826 war Düppel als Gutsbesitz an den Salz- und Holzhändler Bensch gekommen, der das Herrenhaus und die Insthäuser sowie 1838 die Brennerei errichtete. 1856 erwarb ein Schnapsfabrikant den Herrensitz und verkaufte ihn drei Jahre später an den Prinzen Friedrich Karl. Die Erben des Prinzen haben das Rittergut bis 1926 an die Stadt Berlin verkauft. Mit dem Ausbau der Veterinärmedizin entstanden seit den sechziger Jahren in Düppel verschiedene Um- und Neubauten, wie die Klinik für Klauentiere, dann die Kliniken für Kleine Haustiere und Pferdekrankheiten, später die Pathologie und Andrologie, die Ausweichquartiere für Physiologie, für Biochemie und für Lebensmittelhygiene.

In der Bibliothek der Philosophen.

Hier beginnt das Studium: das neugebaute Immatrikulationsbüro in der Iltisstraße.

Das Haus der Studentenschaft im Kiebitzweg.

Das Gebäude wurde 1929/30 von den Architekten Max Taut und Franz Hoffmann als Verwaltungsgebäude der Reichsknappschaft gebaut. Heute beherbergt es neben dem Lateinamerika-Institut die Technische Abteilung der Zentralen Universitätsverwaltung.

Das Haus in der Koserstraße 20 in Dahlem das in den sechziger Jahren von den Architekten Wassili Luckhardt und Hans-Joachim Wandelt erbaut wurde, beherbergte bis zur Schließung wegen Asbest im Jahre 1990 die gesamte veterinärmedizinische Vorklinik. Seit dem Umbau des Bauteils A hat der Fachbereich Geschichtswissenschaften dort seine Wirkungsstätte. Der älteste Hörsaal Berlins, die »erste freistehende Tieranatomie der Medizingeschichte«, befindet sich auf dem Gelände der Charité in Berlin-Mitte und wird seit 1992, als die Fusion der veterinärmedizinischen Fachbereiche der FU und der Humboldt-Universität beschlossen wurde, von der FU genutzt. Der Hörsaal zählt zu den besterhaltenen »Anatomischen Theatern«. Das Gebäude wurde 1789/90 von dem Architekten Carl Gotthard Langhans erbaut.

Zu einem eigenen Campusspaziergang lockt das Universitätsklinikum Benjamin Franklin mit weiteren medizinischen Instituten in Steglitz. Von amerikanischen Architekten entworfen, ist das Gebäude nach einem Konzept gestaltet, das Mitte der sechziger Jahre in Deutschland revolutionär wirkte: Klinische und theoretische Einrichtungen sind unter einem Dach vereint, Krankenstationen und wissenschaftliche Laboratorien einander »Wand an Wand« benachbart. Leitidee war die Vernetzung der drei Aufgaben der Universitätsmedizin: Krankenversorgung, Lehre und Forschung. Heute platzt das »Klinikum der kurzen Wege« aus allen Nähten.

Weitere Einrichtungen der FU-Medizin sind einerseits dem Klinikum unmittelbar benachbart, wie der Betonkoloß der Forschungseinrichtung für Experimentelle Medizin (FEM), die Institute der Infektionsmedizin oder das Tibor-Diamantstein-Haus, ein Containerbau für die Forschung. Andererseits sind sie in FU-typischer Zersplitterung auf verschiedene andere Stadtbezirke verteilt: das renovierte Gebäude der Zahnklinik in Wilmersdorf, die Psychiatrische Klinik in Charlottenburg und einige theoretische Institute nicht nur der Vorklinik im Bereich des naturwissenschaftlichen Campus in Dahlem – inmitten des Grüns gelegen.

zusammengestellt von Felicitas von Aretin

Ehemalige Brennerei in Düppel, 1838 von dem Salz- und Holzhändler Bensch errichtet, heute Fachbereichsverwaltung.

Meßstation des Meteorologischen Institutes.

Seit 1994 sitzt das Präsidialamt der Freien Universität in der Kaiserswerther Straße 16–18. Erbaut wurde das Gebäude 1929 von dem Funkturm-Architekten Heinrich Straumer als Verwaltungsgebäude für den Verband der öffentlichen Feuerversicherungsanstalten. Nach dem Zweiten Weltkrieg war das Gebäude für 45 Jahre Sitz der Alliierten Kommandatura in Berlin.

Die Aphrodite ziert eines der Messinggitter, die im großen Konferenzraum des Präsidialamtes die Lüftungsschächte verbergen.

Germanistik
Geschichte
Romanistik
(Rostlaube)
Psychologie
Erziehungs-
wissenschaften
Fachdidaktik
Sprachlabor
(Silberlaube)
AStA
Hochschulsport
Natur-
wissenschaften
Bibliothek
Erziehwiss.
Vorklinische
Medizin
Studien-
beratung
Mensa 2
Cafeteria
Übergang
Rostlaube
Silberlaube
Philosophie
Staatliche
Museen
elallee

Studieren…

Ungebrochen beliebt

Studieren an der Freien Universität

zusammengestellt von Elke Löschhorn

Studienbeginn – das heißt: ein wesentlicher Einschnitt im Leben eines jungen Menschen.

Studienbeginn heißt aber zunächst einmal Zulassung und Immatrikulation, aus Sicht der Studierenden Bereiche, die zum Teil mit Unsicherheit (»Werde ich für das Wunschfach zugelassen?«) und bürokratischem Aufwand (»Bitte bringen Sie zur Immatrikulation folgende Unterlagen mit ...«) verbunden werden. Wenn man dann endlich den Studenten-, Pardon, Studierendenausweis in Händen hält, weiß man, daß man dazugehört. Als eingeschriebener Student oder Studentin – rund die Hälfte aller FU-Studierenden sind Frauen – hat man die Qual der Wahl hinter sich und aus dem Angebot von mehr als 70 Studienfächern einen Studiengang oder eine Studienkombination ausgewählt. Es ist eine der Aufgaben der Abteilung »Angelegenheiten von Studium, Lehre und Weiterbildung«, diese Studiengänge zu verwalten, in denen rund 44000 Studierende einen akademischen Abschluß anstreben. Die Beliebtheit der FU ist nach wie vor ungebrochen, denn jährlich schreiben sich zirka 7000 junge Menschen ein, jedes Jahr schließen etwa 4200 ihr Studium mit einem Examen ab, und weitere 1000 werden in dem gleichen Zeitraum promoviert. Für die Internationalität der FU spricht, daß etwa zehn Prozent der Studierenden aus dem Ausland kommen und hier entweder ein Austauschjahr oder ein grundständiges Studium absolvieren.

In den naturwissenschaftlichen und vielen sogenannten kleinen Fächern bietet die FU gute bis exzellente Studienbedingungen, wobei eine Besonderheit die regionalwissenschaftlichen Lehrangebote sind. In den Zentralinstituten für Lateinamerika, Osteuropa und Nordamerika kann man sich diesen Regionen dank des interdisziplinär ausgerichteten Lehrprogramms mit verschiedenen Schwerpunkten intensiv widmen. Die Regionen Vorderer Orient und Ostasien werden als neue regionale Schwerpunkte ausgebaut und eröffnen hier ein noch breiteres Spektrum.

Interdisziplinarität ist auch das Kennzeichen des neuen Frankreich-Studiengangs. Der Fachbereich Politische Wissenschaft und das Institut d'Etudes Politiques de Paris bieten den deutsch-französischen Studienzyklus in Politik- und Sozialwissenschaften im Rahmen einer Kooperationsvereinbarung an. Außerdem wurden jüngst mehrere europäische Zusatzstudiengänge eingeführt.

Doch wesentlich mehr als nur dies gibt es in einem großen Studienbetrieb zu regeln: Die Zentrale Universitätsverwaltung erstellt zusammen mit den Fachbereichen Prüfungsordnungen sowie Promotions- und Habilitationsordnungen, errechnet Kapazitäten, schafft Parameter für die Studienreform. Weiterbildende Studiengänge und spezielle wissenschaftliche Weiterbildungsprogramme, z. B. für Tropenveterinärmedizin, Technischen Vertrieb, Journalistenweiterbildung, Medizinische Physik, Psychosoziale Versorgung und Wissenschaftsjournalismus, betriebsinterne Weiterbildung und vieles mehr werden eingerichtet und betreut.

Die Abteilung Außenangelegenheiten ist zuständig, wenn FU-Studenten ein Auslandsstudium planen oder wenn man als ausländischer Student im Rahmen eines Austauschprogrammes eine Zeitlang an der FU studieren möchte. Mehr als 80 zentrale Partnerschaftsprogramme regeln den internationalen Austausch, darunter auch viele Direktaustauschprogramme für Studierende und Graduierte. Eine jahrzehntelange Tradition haben die Austauschprogramme mit amerikanischen Universitäten; hier verfügt die FU über das größte Studentenaustauschprogramm in Deutschland. In jüngster Zeit wurden die Beziehungen nach Ostasien intensiviert, so daß ein Studienaufenthalt in Japan, Korea und jetzt auch China möglich ist.

Besonderer Wert wird dabei auf die Reziprozität und die internationalen, über das Studium hinaus geknüpften wissenschaftlichen Kontakte gelegt. Gerade bei Stipendienprogrammen (z. B. DAAD und den europaweiten Austauschprogrammen ERASMUS; SOKRATES und TEMPUS) liegt die FU in der Beliebtheitsskala ganz vorne.

Die FU, schon in ihren Anfängen eine durch Innovationen geprägte Universität, war eine der ersten Hochschulen, die – bereits in den fünfziger Jahren – Magisterstudiengänge einrichtete. Der FU-Tradition, neuartige Studiengänge zu etablieren, entsprechend hat der Fachbereich Chemie im Wintersemester 1997/98 als erster in Deutschland einen vom DAAD geförderten zweisprachigen Studiengang für ausländische Bachelors und deutsche Bewerber mit Vordiplom im Hauptfach Chemie eingerichtet. Zur Zeit ist man dabei, einige Bachelor-Abschlüsse einzuführen, einen Studiengang in englischer Sprache in der Betriebswirtschaft zu entwickeln, der mit dem international anerkannten »Masters of Business Administration« (MBA) abschließt, sowie ein Wahlfachstudium Umweltmanagement zu etablieren. Im Bereich der Weiterbildung haben die »Universitätsvorlesungen« einen besonderen Stellenwert für eine breitere, fächerübergreifende Hörerschaft.

Schließlich sind da die »Projekttutorien«, die von Studierenden konzipiert und betreut werden. Sie ergänzen das reguläre Lehrangebot, fördern das selbstbestimmte Lernen und sollen interdisziplinären Lehrexperimenten Raum geben. Eine der jüngsten Errungenschaften ist ein Projekt zur Berufsorientierung (BeO), welches Studierenden den Eintritt in die Arbeitswelt erleichtern soll – ein erster Schritt in Richtung des englischen Careers Center.

Diese Aufzählung einiger Studienmöglichkeiten und studienbezogener Projekte gibt nur einen kleinen Vorgeschmack auf die vielfältigen Möglichkeiten, die die Freie Universität Berlin bietet und über die man sich bei den zuständigen Abteilungen und Beratungsstellen ausführlich informieren kann.

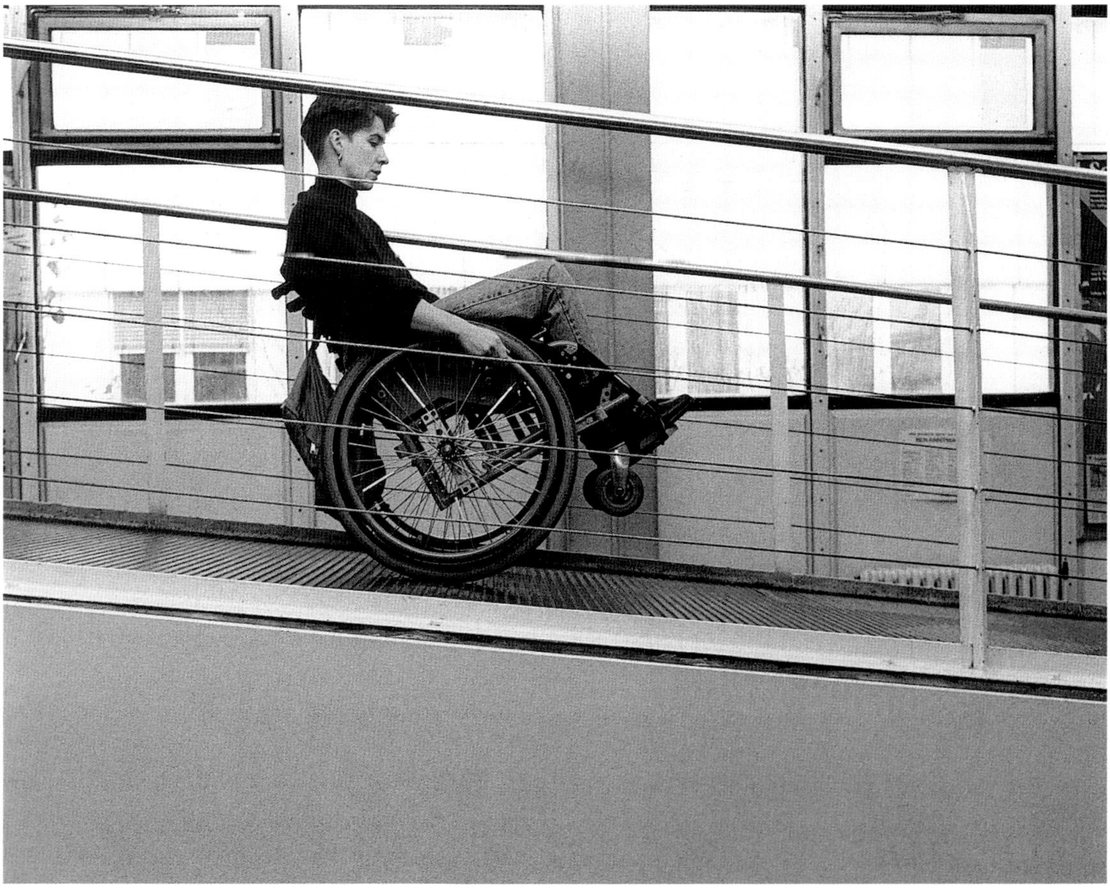

sportler-café

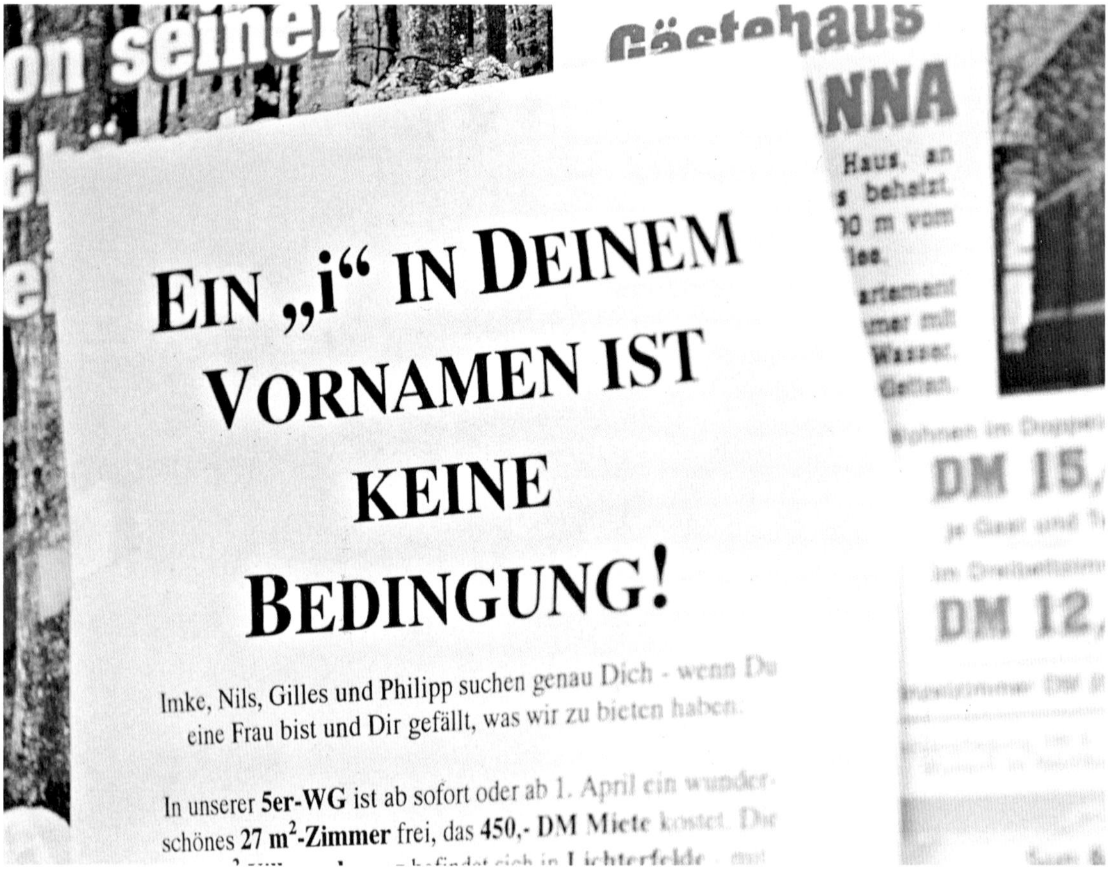
EIN „i“ IN DEINEM
VORNAMEN IST
KEINE
BEDINGUNG!
Imke, Nils, Gilles und Philipp suchen genau Dich - wenn Du
eine Frau bist und Dir gefällt, was wir zu bieten haben.
In unserer 5er-WG ist ab sofort oder ab 1. April ein wunder-
schönes 27 m²-Zimmer frei, das 450,- DM Miete kostet. Die
DM 15,
DM 12,

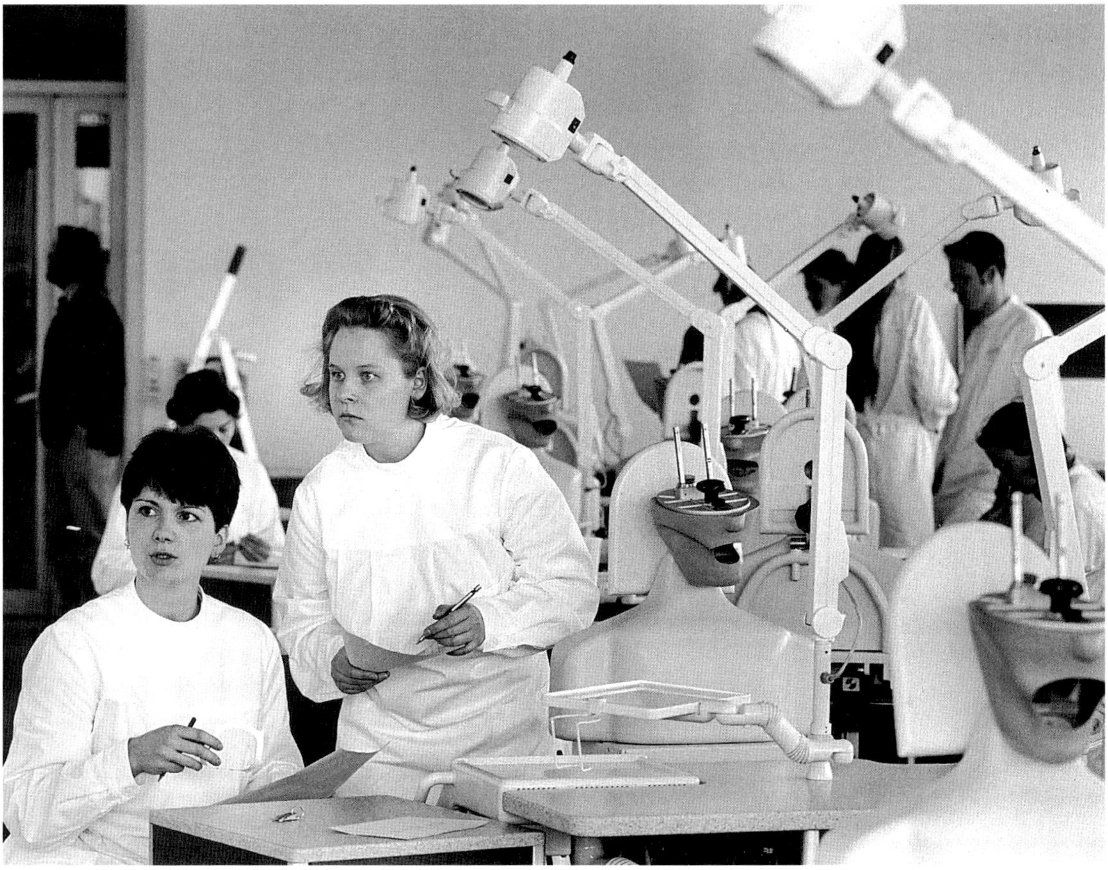

SÄCHEN
Kommunikationsmittel
ONEN DT. UNTERNEHMEN V.A. IN DIE USA
wichtigster Faktor beim Kapitalumsatz
Marktzugang doppelt so wichtig
Folgen
Hochschulen reagie
BILLIGLOHNKONKU
Globalisierun
Religionskriege
INTERNET MACHT

HÖRSÄLE
ABCD

BB
Bürgerliches Gesetzbuch

BERLIN

LUCKY
STREIK

Tausendsassa

Der Carl-Ramsauer-Preis 1998 für den Physiker Ludwig Bartels

von Iris Kampf

Der Vorsitzende der Geschäftsführung TEMIC TELEFUNKEN Frank Dieter Maier überreicht Dr. Ludwig Bartels einen der sechs Carl-Ramsauer-Preise 1998.

Dr. Ludwig Bartels, ehemaliger Student und Doktorand am Fachbereich Physik der FU, ist ein Vielleser. Jeden Monat verschlingt er rund 2000 Seiten – aber keine Fachliteratur. In die Physikbücher schaut er nur, wenn es »wirklich unvermeidlich« ist. So ungewöhnlich, wie dies für einen Na-tur-)Wissenschaftler ist, so außergewöhnlich ist auch sein bisheriger Lebensweg: Als er das Gymnasium verließ, hatte er nicht nur zwei Klassen übersprungen und sein Abitur in der Tasche, sondern auch eine abgeschlossene Ausbildung zum Chemisch-Technischen Assistenten. 1988 kam Ludwig Bartels von der Elbe an die Spree, um an der FU Jura und Physik zu studieren. Nachdem er sein Physik-Vordiplom mit »sehr gut« bestanden hatte, konzentrierte er sich ganz auf die Physik. 1995 schloß er sein Studium – wieder die Note »sehr gut« – ab und promovierte anschließend. In seiner Dissertation zum Thema »Mikroskopie, Spektroskopie und Manipulation mit dem Tieftemperatur-Rastertunnelmikroskop auf reinen und adsorbatbedeckten Kupferoberflächen« ging der damals erst 26jährige vor allem der Fragestellung nach, wie man Kupferoberflächen selbst und Adsorbate auf ihnen mit Hilfe der Rastertunnelmikroskopie verändern könnte. Im Juni 1998 wurde Ludwig Bartels für seine Dissertation der Carl-Ramsauer-Preis, eine der wichtigsten Auszeichnungen für Nachwuchswissenschaftler in Deutschland, verliehen.

Zusätzlich zu seiner wissenschaftlichen Laufbahn ist Ludwig Bartels zudem politisch aktiv. Er organisierte unter anderem einen Studentenkongreß für die Naturwissenschaftlerinitiative »Verantwortung für den Frieden« und Schulprojekte anläßlich der Klimakonferenz in Berlin, in denen die Schülerinnen und Schüler zum Thema Solarenergie eigene Erfahrungen sammeln konnten. Als Sprecher der Berliner Stipendiatengruppe der Friedrich-Ebert-Stiftung engagierte er sich im Bereich Veranstaltungsorganisation und bei der Integration ausländischer Stipendiaten.

Außerdem reist Ludwig Bartels gerne und viel. Sechs Monate hielt er sich in Südostasien auf, besuchte China, Laos und Vietnam. Der Rückweg führte ihn durch die ehemalige Sowjetunion. Auch Syrien, Jordanien, Jemen und Südamerika hat der vielseitige Nachwuchswissenschaftler schon erkundet.

Ab September 1998 wird Ludwig Bartels als Stipendiat an der Columbia University, New York, seine Forschungen auf den Gebieten der Rastertunnelmikroskopie und verwandter Bereiche fortsetzen. Zu hoffen bleibt, daß er danach an den Fachbereich Physik der FU zurückkehren kann. Auch wenn es hier, wie er feststellt, das eine oder andere auszusetzen gebe, so bleibe der Fachbereich Physik der Freien Universität für ihn doch der beste in Deutschland.

Freie Universität, freie Wahl

Eine spanische Germanistin in Berlin

von Christina Jarillot-Rodal

Vor vier Jahren kam ich zum erstenmal nach Berlin. Ich hatte mein Studium der Germanistik in Spanien absolviert, fünf Jahre lang tüchtig die weisen Wörter meiner Dozenten notiert, Klausuren geschrieben, kaum ein Referat gehalten und überhaupt keine Sekundärliteratur zu Gesicht bekommen (die Germanistikbibliothek meiner Uni war wegen Neukatalogisierung während meines gesamten Studiums für Studenten unzugänglich). Als ich noch studierte, war das Studium in Spanien ganz verschult. (Inzwischen haben sich die Studienpläne geändert, und die Studenten haben weit mehr Wahlfreiheit.) Dann kam ich zu dieser berühmten Freien Universität und konnte zwischen unzähligen Seminaren, die mich am Anfang den Überblick verlieren ließen, frei wählen. Die Gruppenarbeit war ich nicht gewohnt, und trotzdem genoß ich die Vorbereitung eines Referats über »Sexuelle Beziehungen in Berlin Alexanderplatz« wie kaum etwas anderes. Die für mich ziemlich neuen Hausarbeiten lehrten mich den Umgang mit Sekundärliteratur, was ich angesichts meines Promotionsvorhabens bitter nötig hatte. Am deutschen System, wie ich es in Berlin kennenlernte, habe ich eine Gesamtübersicht vermißt, die als Rahmen der ziemlich speziellen Kenntnisse dienen könnte. Dafür sind die großen Panoramen, die mein Germanistikstudium in Spanien geprägt haben, natürlich wunderbar. Ich muß leider gestehen, daß ich in meinem überforderten Gehirn vergebens nach dem Namen des Autors von »Ardingello oder Die glückliche Insel« suche, den ich bei meiner letzten Klausur in Salamanca vergessen hatte. Na ja, dafür sind Literaturlexika eben da!

Die spanische DAAD-Stipendiatin Christina Jarillot-Rodal.

Fragen hilft

Ein Tag in der Studienberatung

von Hans-Werner Rückert

Eine gute Adresse

»Zentraleinrichtung Studienberatung und Psychologische Beratung der Freien Universität Berlin« – seit mehr als 20 Jahren eine geschätzte Adresse für alle, die sich für ein Studium an der FU interessieren. Jedes Jahr gibt es zirka 20000 Kontakte zu Anfragenden. Mehr als 8500 von ihnen kommen zu persönlichen Informations- und Beratungsgesprächen in die beiden – behindertengerecht ausgestatteten – kleinen Villen in Dahlem. An drei Tagen in der Woche morgens, donnerstags am Nachmittag bildet sich vor der Tür eine Schlange, die besonders vor Bewerbungsschluß bei der Zentralstelle für die Vergabe von Studienplätzen in Dortmund oder an der FU lang werden kann.

Der Alltag der Studienberatung

Ab 9.30 Uhr nehmen ein oder zwei Studentische Hilfskräfte die studierwilligen Schülerinnen und Schüler, andere Studieninteressierte oder schon Studierende in Empfang. Am »welcome counter« der Information werden alle Anliegen aus der Welt komplexer Zulassungs- und Bewerbungsverfahren, Fragen zu Fächerkombinationen im Magisterstudium, Anerkennung von Scheinen und Prüfungen bei Orts- und Fachwechsel, Studienmöglichkeiten im Ausland, Aufbau- und Weiterbildenden Studien, Promotionsmöglichkeiten usw. vorgetragen. Bei so wenig Personal, wie hier zur Verfügung steht, ist die persönliche Beratung ein kostbares Gut, das den wirklichen Problemfällen vorbehalten bleibt.

Wer noch gar nichts weiß, bekommt schriftliche Kurzinformationen und wird aufgefordert, das »Studienhandbuch der FU« zu kaufen, das 1998 erstmals auch als CD-ROM herausgegeben wurde und das die »Wirtschaftswoche« als »bester Studienführer einer deutschen Universität« bezeichnet hat. Stets umlagert ist der Computer, der den Internet-Zugang zu allen Universitäten dieser Welt ermöglicht.

Um 10 Uhr geht es los: Die Berater, die bis dahin Studienberatung in einer Telefonsprechstunde durchgeführt haben, holen sich die Klienten aus dem Warteraum. Die Telefonberatung (5500 Telefonate im Jahr) ist permanent überlaufen. In der Woche sind die Berater für neun Stunden am Telefon erreichbar, für mehr als zehn Stunden in der persönlichen Sprechstunde; außerdem an jedem Montag via Internet in einem Studienberatungs-chat online, was vor allem für Studieninteressierte aus dem Ausland eine hervorragende Möglichkeit darstellt, ihre Fragen in einem Beratungsgespräch zu stellen und ihre Pläne weiterzuentwickeln.

Optimal ins Studium

Vor einem der Computer sitzen zwei Mitarbeiter des Projekts »OPTIMIST«, kurz für: Optimal ins Studium. Aus Mitteln des Hochschulsonderprogramms III finanziert, sollen sie ein Studieninformationssystem entwickeln, mit dem auf elektronischem Wege die Beratung von Schülern verbessert werden kann. Außerdem betreuen und schulen sie studentische Tutoren, die helfen sollen, an den Fachbereichen den Einstieg ins Studium durch verstärkte Betreuung und Beratung der Studienanfänger zu verbessern.

Seit Jahren belegen alle einschlägigen Untersuchungen: Der Informationsstand von Schülerinnen und Schülern vor der Aufnahme eines Studiums ist unbefriedigend. Was Lehrer, Lehrerinnen und Eltern aus eigener Erfahrung über das Studium wissen, ist meist nicht mehr aktuell. Und allzu oft reduzieren sich die Gesichtspunkte, unter denen man die Wahl eines Studienfaches erwägt, auf die Frage: »Welches Studium garantiert denn die besten Berufsaussichten?« – die Suche nach einer vermeintlichen Sicherheit, die nicht zu ge-

Von der FU in alle Welt.

währleisten ist. Selbst wenn es hier Antworten gäbe, die rein statistisch gesehen zuträfen, dann hätte dies noch keine Aussagekraft für das Schicksal eines jeden einzelnen. Es ist nicht nur der Informationsmangel, der für die Desorientierung von Studienanfängern verantwortlich ist. Es ist auch deren falsche Erwartung, stringent in einer Art Baukastensystem, mit stets gegebenem Überblick über das Studienfach und in voller Kenntnis der Bedeutung der einzelnen Lehrveranstaltungen für den Studienabschluß auf denselben hin studieren zu können. Fluchend beklagt, fassungslos erlitten und fasziniert bestaunt wird in den ersten Semestern die Notwendigkeit, sich selbst zu organisieren, sich aus einem Studienangebot bedienen zu müssen, in dem der Überblick oft fehlt und die Bedeutung von Seminarthemen für Prüfung oder gar Berufspraxis nicht erkennbar ist. Ein durch geschulte studentische Tutoren über das erste Semester hinaus betreuter Einstieg in Kleingruppen in das jeweilige Studienfach ist das beste Mittel, mit der neuen Situation fertig zu werden.

Die »Optimisten« stellen die erforderlichen Informationen über Studieninhalte im Internet bereit, aber sie entwickeln auch einen interaktiven Studienberater. Er macht die wichtigen Einflußgrößen bewußt, die beim Prozeß der Fachwahl zu beachten sind, wie das eigene Eignungs- und Neigungsprofil, empirisch erwiesene Interessen, die berufliche Situation im familiären Umfeld.

Um 13.30 Uhr verlassen die letzten Ratsuchenden die Sprechstunde. Jetzt kommt die Zeit, das Beratungswissen up to date zu halten, am »Studienhandbuch« des kommenden Jahres zu arbeiten, aber auch die Zeit, die jährlich 5500 Briefe, Faxe und E-Mails zu beantworten.

Psychologische Beratung

Am Vormittag haben die Psychologinnen der Beratungsstelle, allesamt auch qualifizierte Psychotherapeutinnen, Beratungsgespräche mit Studierenden durchgeführt. Jedes Jahr können von den vielen, die sich an die Psychologische Beratung wenden, zirka 450 ein Gespräch bekommen, die anderen werden an die Beratungsstelle des Studentenwerks verwiesen. Um 14 Uhr beginnen in den beiden Seminarräumen Veranstaltungen. »Vorbereitung auf das mündliche Examen«, ein Gruppenkurs mit 18 Teilnehmern, die lernen, ihre Vorbereitung auf die Prüfung zu optimieren, ihre Prüfungsangst zu überwinden. Rollenspiele und Prüfungssimulation mit Videoaufzeichnung gehören dazu wie auch zum immer stark gefragten Training gegen Redeangst. Ungefähr 350 Studierende nehmen jährlich an diesen Kursen teil oder an jenen, in denen Techniken des systematischen Studierens oder die Kunst des wissenschaftlichen Schreibens vermittelt werden. Die Beraterinnen halten außerdem in Zusammenarbeit mit Fachbereichen Vorträge über wissenschaftliches Arbeiten und Examensvorbereitung, führen Bewerbungstrainings durch und evaluieren den Erfolg ihrer Bemühungen.

Studieren ist nicht ungesund, und die Hochschule macht nicht krank. Aber die Bedingungen, unter denen studiert wird, können zusammen mit den Belastungen der Lebensphase eine brisante Mischung bilden. Das Studium wird in der Regel in einem Alter begonnen, in dem es entwicklungsbedingt eine erhöhte Krisenanfälligkeit gibt. Studierende leben in einem »psychosozialen Moratorium«, in dem einengende Verpflichtungen, aber auch haltgebende Verbindlichkeiten relativ gering ausgeprägt sind. Ihre Freiräume sind größer als bei gleichaltrigen Berufstätigen, Orientierungshilfe und Unterstützung von außen sind jedoch wesentlich geringer. Die alte Identität als Schüler oder Schülerin wird durch die Lebensumwelt im Studium verändert, die vorläufigen Sicherheiten darüber, wer und wie jemand ist, werden erschüttert, so daß eine letztlich produktive, aber nicht immer leicht zu ertragende Verunsicherung entsteht. Die Einsamkeit selbstorganisierten häuslichen Arbeitens zu ertragen, eventuell auch die Anonymität überfüllter Seminare, Über- oder Unterforderung, Unverbindlichkeit, geringe oder fehlende Rückmeldungen über Lernerfolge, undurchschaubar erscheinende Leistungs- und Prüfungsanforderungen, der Zwang zu Erwerbstätigkeit und vielleicht auch finanzielle Sorgen belasten die Studierenden. Zu den Entwicklungsschritten des jungen Erwachsenenalters gehören die zunehmende Loslösung vom Elternhaus, das Sicheinrichten in einer beruflich-fachlichen Identität, die Partnersuche und -bindung, die Vorbereitung auf den Übergang in das Erwachsenendasein nach Abschluß des Studiums. In Befragungen gaben 58 Prozent der Studierenden an, daß es ihnen während ihres Studienverlaufs psychisch vorübergehend auch einmal sehr schlecht gegangen sei. Dabei sind es zumeist gerade die »guten« Studierenden, die aufgrund ihrer hohen Ansprüche an sich selbst gefährdet sind. Auch nur zeitweilig auftretende psychische Störungen führen im Studium fast zwangsläufig zu einer Einschränkung der Leistungsfähigkeit und lösen schnell Angst und Depressivität aus. Studienabbrüche, unerwünschte Studienzeitverlängerungen bzw. Fachwechsel können die Folgen sein. 13 Prozent der Studierenden sehen sich aufgrund ihrer psychischen oder sozialen Probleme über längere Zeit nicht in der Lage, ohne fachkundige Beratung oder Betreuung mit ihren Belastungen fertig zu werden.

Berufsorientierung

Nach 18 Uhr kehrt noch immer keine Ruhe ein: Eine weitere Gruppe von Studierenden trifft ein, um an einem Bewerbungstraining teilzunehmen. Veranstaltet wird es vom Projekt »BeO« (Berufsorientierung). Ein weiteres Vorhaben der Zentraleinrichtung, das mit Mitteln des HSP III gefördert wird, um den Einstieg Studierender in die Arbeitswelt zu fördern. 73 Prozent der Studierenden an der FU streben einen Beruf jenseits der Hochschullehrerlaufbahn an. Sie wollen und sollen nach Abschluß ihres Studiums praktische Probleme in professionellen Handlungssystemen außerhalb der Hochschulen lösen. Es ist im Sinne der Studierenden und im Sinne der gesellschaftlichen Akzeptanz des Ausbildungsauftrags der Hochschulen wichtig, im Diskurssystem Wissenschaft das zu vermitteln, was Kultusminister- und Hochschulrektorenkonferenz in ihrem Papier von 1993 »persönlichkeitsbil-

In der Studienberatung wird auch Entscheidungshilfe gegeben.

dende Schlüsselqualifikationen« genannt haben. Genau dies tut BeO. Veranstaltungen zur Berufsinformation und eine Praktikavermittlung werden organisiert. Ein zweisemestriges Kursprogramm vermittelt Kenntnisse in Informations- und Kommunikationstechnologien, Wirtschaftswissenschaften, Recht sowie Arbeits- und Organisationspsychologie. Trainings von Schlüsselqualifikationen wie z. B. Kommunikationsfähigkeit, Projektmanagement und Präsentationstechniken runden die Angebotspalette ab. BeO versteht sich als Vorläufer eines Careers Centers an der Freien Universität.

Und die Leitung?

19.30 Uhr. Und was habe ich als Leiter der Zentraleinrichtung heute getan? Unter anderem mit dem Direktor des für die FU zuständigen Arbeitsamts wegen der Einrichtung eben jenes Careers Center verhandelt. Außerdem Gespräche mit dem Gesamtpersonalrat geführt mit dem Ziel, die Psychologische Beratung in dieser Phase der Umstrukturierung der FU auch für die Beschäftigten zu öffnen. Zwei Hochschullehrer, die Probleme mit psychisch gestörten Studierenden hatten, ließen sich telefonisch beraten. Im Diplomanden-Colloquium eines Politologie-Professors habe ich über die optimale Vorbereitung auf das Examen aus psychologischer Sicht referiert. Mit den Beratungsstellen an der Technischen Universität und an der Humboldt-Universität habe ich die nächste Sitzung unserer Arbeitsgruppe geplant.

Über den Tellerrand hinaus

Unter meinen E-Mails sind Anfragen von Studienberatungsstellen aus Tübingen und aus Groningen: Die einen wollen etwas über unsere Internetpräsentation wissen, die anderen laden zur Teilnahme an einer Fachtagung über Lernprobleme bei Studierenden ein. Die Zentraleinrichtung hat auch außerhalb Berlins einen guten Ruf. Wir stehen in vielfältigen Verbindungen mit europäischen Kollegen – durch aktive Beteiligung in verschiedenen internationalen Projekten und Arbeitsgruppen des Forum Européen d'Orientation Académique

(FEDORA). In Berlin und im restlichen Deutschland haben wir als Trainer/innen und Supervisor/inn/en im Lauf der Jahre viele Kolleginnen und Kollegen weitergebildet. In Monographien, Artikeln in wissenschaftlichen Zeitschriften und in einer Vielzahl von Tagungsbeiträgen und Vorträgen haben wir unsere Konzeptionen und Erfahrungen sowie die Implikationen unserer beraterischen Tätigkeit der nationalen und internationalen Öffentlichkeit vorgestellt.

Als ich für heute das Haus verlasse, denke ich mit Befriedigung an das ideenreiche Engagement meiner Mitarbeiter, an die vielen zufriedenen Ratsuchenden, für die wir den ersten Kontakt zur Universität darstellen, an die Studierenden, die sich ebenso selbstverständlich um Rat und Hilfe an uns wenden wie wissenschaftliches Personal und Verwaltung. Hätten wir nur vier neue junge Mitarbeiter, die wir dringend bräuchten, und mehr Geld! Dann könnten wir als Academic and Careers Counseling Center die Wartezeiten für Ratsuchende verkürzen, die Sprechzeit ausweiten und ein paar weitere innovative Projekte starten. Mal sehen, ob da nicht etwas zu machen ist, morgen …

Der eigene Zustand

Hundert Sportarten an der FU

von Susanne Weiss

Bögen und Pfeile werden in die Halle getragen, die Zielscheiben auf Styroporplatten geheftet. Dann fangen sie an zu schießen. Die älteste Art des Schießens wird hier geübt. Der Lehrer, Manfred Woppmann, macht vor, wie man den Bogen hält: »Spürt den Druck der Sehne am Kinn, immer an derselben Stelle.« Die Schüler tragen Köcher an der rechten Seite und eine Manschette, die den Arm vor der zurückknallenden Sehne des Recurvebogens schützt. Anfänger schießen mit Visier. Beim Blankbogenschießen – ohne Visier – wird mit der Pfeilspitze gezielt, eine ganz andere Technik. Einfache Bögen sind aus Holz, präzisere haben ein Aluminium-Magnesium-Mittelteil. Die Pfeile sind Aluminiumröhrchen, 350 verschiedene Sorten gibt es.

Konzentration beim Bogenschießen.

Seit zwölf Jahren unterrichtet Manfred Woppmann Bogenschießen an der FU. »Es kann der Sport fürs Leben sein«, meint er. Das wichtigste: Konzentration, Selbstdisziplin und innere Ruhe. Die Studenten erzählen ihm, daß sie den Prüfungsstreß vergessen, wenn sie den Bogen erst einmal in der Hand haben. Das sind eher die ruhigen, die kontemplativen Typen. Ihnen geht es nicht darum, immer nur in die Mitte zu treffen und anschließend jeden Schuß zu kommentieren. »Es gibt viele, für die es eben nur so ein Indianerspiel ist«, sagt einer, und es wird deutlich: Seine Sache ist das nicht. »Je ruhiger du bist, um so besser wird das Schußbild. Das Bogenschießen ist eine gute Möglichkeit, deinen eigenen Zustand zu erkennen.«

Unterschiedliche Menschentypen gibt es auch beim Fechten. Da sind die Draufgänger, die mit Sturm und Drang ins Gefecht gehen, und da gibt es die Techniker: nicht so expansiv, oft erfolgreicher. Nach dem Aufwärmen und den Dehnungsübungen geben die Schüler mit dem Degen Probestöße auf Kissen an der Wand ab. Danach werden die Kabel, die die Sportler mit der »Schaltzentrale« verbinden, angeschlossen, die Kombattanten ziehen die Fechtkleidung an. Jetzt wird elektrisch gefochten. Der Gruß ist französisch. Man hebt die Hand mit der Waffe. »Der Degen ist eine Stoßwaffe«, erklärt Sandor Köris, der hier seit 15 Jahren Fechtunterricht gibt, »die Treffer gehen auf den ganzen Körper, anders als beim Florettfechten, da zielt man nur auf den Oberkörper«. Beide Disziplinen werden von Männern und Frauen geübt; Männern vorbehalten ist der Säbel, eine Hiebwaffe.

Auf der mittleren Planche entsteht Spannung. Die Gegner belauern sich lange. Es gibt verhaltene Angriffe, dann auch stürmische. Durch die Eleganz der Bewegungen fällt nicht auf, wie anstrengend der Sport ist. Als einer die Maske abnimmt, sieht man, daß er schweißgebadet ist.

Wichtig beim Fechten sind gute Fußarbeit, Schnelligkeit und mentale Stärke oder auf gut deutsch: den anderen auszutricksen. Sandor Köris lächelt: »Das Fechten ist ein feiner Kampfsport.« Mit der Maske unter dem Fechtarm bedankt man sich am Schluß mit der freien Hand.

Fechten und Bogenschießen sind zwei eher ungewöhnliche der über hundert Sport- und Spielarten, die von der Zentraleinrichtung Hochschulsport angeboten werden, Kegeln und Fußball gibt es natürlich auch. Das Angebot ist attraktiv, wie die 8000 Teilnehmer im Wintersemester und 14 000 im Sommersemester – Studierende und Mitarbeiter – beweisen. Aber auch die Ferien bleiben nicht sportlos, sind sie doch mitunter die beste Zeit zum Skilaufen oder Surfen und Segeln.

Gespannte Aufmerksamkeit beim Fechten.

Akademischer Wohlklang

Das Collegium Musicum

von Elisabeth van Zwoll

Morgens um sieben. Vor dem Hauptgebäude der Technischen Universität parkt ein Bus. Der Kammerchor des Collegium Musicum bricht auf zur Gastspielreise nach Paris. Manfred Fabricius, der Musikalische Leiter des Collegium Musicum, hat noch Orchesterproben und wird einen Tag später per Flugzeug nachkommen. Trotzdem hat er sich eingefunden, um nach dem Rechten zu sehen. Vielleicht ginge ja doch etwas schief, wenn er nicht da wäre, und seine Choristen in aller Herrgottsfrühe auf eine unbequeme Busfahrt loszuschicken, um dann später als der wichtige Maestro per Flugzeug einzuschweben – so etwas wäre nicht nach seinem Geschmack.

Außer dem Musikalischen Leiter hat das Collegium Musicum noch einen Geschäftsführer: Bernhard Wyszynski. Er ist für die Organisation verantwortlich – bei der jetzigen Größe des Collegiums ein Vollzeitjob.

Fast 400 Musiker zählt das Collegium Musicum Instrumentale et Vocale, dem Studierende der Freien und der Technischen Universität Berlin angehören. Nach dem Krieg gab es zwei unabhängige universitäre Musikvereinigungen in West-Berlin, an der Technischen und bald auch an der Freien Universität, 1954 schlossen sich die beiden Ensembles unter der Leitung Karl Forsters zusammen, des Dirigenten das Chores der St.-Hedwigs-Kathedrale. In jenen Jahren konzentrierte sich das Repertoire hauptsächlich auf Werke des Barock und der Frühklassik, mit gelegentlichen Ausflügen in die Moderne. Heute hat sich die Tätigkeit des Collegium Musicum mehr in Richtung Romantik verlagert. »Ich versuche, ein möglichst vielfältiges Programm anzubieten, damit die Studenten während ihrer Zeit im Collegium vieles kennenlernen«, erklärt Manfred Fabricius. Fast jeden Tag hat er Proben, denn mittlerweile gibt es vier verschie-

Manfred Fabricius dirigiert das Collegium Musicum.

dene Ensembles. Als Fabricius 1989 die Leitung des Collegium Musicum von Winfried Radeke, dem Prinzipal der vielgerühmten Neuköllner Oper, übernahm, existierten nur zwei, der Chor und das Orchester, was angesichts der unterschiedlichen musikalischen Niveaus der Laienmusiker und angesichts der großen Zahl der Interessierten manche Wünsche offenließ. Fabricius will, daß »sich alle von ihrer besten Seite zeigen können«. Deswegen gründete er einen zusätzlichen Kammerchor und ein weiteres kleines Orchester. Im Kammerchor sind die Anforderungen recht hoch; einen leichten Brahms-Satz muß man schon halbwegs intonationssicher vom Blatt singen können. Ins kleine Orchester hingegen kommt man als Neuling ohne Vorspiel. Leistungsdruck und Profilierungswahn, wie sie im Profigeschäft herrschen, sollen für das Collegium nicht gelten. »Die Leute kommen nicht hierher, weil sie Dienst haben, sondern weil ihnen das Musizieren Freude bereitet.«

In seiner Organisationsstruktur ist das Collegium Musicum demokratisch. Vorschläge für die einzustudierenden Werke können von allen Mitgliedern kommen. Für den 1950 in Niesky (Oberlausitz) geborenen Pfarrerssohn, der an der Hochschule für Musik »Hanns Eisler« Dirigieren und Chorleitung studierte, weil er sich nicht für eines der vielen Instrumente entscheiden mochte, die er schon als Kind gelernt hatte, schließt sich damit ein Kreis. Mehrere Stationen als Kapellmeister an verschiedenen Opernhäusern lagen hinter ihm, bevor er 1989 von den Mitgliedern des Collegium Musicum unter 120 Bewerbern zu ihrem Künstlerischen Leiter gewählt wurde. »Wenn ich so zurückdenke und die verschiedenen Stationen Revue passieren lasse, erinnere ich mich gern an meine erste Stelle in Nordhausen. Dort saßen wir alle zusammen an einem Tisch. Je größer eine Institution ist, um so heftiger sind die Konkurrenzkämpfe untereinander. Im Collegium Musicum bin ich wieder angekommen in einem Ensemble, wo das Musizieren eine wirkliche Gemeinschaftsleistung ist.«

Vielfalt im kleinen

Islamwissenschaften studieren

von Iris Kampf

Im Sommersemester 1998 waren rund 1500 studentische Hilfskräfte an der FU beschäftigt. Eine unter ihnen ist Melanie Kamp, Studentin im neunten Fachsemester und studentische Hilfskraft am Institut der Islamwissenschaft. Anders als die meisten Tutoren oder Hilfskräfte hat die 26jährige Studentin nicht einen Arbeitsbereich, sondern zwei: Einerseits ist sie in der Institutsbibliothek beschäftigt, andererseits unterstützende Kraft bei Ulrich Haarmann, FU-Professor und Leiter des Geisteswissenschaftlichen Zentrums Moderner Orient.

Zur Islamwissenschaft ist Melanie Kamp über ihren damaligen Berufswunsch – Auslandskorrespondentin – gekommen: Neben Publizistik und Politikwissenschaft wollte sie auch eine »exotische« Sprache studieren, um ihre bisherigen Sprachkenntnisse in Englisch, Französisch und Spanisch zu ergänzen. Die Entscheidung für Islamwissenschaft und somit für die orientalischen Sprachen Arabisch und Türkisch fiel während des Golfkrieges 1991, der ihr Interesse für die arabische Welt weckte. Nach dem Grundstudium in Münster wechselte sie nach Berlin, da am Institut für Islamwissenschaft der Schwerpunkt auf Geschichte und Kultur des Nahen und Mittleren Ostens liegt. Nach Praktika im Hörfunk- und Printmedienbereich und einem einjährigen Aufenthalt in Syrien 1994/95 gab sie ihren Berufswunsch Auslandskorrespondin auf – zugunsten einer intensiveren wissenschaftlichen Beschäftigung mit der Islamwissenschaft. Ihr Stelle als studentische

Melanie Kamp, studentische Hilfskraft.

Hilfskraft kommt deshalb auch ihrem Studium zugute. Die Arbeit für Professor Haarmann, für den sie vor allem Literaturrecherchen übernimmt, bietet die Möglichkeit, immer neue Wissensgebiete zu entdecken. Die Arbeit in der Bibliothek der Islamwissenschaften macht Melanie Kamp besonderen Spaß: Beim Katalogisieren und Sortieren sowie Einordnen und Ausleihen der Bücher geht Literatur verschiedenster arabischer Sprachen durch ihre Hände.

Ein Leben mit Skulpturen

Der Archäologe Jens Dähner

von Karin Dobelmann und Sylvia Marschall

Seit seiner frühen Jugend interessiert sich Jens Dähner für Skulptur – inzwischen hat sich der Archäologe auf die griechische Plastik des vierten Jahrhunderts vor Christus spezialisiert. Seine Leidenschaft wurde in der Skulpturensammlung seiner Heimatstadt Dresden geweckt, und die Studienwahl fiel dem Oberschüler später nicht schwer: Er entschied sich für ein Magisterstudium der Klassischen Archäologie mit den Nebenfächern Latein und Musikwissenschaft, zunächst in Würzburg, seit dem Hauptstudium in Berlin an den beiden archäologischen Instituten der Humboldt-Universität und der Freien Universität. »Die großen archäologischen Sammlungen bieten die beste Möglichkeit, antike Bildwerke im Original zu studieren«, begründet Dähner den Wechsel. Neben dem vielfältigen Lehrangebot zählt er die gutausgestatteten Bibliotheken und »das beschauliche Institut am Kiebitzweg« zu den Vorteilen.

Während des Studiums arbeitete Dähner als studentischer Assistent an der Abgußsammlung Antiker Plastik der Freien Universität in Berlin-Charlottenburg. Hier war er mit dem Aufbau von Sonderausstellungen zeitgenössischer Kunst oder zu archäologischen Themen beschäftigt, aber auch mit dem Transport von Leihgaben und Neuerwerbungen, der Katalogisierung der Bestände und selbst mit der aufwendigen Reinigung der empfindlichen und mitunter bereits historischen Gipsabgüsse. »Es war die unmittelbare praktische Seite der Museumsarbeit, die ich hier gelernt habe«, sagt Dähner. Die Liebe zum Museum wie zur antiken Skulptur führte ihn von 1996 bis 1997 in die Vereinigten Staaten, wo er als Volontär an der Antikensammlung des J. Paul Getty Museum in Los Angeles arbeiten konnte.

Zur Zeit schreibt Jens Dähner an seiner Dissertation. Er plädiert für eine stärkere Verbindung von Universität und Museum, die sich in den Lehrveranstaltungen niederschlagen sollte. »Es muß doch möglich sein, den Studenten der künstlerischen und kunstwissenschaftlichen Fächer wie den Archäologen freien Eintritt in die Sammlungen der Staatlichen Museen zu gewähren«, fordert er und wünscht sich zugleich, daß seine Kommilitonen häufiger ins Museum gingen.

Seine beruflichen Ziele möchte Dähner an einer archäologischen Sammlung verwirklichen. Voraussetzung ist allerdings, daß er dort einen der wenigen Arbeitsplätze findet.

Der Archäologe Jens Dähner und der »Wagenlenker von Delphi« in der Abgußsammlung antiker Plastiken.

Von Professierenden und Studierenden

Nachgehaktes einer Langzeitstudentin

von Beatrice Wurm

Die Metallschiene der Tafel pikst mich in den Nacken, auf dem linken Oberschenkel das Klemmbrett balancierend, mit dem rechten meinen lieben Kommilitonen streichelnd und zwischen den Leibern erblinzelnd – die roten Socken des Herrn Honorarprofessors.

Einige Wochen später sind die Reihen gelichtet. Wer ist auch so dumm und bleibt mit 89 anderen in einem Seminar? Nur um die Klimaanlage rauschen zu hören? In Kaffeekränzchengröße sitzen wir dann in weiten Abständen voneinander am kommunikativen U. Nur »mit kommunikativ is et nischt«, nix von Klatsch. »Also wie der Turgenev die Lindenallee beschreibt, also das gefällt mir so gut, wo ich doch auch in der Lindenallee wohne.« Nix mit Tratsch und erst recht nix mit Kaffee. Was zählt, ist die Belagerungsquote vor dem Sprechzimmer des »Lehrenden« bei gleichzeitiger Anwesenheitsminimierung im Seminar, die Schnelligkeit beim Büchergrapschen in der Bibliothek eine Woche vor Abgabe der Hausarbeit, intellektuelle Höhenflüge zählen nicht. Wo sind sie geblieben, die engagierten Studenten? Halt! Studierende sagt man/frau jetzt, weil Mann da nicht mehr diese lästigen Frauen nachschieben muß. Dasselbe Schicksal ereilte auch die Dozierenden – nur an die Professierenden hat die menschierende Horde sich noch nicht gewagt.

Ja, damals in meinem ersten Semester der große Streik 1988/89: Physik-Institutsbesetzung, echt basisdemokratische Entscheidung am OSI – und konspirative Treffen in Wannsee-Villen anderer Uni-Genossinnen zwecks Referatehaltens und Scheinerarbeitung. Da wurde nicht nur geklatscht, getratscht, Kaffee und Wein getrunken, nee, da wurde auch gedacht.

Neulich flüsterte mir ein zu Emeritierender – niemandem weitersagen –, er sei ja doch froh, glimpflich in den Ruhestand gehen zu können. Dieser Finanzhickhack, dieses Kämpfen auf verlorenem Posten, dieser Marathonlauf gegen die Humboldt-Leute und dieser gierige Blick auf Prominenz – nee, da sei er froh, daß er seinen Ruhestand genießen könne. Ab und an mal ein Seminar halten, ab und an mal im Feuilleton schreiben und das Leben genießen. Und wir?

FORSCHEN UND LEHREN...

Vielfalt der Fächer

Forschung an der Freien Universität Berlin

von Uwe Nef

Der Tradition verpflichtet

Die Forschung der Freien Universität steht in der großen Tradition des Wissenschaftsstandorts Dahlem, der in der ersten Hälfte dieses Jahrhunderts als Synonym für Wissenschaft höchsten Ranges galt. Die Forschungsleistungen der Kaiser-Wilhelm-Gesellschaft (KWG) mit ihren Instituten begründeten Dahlems Ruf als Zentrum der Wissenschaften von Weltrang. Physikalische Chemie, Materialforschung und an der Spitze die Biochemie hatten wegweisende Ergebnisse erzielt. An den Instituten der KWG forschten u. a. Lise Meitner, Max Planck, Albert Einstein, Max von Laue, Max Born, Werner Heisenberg und Otto Hahn – 27 Nobelpreise sind in diesen Jahrzehnten nach Berlin gegangen.

Nach dem Zweiten Weltkrieg hatte die 1948 neugegründete Freie Universität maßgeblichen Anteil an der Wiederbelebung der Wissenschaften in Dahlem. Lehre und Forschung fanden damals an der Freien Universität unter kaum mehr vorstellbaren Bedingungen statt. Im zerstörten Berlin waren oft beschwerliche Reisen für Lehrende und Studierende eines Fachs erforderlich, um in die Gebäude der Teildisziplinen zu kommen. So waren z. B. die Biochemie in Lichterfelde-Süd, die Organische Chemie in Dahlem und die Lebensmittelchemie in Charlottenburg untergebracht.

Allein der Wille, Lehre und Forschung frei von staatlicher Bevormundung zu betreiben, gab den Gründern die Kraft, die junge Universität in den schweren Anfangsjahren am Leben zu erhalten. Doch selbst in dieser Zeit des extremen Mangels setzten Wissenschaftler der FU neue Akzente in der Forschung. Dank der Leistungen der am Aufbau maßgeblich beteiligten Professoren wurde die Freie Universität schon sehr frühzeitig von den altehrwürdigen deutschen und ausländischen Universitäten als gleichrangiges Mitglied anerkannt.

Drittmittel – Indikator für Leistungsfähigkeit

Trotz aller Erschwernisse durch die besondere politische Situation Berlins bis zum Fall der Mauer hat die FU ihre große Anziehungskraft auf ausgezeichnete Wissenschaftler bewahrt und immer wieder Spitzenforscher hervorgebracht. Das belegen neben vielen anderen wissenschaftlichen Ehrungen auch neun Leibnizpreise, die seit 1988 an die FU gingen. Dieser Preis, mit dem besonders herausragende Forschungsarbeiten geehrt werden, gilt als deutscher Nobelpreis. Er wird an Wissenschaftler vergeben, »die bereits in relativ jungen Jahren exzellente Leistungen erbracht haben und mit Hilfe des Preises eine erhebliche Steigerung ihrer wissenschaftlichen Produktivität erwarten lassen«.

Heute, acht Jahre nach der Wiedervereinigung, braucht die Freie Universität den Vergleich mit Universitäten in Berlin und anderen Bundesländern nicht zu scheuen.

Neun von der Deutschen Forschungsgemeinschaft (DFG) eingerichtete Sonderforschungsbereiche (Sfb) sind zur Zeit an der Freien Universität angesiedelt, und zahlreiche Kooperationen mit nationalen und internationalen Instituten bereichern die Wissenschaftslandschaft in und um Dahlem.

In Kürze soll es den ersten Sfb in den Geistes- und Sozialwissenschaften geben. Sonderforschungsbereiche sind langfristig, in der Regel auf zwölf bis 15 Jahre angelegt. Sie werden überwiegend aus Bundesmitteln finanziert. In Sonderforschungsbereichen arbeiten Wissenschaftler an einem fächerübergreifenden Forschungsthema zusammen. Sie ermöglichen die Bearbeitung anspruchsvoller, aufwendiger und langfristig konzipierter Forschungsvorhaben durch Konzentration der in der Hochschule oder benachbarten Hochschulen vorhandenen Kräfte. Die ersten beiden

Sonderforschungsbereiche »Embryonalpharmakologie« und »Synoptische Meteorologie« erhielt die FU bereits mit Beginn dieses DFG-Förderprogramms im Jahr 1968.

Mehr denn je sind die Forscher auf sogenannte Drittmittel angewiesen. Während die Grundausstattung der Universität aus Staatszuschüssen finanziert wird, sind Drittmittel besondere öffentliche oder private Gelder zur Durchführung von Forschungsvorhaben. Drittmittel werden auf Antrag und auf konkrete Forschungsvorhaben bezogen vergeben, wobei die Bewilligung in aller Regel eine positive wissenschaftliche Begutachtung voraussetzt. Deshalb gelten Drittmittel als wichtiger Indikator für die Forschungsleistungen einer Universität. Ohne sie wäre universitäre Spitzenforschung nicht mehr zu realisieren.

Die Freie Universität ist – gemessen am Volumen der aufgewendeten eigenen Haushaltsmittel wie auch der eingeworbenen Drittmittel – eine der forschungsintensivsten Hochschulen in Deutschland.

In der Drittmittelbilanz der Deutschen Forschungsgemeinschaft (DFG) für die Jahre 1991–95 nimmt die Freie Universität den fünften Platz unter den geförderten 89 Hochschulen in Deutschland ein. Bei den Geistes- und Sozialwissenschaften führt sie die DFG-Statistik sogar an. Jährlich wirbt sie über 110 Millionen Mark ein, rund die Hälfte davon erhält sie von der DFG, ein Viertel vom Bund. Die erfolgreichsten Einwerber von Forschungsmitteln sind die Fachbereiche Humanmedizin, Geowissenschaften, Chemie, Physik und Politische Wissenschaft. Jährlich werden zirka 250 neue Drittmittelprojekte eingerichtet.

Etwa 35 Forschungsschwerpunkte pro Jahr fördert die Freie Universität aus eigenen Mitteln.

Wachsende Bedeutung erlangen Drittmittel insbesondere auch für die Qualifizierung des wissenschaftlichen Nachwuchses. Die Freie Universität beschäftigt insgesamt rund 600 Nachwuchswissenschaftlerinnen und Nachwuchswissenschaftler aus diesen Einnahmen. Das sind fast 20 Prozent des wissenschaftlichen Personals.

So kommen z.B. im Fachbereich Politikwissenschaft auf jede Planstelle 0,65 Drittmittelstellen. Besonders hoch ist der Anteil der Drittmittelbeschäftigten am wissenschaftlichen Personal in den naturwissenschaftlichen Fachbereichen. Dort ragen einzelne Bereiche besonders heraus: In den Geowissenschaften gibt es ebenso viele Planstellen wie Drittmittelbeschäftigte. Im Fachbereich Physik sind die Drittmittelbeschäftigten unter den Wissenschaftlern sogar schon deutlich in der Überzahl.

Profile und Schwerpunkte
Geistes- und Sozialwissenschaften

An der Freien Universität arbeiten Wissenschaftler zunehmend in interdisziplinären Forschungsteams, da die hochkomplexen Probleme von den Einzeldisziplinen oft nicht mehr allein gelöst werden können. Die fachliche Vielfalt der in der Freien Universität vertretenen Disziplinen bietet dafür hervorragende Möglichkeiten. Themenbereiche wie »Internationalisierung/Globalisierung«, »Transformationsforschung« und »Umweltforschung« werden zunehmend profilbildend sein.

Das Otto-Suhr-Institut der Freien Universität (OSI), die größte politikwissenschaftliche Forschungs- und Lehreinrichtung im deutschen Sprachraum, hat in diesen Bereichen wegweisende Akzente gesetzt: Forschungen über Transformationsprozesse in Lateinamerika, Osteuropa und in Deutschland, die Europäische Integrationspolitik der EU, die internationale Umweltpolitik sowie Forschung zu Fragen der Globalisierung belegen die interdisziplinäre und internationale Ausrichtung der politikwissenschaftlichen Forschung an der Freien Universität.

Das Spektrum der geistes- und sozialwissenschaftlichen Forschung reicht von A wie Altersforschung bis Z wie Zukunftsforschung. Zur Themenvielfalt tragen nicht zuletzt die sogenannten Kleinen Fächer wie Sinologie, Japanologie, Koreanistik, Turkologie, Islamwissenschaften und Iranistik bei. Sie haben viele Schnittstellen zu den großen systematischen Geistes- und Sozialwissenschaften. Die Forschungsschwerpunkte der Kleinen Fächer liegen sowohl in der sozialwissenschaftlich-zeitgeschichtlichen als auch in der kulturwissenschaftlichen Forschung.

Der Einsatz moderner Medien in der Lehre ist selbstverständlich.

Eine Lehrveranstaltung bei den Sinologen.

Im Seminar des Instituts für Judaistik.

Harmonie der Töne.

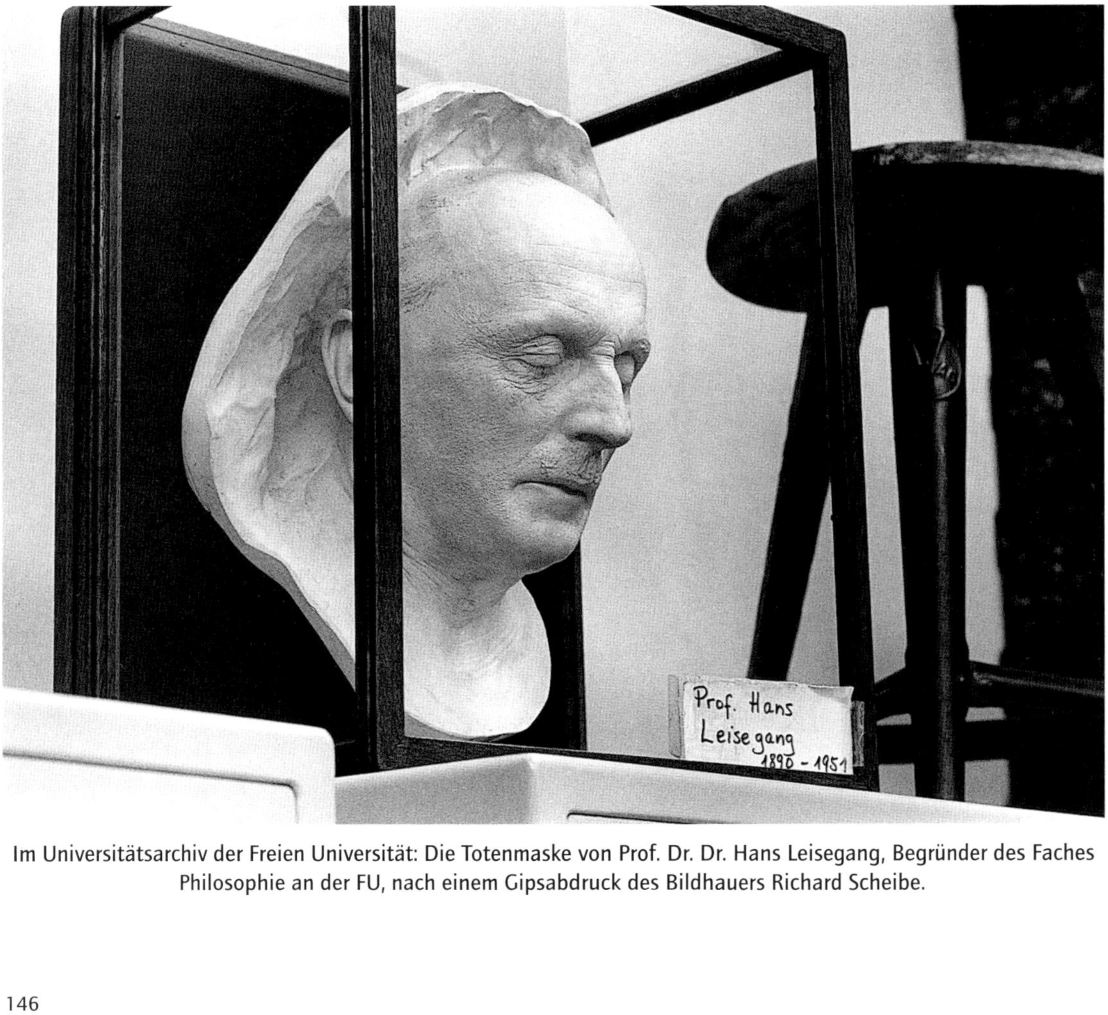

Im Universitätsarchiv der Freien Universität: Die Totenmaske von Prof. Dr. Dr. Hans Leisegang, Begründer des Faches Philosophie an der FU, nach einem Gipsabdruck des Bildhauers Richard Scheibe.

Ein Quacksalber aus dem 17. Jahrhundert.
Kupferstich von Florian Scheunichts aus dem Bildarchiv der Bibliothek der Geschichte der Medizin.

Eine Studentin vermißt das kyklopische Mauerwerk einer bronzezeitlichen Werksiedlung bei Rovinj in Kroatien, wo das Seminar für Ur- und Frühgeschichte seit 1997 Forschungsgrabungen durchführt.

Ausgrabungen in Tasdorf, Ortsteil von Rüdersdorf in Brandenburg, 1994–1995. Mittelalterlicher bis neuzeitlicher Friedhof im Bereich der Dorfkirche: Ein Skelett wird freigelegt.

Die im Inneren der ehemaligen Kirche in Tasdorf gefundenen Skelette werden gezeichnet.

Die Zentraleinrichtung zur Förderung von Frauenstudien und Frauenforschung unterstützt seit 1981 die Fachbereiche und Zentralinstitute in ihrem Bemühen, Frauen- und Geschlechterforschung in den Studiengängen und Prüfungsordnungen curricular zu verankern.

Bemerkenswert leistungsfähig ist die Freie Universität im Bereich der regionalwissenschaftlichen Forschung: Das John-F.-Kennedy-Institut für Nordamerikastudien, das Lateinamerika-Institut und das Osteuropa-Institut arbeiten seit Jahrzehnten interdisziplinär. Sie zählen zu den größten und wichtigsten Zentren ihrer Art in Europa.

Die regionalwissenschaftlichen Institute bieten Politologen, Soziologen, Historikern, Philologen, Juristen, Wirtschaftswissenschaftlern und Vertretern anderer Disziplinen ideale Voraussetzungen für fachübergreifende Forschungen.

Zur Verstärkung der Schwerpunktbildung plant die Freie Universität die Ausweitung der regionalwissenschaftlichen Forschung durch die Gründung interdisziplinärer Zentren auf Zeit: die Forschungsfelder »Ostasien« und »Vorderer Orient«.

Weitere Synergieeffekte will die Freie Universität durch thematische Vernetzung mit anderen Universitäten, die gemeinsame Nutzung der wissenschaftlichen Infrastruktur in Berlin und Brandenburg und durch noch intensivere Zusammenarbeit mit außeruniversitären Forschungseinrichtungen sowie Wirtschaftsunternehmen erzielen.

Naturwissenschaften

Besondere Stärken besitzt die Freie Universität in den Naturwissenschaften. Der Wissenschaftsrat bestätigte 1997 das hohe Niveau der naturwissenschaftlichen Forschung. Hier werden je Hochschullehrerstelle die meisten Drittmittel eingeworben, und hier sind sieben der neun Sonderforschungsbereiche der Freien Universität etabliert. Außerdem sind die Naturwissenschaftler auch an Sonderforschungsbereichen beteiligt, die die DFG an anderen Berliner Universitäten eingerichtet hat. Darüber hinaus ist die Freie Universität derzeit Sprecheruniversität für drei DFG-Forschergruppen.

Die naturwissenschaftlichen Fachbereiche fühlen sich primär der Grundlagenforschung verpflichtet. Davon unberührt bleiben Kooperationen mit der Industrie und anwendungsorientierte Forschungsprojekte. Hohe Motivation und starke Vernetzung mit den zahlreichen außeruniversitären Einrichtungen der Region sind das Geheimnis des Erfolgs. Besonders wichtige externe Projekte bestehen mit den beiden anderen Berliner Universitäten, der Technischen und der Humboldt-Universität, sowie mit dem Max-Delbrück-Centrum, Fritz-Haber-Institut, Max-Born-Institut, BESSY I/II, Max-Planck-Institut für Kolloide und Grenzflächenforschung, Konrad-Zuse-Zentrum für Informationstechnik Berlin, Hahn-Meitner-Institut Berlin, Max-Planck-Institut für Molekulare Genetik, der Bundesanstalt für Materialforschung und -prüfung und dem Geoforschungszentrum in Potsdam.

Die Bandbreite der naturwissenschaftlichen Forschung an der Freien Universität ist so vielfältig wie die in ihr vertretenen Fachrichtungen, und doch spiegeln sich in den Schwerpunkten der naturwissenschaftlichen Forschung fachübergreifende Erkenntnisinteressen wider. Dazu gehören zentral die elementaren Prozesse der belebten Natur.

So erforschen die Chemiker der Freien Universität in einem Sonderforschungsbereich die Struktur und Funktion von Nukleinsäuren sowie deren Wechselwirkung mit Proteinen, die für die Regulation der Genexpression wesentlich sind. Die elementaren Vorgänge in biologischen und synthetischen Membransystemen sind Gegenstand eines weiteren Sonderforschungsbereichs dieses Fachbereichs. Hier ist ein Forschungsschwerpunkt u. a. der Energieumwandlung bei der Photosynthese von Pflanzen gewidmet.

Die Forschungsarbeiten der Biologen reichen von Untersuchungen an der Fruchtfliege Drosophila bis zur molekularbiologischen Analyse von Enzymen und pflanzlichen Entwicklungsprozessen. Den biochemischen Grundlagen von Lernvorgängen und Gedächtnisleistungen ist ein Sonderforschungsbereich am Fachbereich Biologie auf der Spur. Insektengehirne dienen als Modell.

Den Wechselwirkungen zwischen belebter und unbelebter Natur geht die Biophysik an der Freien Universität nach. Sie ist im Fachbereich Physik ein Schwerpunkt neben der Materialforschung, der Molekül- und Clusterphysik, der Mathematischen Physik und der Quantenfeldtheorie. Die Struktur, den Magnetismus und die elektroni-

Geologen untersuchen mit Hilfe von Sprengungen und Messungen des seismischen Profils die Struktur der Anden bis in fast 100 Kilometer Tiefe.

Tiefseeforschung:
Expedition mit dem deutschen Forschungsschiff Sonne im Nord-Fiji-Becken.

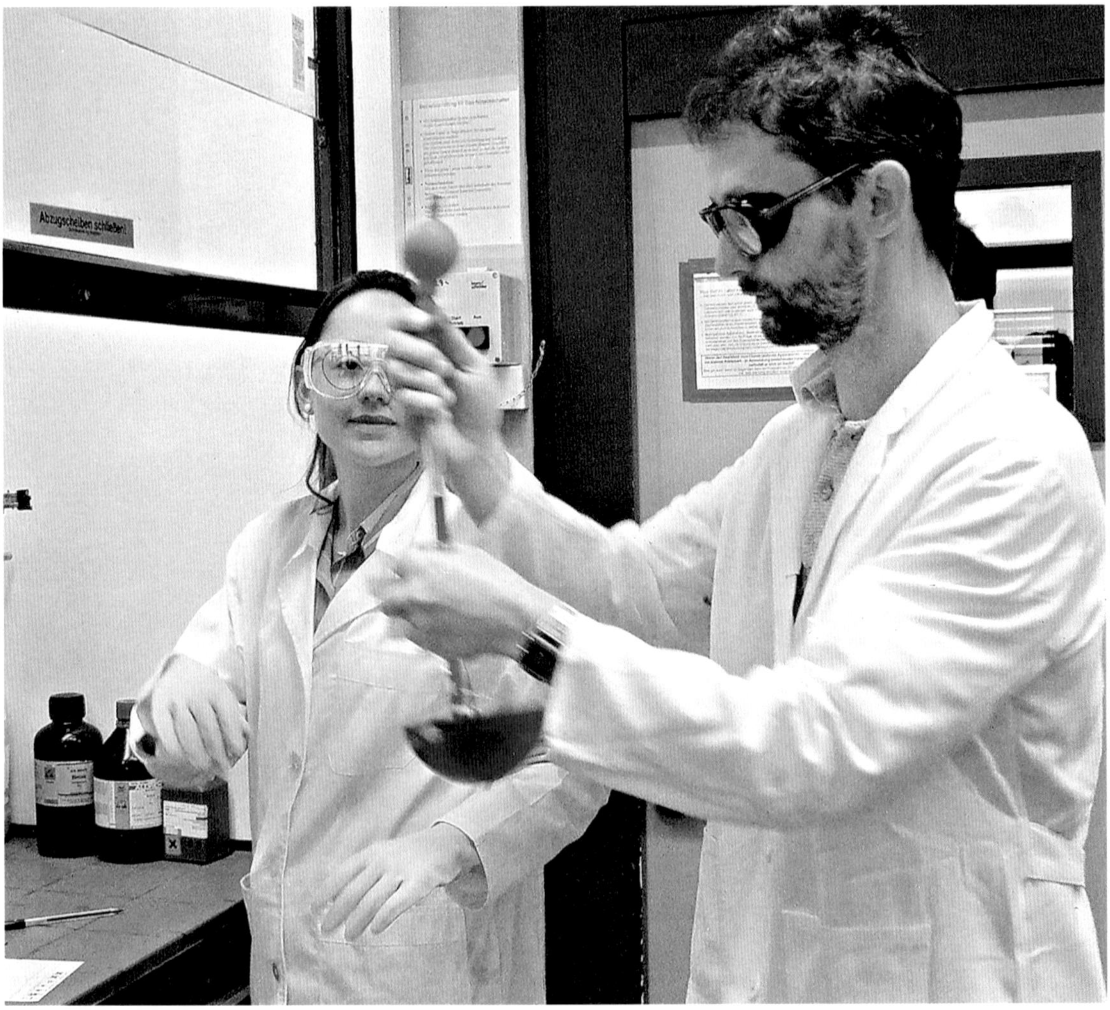

Im Labor der Organischen Chemie in der Takustraße 3.

Dienstbesprechung bei den Veterinärmedizinern in Düppel. Seit 1992 werden künftige Tierärzte in Berlin nur noch an der Freien Universität ausgebildet.

Im Institut für Kristallographie.

Experimente im Bereich der Kernresonanzspektroskopie.

Mikroskopieren.

Kontrolle der gewachsenen Mikroorganismen auf einer Agar-Agar-Platte.

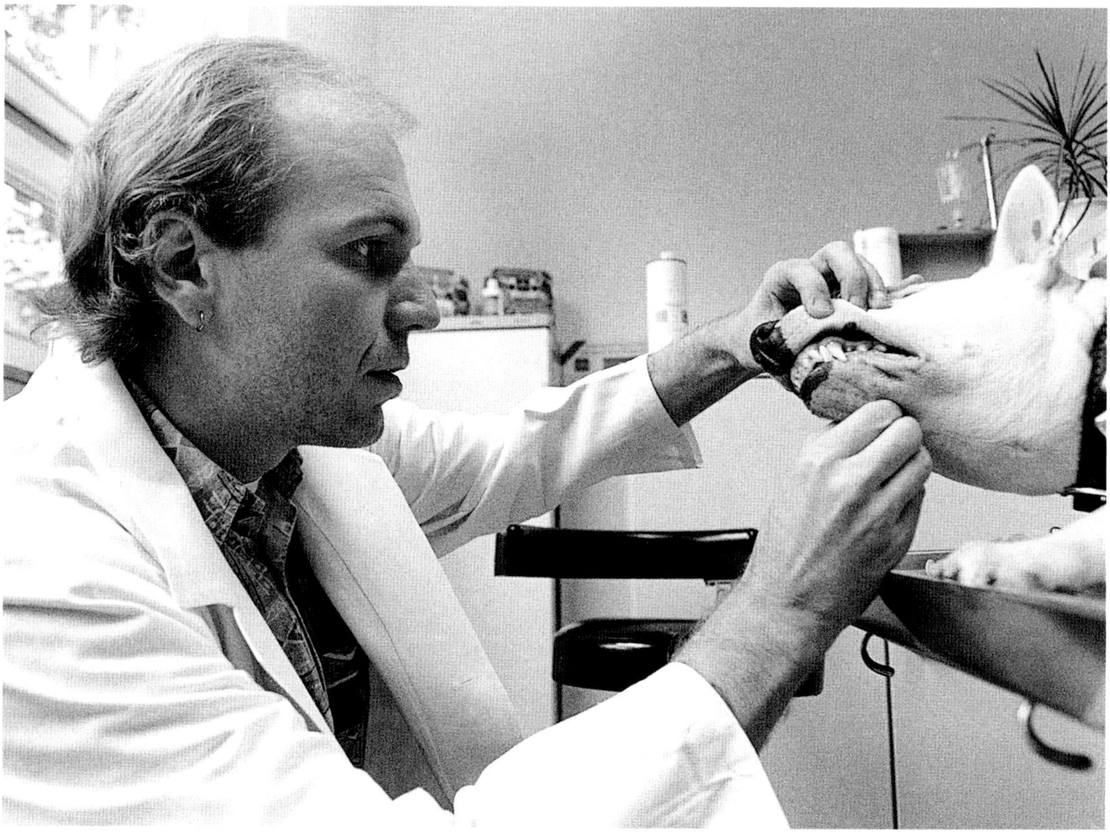

In der Tierklinik.

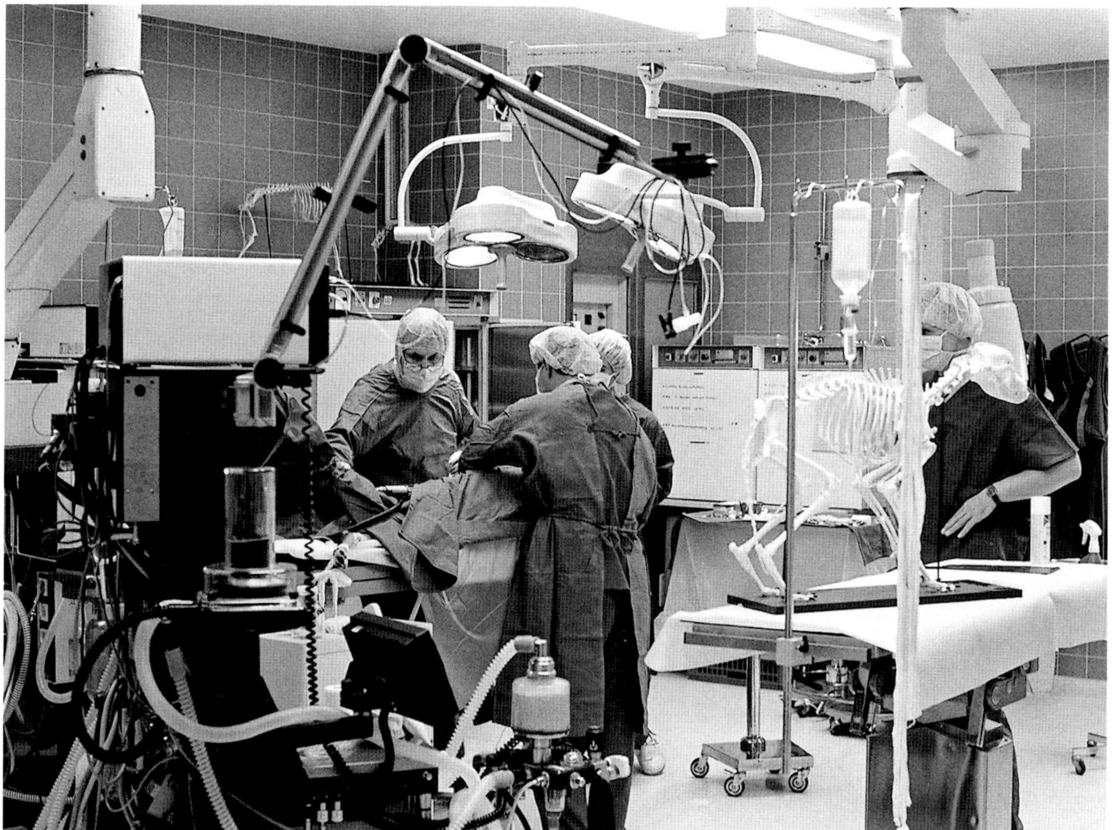

Während der Operation.

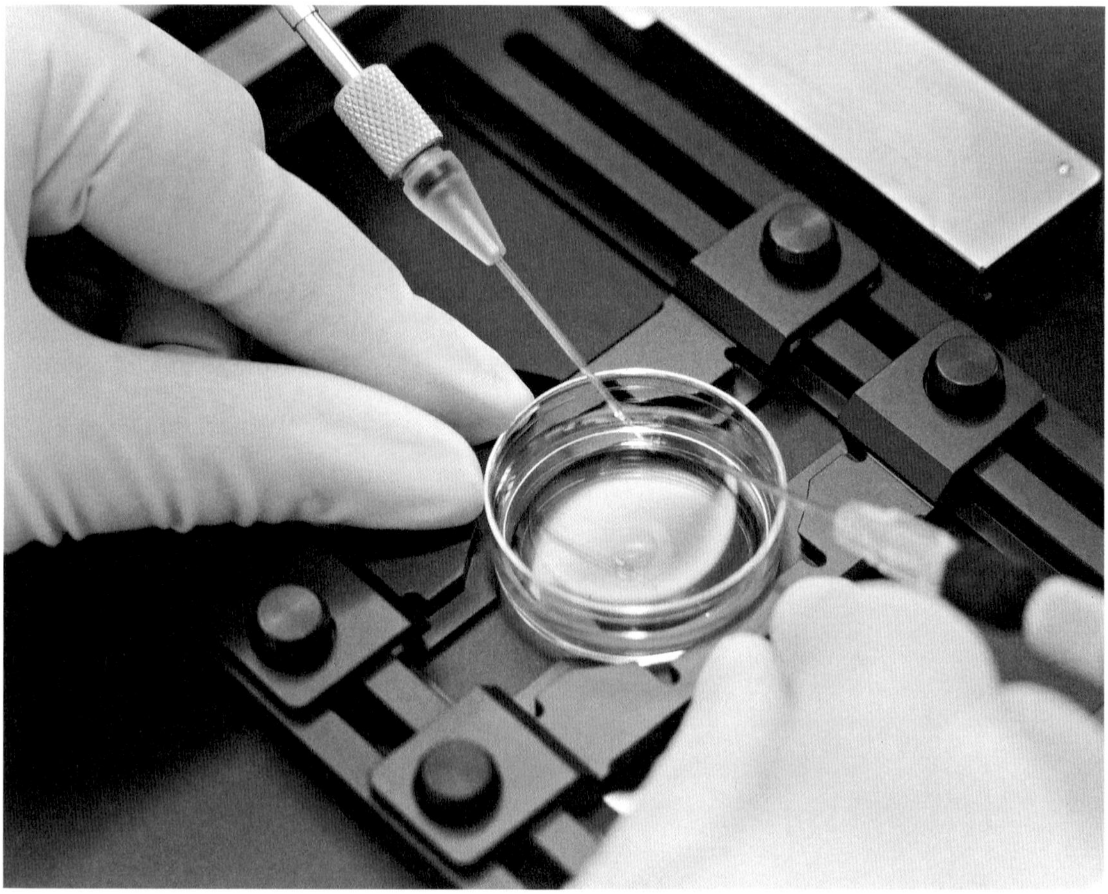

Forschung für die Krankenversorgung – vier fachübergreifende Schwerpunkte bestimmen das Profil des mit 100 Hochschullehrern und 5600 Studierenden größten Fachbereichs Humanmedizin: Herz- und Kreislauferkrankungen, Tumormedizin, entzündliche Erkrankungen sowie experimentelle und klinische Endokrinologie.

schen Eigenschaften dünner Filme, die durch Aufdampfen von Metallatomen auf Träger erzeugt werden, untersucht ein Sfb des Fachbereichs Physik. Dessen Forschungsergebnisse könnten dazu beitragen, die Speicherkapazitäten von Computern wesentlich zu erhöhen. Die unmittelbare Beobachtung und Beeinflussung der ultraschnellen Bewegungen einzelner Atome im Mikrokosmos der Moleküle ist das Ziel von Physikern des zweiten Sfbs dieses Fachbereichs. Dazu müssen ultrakurze Lichtimpulse von wenigen Wellenlängen erzeugt werden. Jüngste Entwicklungen der Lasertechnik machen dies seit kurzem möglich.

Weltweit aktiv und international renommiert sind die Geowissenschaftler der Freien Universität. Ihre Forschung vereint in unverkennbarer Weise Grundlagenforschung und anwendungsorientierte Forschung. Ein Beispiel dafür ist die Fachrichtung Rohstoff- und Umweltgeologie. Ein Forschungsschwerpunkt untersucht in der Türkei fossile Geothermalsysteme. Für die industrielle Nutzung von Erdwärme sind diese Forschungen von großem praktischen Wert. Unter den zahlreichen Forschungsprojekten des Fachbereichs ist besonders der Sfb »Deformationsprozesse in den Anden« zu nennen, der die seit Jahrzehnten an der FU bestehende Tradition der geologischen und geophysikalischen Erkundung von jungen Gebirgssystemen fortsetzt. Ganzjährige Feldstudien in Südamerika begleiten das Unternehmen. In Zukunft soll auch die Wechselwirkung zwischen Tektonik und Klima untersucht werden.

Klimaforschung ist an der FU nicht erst seit der Entdeckung des Ozonlochs eine Domäne der Meteorologen. Sie analysieren die Einflüsse endogener wie auch exogener Faktoren auf die Klimaentwicklung sowohl im globalen als auch im lokalen Maßstab.

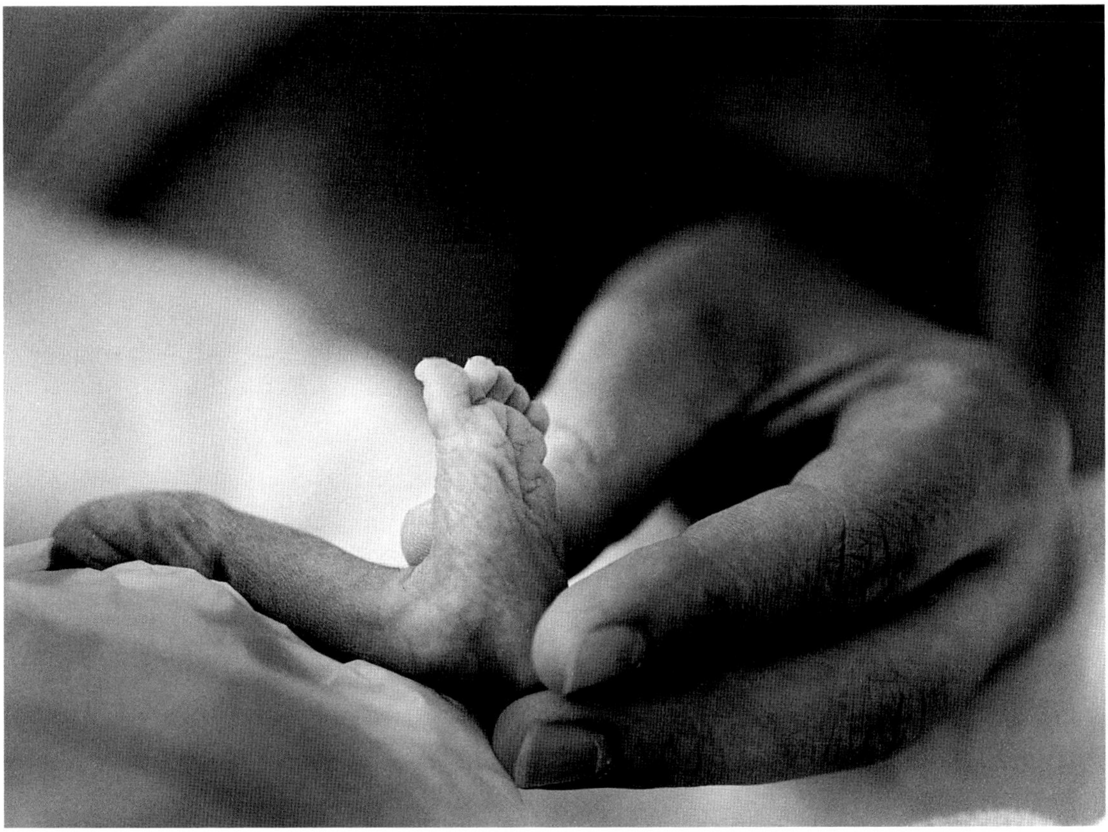

Ein Neugeborenes bei der Arztvisite.

In der Neugeborenen-Station des UKBF. Im Klinikum sind rund 930 Ärztinnen und Ärzte und 1250 Pflegekräfte beschäftigt. Mit rund 3800 Voll- und Teilzeitbeschäftigten zählt das renommierte Steglitzer Klinikum zu den größten Arbeitgebern im Bezirk.

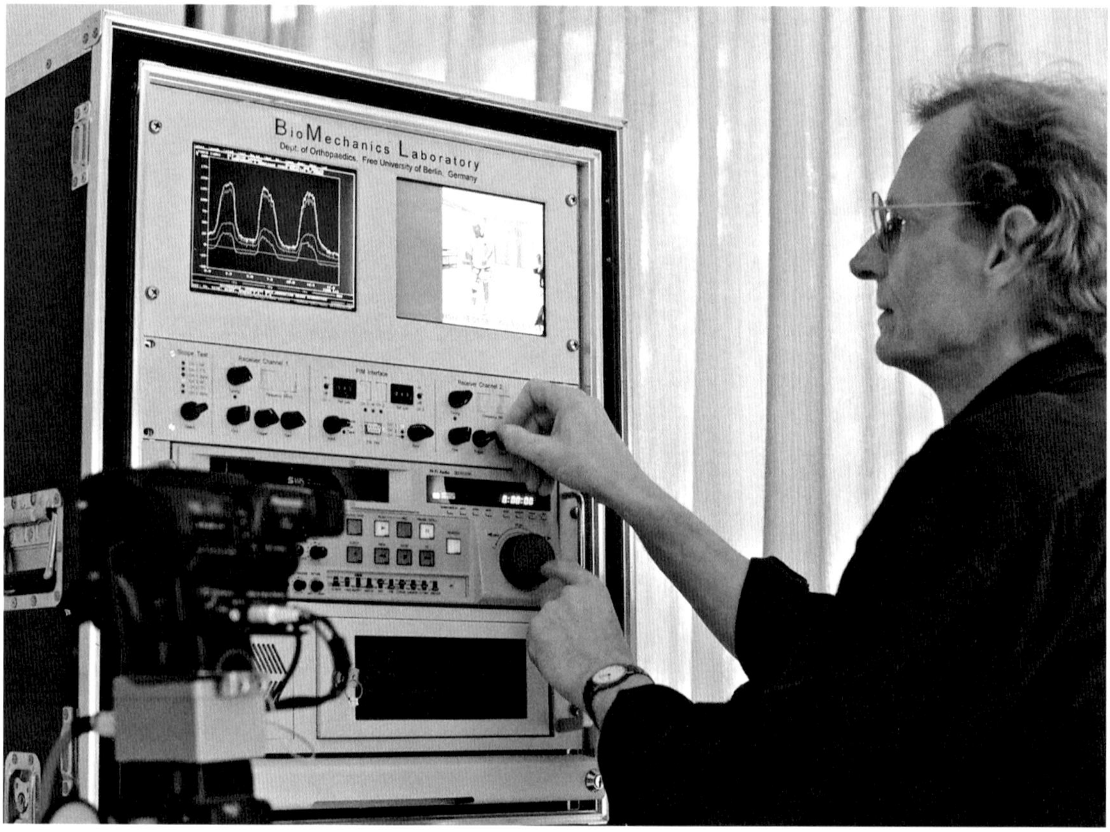

Meßbar gut: Forschung am UKBF.

Humanmedizin

Durch die Zuordnung des Universitätsklinikums Rudolph Virchow zur Humboldt-Universität wurde 1995 die FU-Medizin völlig verändert und vor eine gänzlich neue Aufgabe gestellt: Integration klinischer und theoretischer Grundlagen in einem gemeinsamen Fachbereich unter neuer Zielsetzung zu Forschung und Lehre. Einiges ist seither geschehen:

Das Forschungsprofil des Fachbereichs Humanmedizin wird von vier fachübergreifenden Schwerpunkten bestimmt: Herz- und Kreislauf-Erkrankungen, Tumormedizin, entzündliche Erkrankungen sowie experimentelle und klinische Endokrinologie. Nach einem Evaluationsverfahren unter Beteiligung externer Gutachter werden in diesen Forschungsschwerpunkten Arbeitsgruppen mit zeitlich begrenzten Projekten zusammengefaßt und gefördert. Die Drittmitteleinnahmen konnten in der FU-Medizin kontinuierlich von 34 Millionen Mark im Jahr 1994 auf 38,4 Millionen Mark im Jahr 1997 gesteigert werden.

Ein besonderer Erfolg der medizinischen Forschung im Universitätsklinikum Benjamin Franklin (UKBF) ist die Einrichtung eines zweiten Sonderforschungsbereichs im Jahr 1997. Der Sfb mit dem Titel »Grundlagen und Anwendung onkotherapeutischer Nukleinsäuren« steht ganz im Zeichen der Krebsbekämpfung (Onkotherapie). Ziel der Mediziner ist es, therapeutisch wirksame Nukleinsäuren in Zellen einzuschleusen.

Ein weiterer, schon seit längerem am Fachbereich Humanmedizin bestehender Sfb beschäftigt sich mit der zellulären Signalerkennung und -übertragung. Dies ist mittlerweile einer der größten und erfolgreichsten Sonderforschungsbereiche in Deutschland geworden.

Chemikalien im Rucksack

Der Pharmazeut Karl-Heinz Frömming

von Susanne Weiss

Karl-Heinz Frömming ist durch den Krieg zur Pharmazie gekommen. Sonst hätte er vielleicht das Teppichhaus seines Onkels in Ostpommern übernommen. Bereut hat er seine Entscheidung nie. Nach dem damals vorgeschriebenen zweijährigen Apothekenpraktikum begann er im November 1948 an der Freien Universität Pharmazie zu studieren. Er war von Anfang an dabei, und er ist geblieben – bis heute, wie viele an der Freien Universität. Obwohl Frömming emeritiert ist, kann er die Wissenschaft nicht lassen. Er arbeitet an einem Lehrbuch und widmet sich der Geschichte seines Fachs.

Prof. em. Dr. Karl-Heinz Frömming war seit der Gründung an der Freien Universität.

Dabei wollte er eigentlich nicht unbedingt eine wissenschaftliche Karriere machen, sondern in die pharmazeutische Industrie gehen; ein Angebot hatte er bereits. Gerhard Schenck, Frömmings hochverehrter Lehrer und erster Ordinarius für Pharmazie an der FU, konnte ihn aber nach der Dissertation für die Forschung gewinnen. »Die Arbeit war wohl ziemlich gut.« Und eine wissenschaftliche Laufbahn war 1954 aussichtsreicher als eine geschäftliche.

»Die Anfänge waren schwierig«, erinnert er sich. Studiert wurde, wenn Strom da war, und es gab kaum ausreichende Lehrmöglichkeiten für die 46 Studenten des ersten Semesters. Das Institut für Arzneimittel-, Lebensmittel- und gerichtliche Chemie stellte Laborkapazitäten zur Verfügung, Chemikalien mußten im Rucksack aus dem Ostteil der Stadt geholt werden; die Läden befanden sich in der Nähe der Universität Unter den Linden.

Seit 1950 normalisierte sich alles. »Es war ein unbeschwertes Leben in den fünfziger Jahren, es wurden viele Feste gefeiert, und am Faschingsdienstag tanzte man Polonaise auf der Königin-Luise-Straße, die Vorlesung an diesem Tag hieß ›Knallreaktionen‹.«

1960 habilitiert sich Karl-Heinz Frömming, 1964 wird er außerplanmäßiger Professor. Die Ereignisse am Ende der sechziger Jahre schockieren ihn. »Es war der Gründergeneration unverständlich, daß aus der Boltzmannstraße plötzlich rote Fahnen raushingen.« Allerdings seien ja die Pharmazeuten traditionell konservativ, räumt er ein.

1972 wird er zum ordentlichen Professor berufen und Nachfolger von Schenck in Forschung und Lehre. Sein Fach ist die pharmazeutische Technologie, ein modernes Fach, das Arzneimittel einnehmbar, wirksam und haltbar macht. Der Weg zur Technologie war während einer Gastdozentur an der University of Florida 1970 geebnet worden: »Hier konnte ich Kenntnisse für mein Fach sammeln, die meiner eigenen Forschung eine ganz neue Richtung gaben.« Die Beziehungen zu den USA blieben eng. Außerdem pflegt er Kontakte nach Japan und besonders nach Osteuropa, und das nicht erst seit Ende des Kalten Krieges. Kontakte zu pflegen durchzieht sein ganzes akademisches Leben, sei es als Vorsitzender des (pharmazie-)studentischen Dachverbandes in den fünfziger Jahren, sei es als Vorsitzender des Verbandes der pharmazeutischen Hochschullehrer in den achtziger und neunziger Jahren. Karl-Heinz Frömming organisiert außerdem die Treffen der Pharmazie-Gründungsstudenten, die sich seit 50 Jahren treffen, und er hat einen Club ehemaliger Hochschullehrer der pharmazeutischen Technologie gegründet.

1993 wurde er emeritiert. Beim Abschied gab es keine Wehmut, weil er »fachlich in kein tiefes Loch gefallen« ist. »Ich mache jetzt Dinge, die mir Spaß machen.« Zum Beispiel die Geschichte der Pharmazie an der FU schreiben, die auch die Geschichte von Karl-Heinz Frömming ist.

Ein ganzes Zeitalter verstehen

Der Niederländische Philologe Jan Konst

von Susanne Weiss

»Ich bin ein normaler Mensch«, sagt Jan Konst. Obwohl er einräumt, daß es ungewöhnlich ist, so jung schon Professor geworden zu sein, der jüngste der Freien Universität. Ungewöhnlich ist es auch, mit 14 schon Professor werden zu wollen und sich mit 22 dem niederländischen Drama des 17. Jahrhunderts zu verschreiben. Dissertationsthema sind die Leidenschaften, Liebe und Rache.

Prof. Dr. Jan Konst gehört zu den Jungen unter den Professoren.

Angefangen hatte die Professorenkarriere mit einer Lehrstuhlvertretung im Wintersemester 93/94, die bis zum Sommer verlängert wurde. Im Dezember 1994 kam der Ruf auf den Lehrstuhl für Niederländische Philologie. Damals war er 31.

»Als ich 14 war, waren Professoren für mich große, ehrfurchtgebietende Helden«, verrät er lächelnd, »heute denke ich da nuancierter«. Und er ist keiner, der sich auf seinen professoralen Lorbeeren ausruht. – Seit 13 Jahren beschäftigt er sich mit dem Drama des 17. Jahrhunderts – derzeit mit Themen wie Willensfreiheit, Vorsehung und Verhängnis.

»Ich muß noch sehr viel lernen«, sagt er. 30 oder 40 Jahre lang, ein ganzes Zeitalter verstehen und dann »ein maßgebendes Buch schreiben«. Er schreibt gern, und er hat sehr früh sehr viel publiziert, doch manchmal ist es schwer – immer noch. »Man kann die Forschung nicht von den eigenen Lebenserfahrungen trennen«, weiß er, »wenn ich mich mit dem Thema Willensfreiheit beschäftige, tue ich das doch auch als ein Mensch des 20. Jahrhunderts«.

Er unterscheidet auch nicht zwischen Mensch und Lehrer. Seine 150 bis 200 Studenten kennt er alle persönlich, die Stimmung ist gut im Institut, manchmal aber fragt er sich, wozu er Studenten ausbildet, wenn keiner sie haben will. Akademisches Denken und analytische Fähigkeiten sind keine Arbeitsplatzgarantie. »Ich habe so viel Glück gehabt«, sagt Konst, »meine Studenten sind zum Teil nur fünf oder sechs Jahre jünger als ich und haben nichts«. Er weiß auch, daß der Wissenschaft inzwischen viele gute Leute verlorengehen, weil man ihnen keine Perspektive bietet. Ein Drama des 20. Jahrhunderts, besonders in Berlin.

Mit der endgültigen Entscheidung für die schwierige Stadt hat er sich Zeit gelassen – fünf Jahre ist er zwischen Utrecht und Berlin »gependelt«. Jetzt ist er Kreuzberger. Berlin ist eine besondere Stadt, die Geschichte ist überall anwesend. »Das sagen natürlich alle, aber es ist so faszinierend.« Faszinierend ist für den begeisterten Theatergänger auch das kulturelle Leben der Stadt. Nirgendwo ist das Schauspiel besser als hier.

Eines ist dem Holländer fremd geblieben: die Bürokratie, die alles zentral regeln will, dem einzelnen keinen Verantwortungsspielraum mehr läßt, den er dann auch irgendwann gar nicht mehr haben will. »Dafür bin ich nicht zuständig«, dieser »deutsche Zauberspruch« ist für Jan Konst sicher nicht übersetzbar. Wenn der Wunsch kommt zu entrinnen, findet er Ruhe in seinem Arbeitszimmer. Die Arbeit kann ihm Trost sein, doch für das persönliche Glück ist das andere Leben wichtiger. Ein normaler Mensch.

Transatlantische Verbindungen

Die Politikwissenschaftlerin Helga Haftendorn

von Elke Löschhorn

Mit Helga Haftendorn verfügt die Freie Universität über eine der renommiertesten Politikwissenschaftlerinnen Deutschlands.

Zu ihrer Biographie befragt, bezeichnet sie als am meisten kennzeichnendes Element ihre außeruniversitäre Berufstätigkeit. Nach zwölf Jahren Praxis als Redakteurin beim Europaarchiv und anschließender Tätigkeit bei der Deutschen Gesellschaft für auswärtige Politik kehrte sie in die Wissenschaft zurück und kam nach fünfjähriger Arbeit und Habilitation in Hamburg 1978 an die Freie Universität Berlin. Am Otto-Suhr-Institut übernahm sie den Lehrstuhl für »Politische Wissenschaft unter besonderer Berücksichtigung der Theorie, Empirie und Geschichte der auswärtigen und internationalen Politik«. »Man kann internationale Realität nur verstehen, wenn man sie theoretisch konzeptionalisieren kann« ist einer ihrer Grundsätze. Die Theorie als Grundlage für die Praxis sowie Auslandsaufenthalte sieht Frau Haftendorn als unerläßlich für ihre Studierenden an.

Prof. Dr. Helga Haftendorns wissenschaftlicher Schwerpunkt ist die Theorie, Empirie und Geschichte der auswärtigen und internationalen Politik. Sie leitet die Arbeitsstelle Transatlantische Außen- und Sicherheitspolitik.

Zu den Aufgaben des Lehrstuhls hat Frau Haftendorn die 1986 gegründete Arbeitsstelle »Transatlantische Außen- und Sicherheitspolitik« übernommen. Dieses Arbeitsgebiet weist auf Frau Haftendorns internationale Tätigkeit hin, die sie nach Harvard, Georgetown und Stanford führte. Sie legt großen Wert auf den Zusammenhang von Forschung und Lehre, das eine ist ohne das andere für sie undenkbar. Insgesamt über 40 Doktoranden hat Frau Haftendorn bislang betreut, wobei alle eine Stelle finden, viele davon in der freien Wirtschaft. Allein diese Aufgaben könnten ein Professorenleben ausfüllen, doch Frau Haftendorn leistet viel mehr. Zahlreiche Projekte sind durch sie ins Leben gerufen worden, so z.B. das »Congressional Fellowship Program«, das »Berlin Program for Advanced German and European Studies«, die beide bis auf den heutigen Tag mit großem Erfolg durchgeführt werden. Dem Graduiertenkolleg »Das neue Europa. Nationale und internationale Dimensionen institutionellen Wandels« hat Frau Haftendorn durch die Abfassung des endgültigen Antrages die entscheidenden Impulse vermittelt. Am Kolleg, welches zur Zeit federführend von der Humboldt-Universität betreut wird, fungiert sie als zweite Sprecherin. Die Mittel des ihr 1995 verliehenen Max-Planck-Forschungspreises hat sie vornehmlich zur Förderung der Kooperation zwischen dem Center for International Affairs an der Harvard Universität und ihrer Arbeitsstelle eingesetzt. Doch nicht nur die Beziehung zu den Vereinigten Staaten wird gepflegt. Neue Projekte, u.a. auch mit französischer Beteiligung, sind in der Planung, von denen das besonders interessante und aktuelle Projekt »Wasser als Problem der internationalen Politik« als Beispiel erwähnt sei. Hier setzt sich Frau Haftendorn mit den Konflikten über Wassernutzung auseinander. Für ihre Projekte gelingt es immer, Drittmittel einzuwerben, zweifelsohne ein Beweis für die Qualität der Vorhaben.

Diese vielfältigen Aktivitäten lassen keine Freizeit mehr zu. Neben den Lehrverpflichtungen und zahlreichen Forschungsprojekten gilt es, Gutachten über Dissertationen, Magister- und Diplomhausarbeiten zu schreiben. Auf 20 Jahre wissenschaftlicher Tätigkeit an der FU zurückblickend, fühlt sich Frau Haftendorn in vielerlei Hinsicht von der Universität unterstützt, doch drei Dinge mag sie gar nicht: Streik, Schmutz und Stellenstreichungen. Wer kann es ihr verdenken.

Wünschen wir uns, daß Frau Haftendorn unserer Universität über die Emeritierung hinaus verbunden bleiben wird.

Sinnlichkeit und Körperlichkeit

Die Theaterwissenschaftlerin Erika Fischer-Lichte

von Sandra Luzina

Viel hatte Erika Fischer-Lichte sich vorgenommen, als sie dem Ruf an die FU Berlin folgte. Nach zwei Jahren sieht die Bilanz beeindruckend aus. Zusammen mit ihrem Mitarbeiterteam hat die für ihren Tatendrang bekannte Professorin dem theaterwissenschaftlichen Institut ein neues Profil gegeben. »Es ist nichts, wie es vorher war«, resümiert Erika Fischer-Lichte ihre Aktivitäten nicht ohne spürbare Befriedigung.

Prof. Dr. Erika Fischer-Lichte leitet das theaterwissenschaftliche Institut.

Eine neue Studienordnung ist seither in Kraft getreten, ein Graduiertenkolleg, das sich den »Körperinszenierungen« widmet, findet gute Resonanz; ein Sonderforschungsbereich zum Thema »Kulturen des Performativen« – es wäre der erste geisteswissenschaftliche Sfb an der FU – wurde auf den Weg gebracht; eine positive Begutachtung liegt vor. Nach Auffassung von Erika Fischer-Lichte eignet sich die Theaterwissenschaft besonders für die fächerübergreifende Zusammenarbeit. An der FU habe sie hervorragende Kollegen aus anderen Disziplinen angetroffen, das »Networking« über Fachgrenzen hinweg sei längst in Gang gekommen, auch die Kooperation mit den Berliner Theatern konnte intensiviert werden. »Ein theaterwissenschaftliches Institut darf sich nicht verschließen, sondern muß in die Stadt ausstrahlen«, meint sie.

Die kulturelle Lebendigkeit der Hauptstadt hat es der gebürtigen Hamburgerin angetan. »Berlin ist ein wunderbares Umfeld für das, was ich mache.« Ihren Wirkungsbereich beschränkt die Direktorin des Theaterwissenschaftlichen Instituts nicht nur auf die Universität. Auch außerhalb akademischer Zirkel ist Erika Fischer-Lichte als kompetente Gastreferentin und interessierte Beobachterin anzutreffen.

Mit ihren Publikationen hat sie wesentlich dazu beigetragen, semiotische Ansätze in der Theaterwissenschaft zu etablieren. »Die Theater-Semiotik, wie ich sie betreibe, untersucht, wie in künstlerischen Prozessen unterschiedliche Arten

Theaterspielen hat an der Freien Universität Tradition. Die Studiobühne wurde bereits Ende der fünfziger Jahre begründet; jährlich werden bis zu vier Inszenierungen realisiert. »Romulus der Große« war die erste Inszenierung, die die studentische Theatergruppe »Trekjop« auf die Beine stellte.

von Bedeutungszuweisung vorgenommen werden.« Ihr Forschungsschwerpunkt derzeit ist aber das »Performative«, das über das Semiotische hinausgeht. Hier sind es vor allem die Bedeutungsüberschüsse durch Sinnlichkeit und Körperlichkeit, auf die sie ihr Augenmerk richtet.

Das Theater begreift Erika Fischer-Lichte als Laboratorium, in dem neue ästhetische und kulturelle Praktiken erprobt werden können. Auch die Sehnsucht nach neuen Formen von Gemeinschaft könne hier – wenn auch nur auf Zeit – ausgelebt werden. Selbst wenn das Theater als Institution nicht mehr große gesellschaftliche Gruppen anspreche, müsse ihm ein Modellcharakter zugesprochen werden: »Vieles, was auf der Bühne ausprobiert wird, strahlt auf andere gesellschaftliche Bereiche aus.«

»Heute hat die Stunde der Theaterwissenschaft geschlagen«, sagt Erika Fischer-Lichte. Das Fach habe ein Instrumentarium entwickelt, mit dessen Hilfe sich jegliche Form von »cultural performance« beschreiben und analysieren lasse. Dem Theater in seiner ästhetischen Vielfältigkeit, aber auch allen Spielarten von Theatralität im Alltag begegnet die passionierte Wissenschaftlerin mit unerschöpflicher Neugier. »Wenn meine Forschungen mir keinen Spaß machen würden, hätte ich schon längst etwas anderes gemacht«, sagt Erika Fischer-Lichte. Das glaubt man der resoluten Professorin aufs Wort.

Der Herr der Bienen

Der Zoologe Randolf Menzel

von Claudia Kurreck

Randolf Menzel lehnt sich in seinem mit Büchern vollgestellten Büro zufrieden zurück. Schließlich kann der 1940 in Marienbad geborene Forscher auf eine erfolgreiche wissenschaftliche Karriere zurückblicken: Bereits mit 26 promovierte er an der Universität Frankfurt, mit 31 habilitierte er sich im Fach Zoologie an der Technischen Hochschule Darmstadt. Schon bei seiner Dissertation über die Farbenlehre standen die Bienen im Vordergrund seiner Forschung. Seit dieser Zeit lassen ihn die pelzigen Flieger nicht mehr los, weshalb er von seinen Studenten scherzhaft »Bienen-Menzel« genannt wird. 1976 wurde Randolf Menzel als Leiter des neu eingerichteten Instituts für Neurobiologie an die FU berufen. Seine Arbeitsgruppe zählt mehr als 30 Mitarbeiter und beschäftigt sich nicht nur mit dem Lernen und dem Gedächtnis der Bienen, sondern auch mit der Evolution, der Ökologie und dem Verhalten dieser Insekten. Die Funktion von Nerven wird untersucht, es werden Duftkarten erstellt und Gene kloniert. 30 Bienenstöcke stehen im Vorgarten seines Büros. Nach und nach kommt man so zu einem Gesamtbild der Tiere.

Menzel ist in der Erforschung der Bienen weltweit führend. Die Forschung an einem so kleinen Tier sei besonders schwierig, erzählt er. Doch Menzels Bemühungen haben sich ausgezahlt. 1991 erhielt er den mit drei Millionen Mark dotierten Leibniz-Preis. Die Ehrung war für ihn eher zweitrangig, wichtiger war, daß er nun die besten Wissenschaftler aus aller Welt in seine Arbeitsgruppe holen und ihnen auch bezahlte Stellen anbieten konnte. »Endlich hatte ich Geld, über das ich frei verfügen konnte.«

Im Laufe der Jahre hatte der Zoologe viele wichtige Positionen in Wissenschaftsorganisationen inne. So war er Dekan des Fachbereichs Biologie, mehrmals Geschäftsführender Direktor des

Der Leibnizpreisträger Prof. Dr. Randolf Menzel.

Instituts für Tierphysiologie und angewandte Zoologie, viele Jahre lang Kurator an Max-Planck-Instituten, Fachgutachter der DFG und Präsident der International Society of Neuroethology (ISN). Alle diese Ämter haben ihm nie so viel bedeutet wie die Forschung in seiner Arbeitsgruppe, über die er immer wieder ins Schwärmen gerät.

Randolf Menzel liebt die klassische Musik, seine Familie – er ist Vater von vier Kindern – und seinen Beruf. Trotz aller Ehrungen steht er jede Woche an vier Tagen selbst im Labor. Seinen Mitarbeitern macht er dabei kaum Vorschriften. »Ich habe damit immer gute Erfahrungen gemacht«, sagt Randolf Menzel. Schon sein Doktorvater, Prof. Dr. M. Lindauer, habe ihm während seiner Frankfurter Zeit alle Freiheit gelassen und damit seine Begeisterung für die Naturwissenschaften gefördert.

Lust und Frust im Mittelbau

Ingo Peters, akademischer Rat

von Elke Löschhorn

Ingo Peters wollte ursprünglich nicht zur FU. Aus Norddeutschland stammend, bewarb er sich – nach einem auf dem zweiten Bildungsweg erworbenen Abitur – um einen Studienplatz an der Hamburger Universität. Dort akzeptierte man seinen Abschluß nicht, wohl aber an der FU, die sich damit als fortschrittlicher erwies. Im Rahmen des politikwissenschaftlichen Studiums verbrachte Ingo Peters ein durch den DAAD finanziertes Auslandsjahr in England, eine für ihn sehr wichtige Erfahrung. Diesen Auslandsaufenthalt verlängerte er auf eigene Kosten, um das Angebot, dort seinen Abschluß zu machen, wahrnehmen zu können. Nach Berlin zurückgekehrt, erhielt er die Möglichkeit, im Arbeitsbereich von Frau Haftendorn mit Hilfe eines durch sie ins Leben gerufenen Stipendienprogrammes zu promovieren. Seit 1985 verdient er sich seinen Unterhalt als wissenschaftlicher Mitarbeiter, und seit 1989 hat er eine feste Stelle als akademischer Rat an der Arbeitsstelle Transatlantische Außen- und Sicherheitspolitik. Die OSZE, die Organisation für Sicherheit und Zusammenarbeit in Europa, sowie die Institutionalisierungspolitik der Bundesrepublik Deutschland, auch im Hinblick auf den EU- und NATO-Bereich, sind die speziellen Themen, die Ingo Peters am Herzen liegen. Natürlich bestehen Pläne zur Habilitation, ein jedoch nicht einfaches Unterfangen, wenn man dies neben den anstehenden Daueraufgaben betreiben muß. »Es ist als Professor sicherlich leichter, bei vielen Dingen mitzureden und mit zu entscheiden, aber eine Habilitation um jeden Preis muß nicht sein. Dann lieber anständiger akademischer Rat.« Damit berührt Ingo Peters einen heiklen Punkt, der die Problematik des sogenannten Mittelbaus umreißt. Von eminenter Wichtigkeit sind Mittelbaupositionen für Nachwuchswissenschaftler, die durch diese Stellen die Gelegenheit erhalten, sich für Lehre und Forschung zu qualifizieren. Die Mittelbauer stellen ein wichtiges Verbindungsglied zwischen der Professoren- und Studentenschaft dar, wobei Ingo Peters die zeitliche Befristung dieser Stellen als eine prinzipiell gute Sache ansieht, weil sie immer wieder zu einer Erneuerung führe. Allerdings sind zeitliche Stellenbefristungen auch

Dr. Ingo Peters: keine Habilitation um jeden Preis.

nur dann sinnvoll, wenn im Anschluß eine weitere Laufbahn – wo auch immer – möglich ist.

Als bedauerlich empfindet Ingo Peters die Verschlechterung der Bedingungen für Lehrende und Studierende an der FU, worunter auch die Stimmung leidet. Es wird nicht leichter, miteinander zu arbeiten und zu forschen.

Für die Arbeitsstelle, wie auch generell für den Fachbereich wünscht sich Ingo Peters »eine nicht üppige, aber gute Ausstattung und Ruhe zum Arbeiten, ohne Dominanz von Verwaltung und Grabenkämpfen … arbeiten zu können und für die Leistung belohnt zu werden. Das ist eben das Kernproblem des deutschen Hochschulsystems schlechthin. Hier müssen wir etwas tun, denn die Lösung dieses Kernproblems steht als zentrale Aufgabe vor uns.«

Spezialist für Philosophen mit H

Ein akademischer Gast erzählt

von Angel Oquendo

Im Juni 1989 bin ich mit zwei Koffern und der Hoffnung, mit meiner philosophischen Dissertation ein bißchen weiterzukommen, in Berlin gelandet. Der Deutsche Akademische Austauschdienst hatte mir ein Stipendium zur Verfügung gestellt, und ich hatte mir vorgenommen, mich in Hegels Ethik zu vertiefen. Es ist eine Ehre, aber im Grunde genommen nur ein Zufall, daß ich im Jahr des 50. FU-Jubiläums wieder eine längere Zeit an der Freien Universität verbringe. Dieses Jahr unterrichte ich als Gastprofessor am Fachbereich Rechtswissenschaft mit der finanziellen Unterstützung sowohl der Universität als auch des Deutschen Akademischen Austauschdienstes.

Während meines ersten Besuchs habe ich bei Professor Michael Theunissen und teilweise auch bei Professor Ernst Tugendhat recherchiert. Diese beiden weltberühmten Philosophen waren extrem großzügig mit ihrer Zeit. Bei anderen Vorlesungen und Seminaren habe ich ein paar Dinge über die Philosophie von Hegel, Husserl, Heidegger und Habermas gelernt und bin so ein Spezialist für deutsche Philosophen geworden, deren Namen mit H anfangen.

Da ich ursprünglich aus Puerto Rico in die Vereinigten Staaten gegangen bin, um zu studieren und zu promovieren, war der Aufenthalt in Berlin mein zweites akademisches Exil. Als erfahrener »Universitätstourist« habe ich mich sofort nach dem ersten Jahr dafür entschieden, ein zweites zu bleiben. Im Außenamt erfuhr ich, daß ich als Puertoricaner ein für Staatsangehörige Frankreichs, Großbritanniens und der Vereinigten Staaten bestimmtes Stipendium der Luftbrückendankstiftung beantragen könnte. Mit Hilfe dieses Stipendiums konnte ich meine Berliner Zeit um ein Jahr verlängern. In diesem zweiten Jahr habe ich den Teil meiner Doktorarbeit, der die deutsche Philosophie betrifft, zu Ende geschrieben.

1993 erlebte meine Beziehung zur FU eine Art zweite Reinkarnation. Ich bekam eine Stelle an der juristischen Fakultät der Universität Connecticut, aber bevor ich anfing, habe ich den Sommer in Berlin verbracht. Gerade in dieser Zeit habe ich mit Professor Detlef Leenen von der FU angefangen, ein Austauschprogramm für Rechtswissenschaft zwischen unseren beiden Universitäten zu organisieren.

Im Rahmen dieses Austauschprogramms verbringen deutsche Juristen der Freien Universität nach ihrem Abschluß ein Jahr bei uns in Connecticut und bekommen einen LL.M.-Titel. Die Berliner, die nicht nur Kurse besuchen, sondern auch eine LL.M.-Arbeit schreiben müssen, bekommen ein »Half Tuition Waiver«, das heißt, sie brauchen nur die Hälfte der Immatrikulationskosten zu bezahlen. Dafür verbringen J. D.-Kandidaten der Universität Connecticut ein Jahr bzw. ein Semester an der Freien Universität, wo sie Vorlesungen und

Seminare besuchen. Seit dem Anfang dieses Programms bin ich jeden Sommer nach Berlin gereist. Diesen Sommer bin ich wieder an der Freien Universität, aber im Gegensatz zu den letzten vier Jahren werde ich länger bleiben, mich als Professor der Universität »maskieren« und jedes Semester drei Lehrveranstaltungen halten.

Obwohl ich nicht permanent in Berlin wohne, habe ich Gelegenheit gehabt, die Freie Universität gut kennenzulernen. Das ist kein Wunder, da diese Berliner Hochschule eine wirklich internationale Institution ist, wo sich jeder zu Hause fühlen kann.

Meiner Ansicht nach beruht der große Erfolg der Freien Universität genau darauf, daß sie ein offenes Forum ist, das sowohl die Welt der Ideen als auch die Ideen der Welt aufschließt.

Mittelbauer mit Familienanschluss

Einer, der weiß, daß es auch anders geht

von Michael Mecklenburg

Der Germanist Dr. Michael Mecklenburg.

Mein Gegenüber ist verdutzt: Ich habe mich als Vater geoutet! Wenn ich nun zugebe, daß es zwei Kinder sind, von denen das ältere schon fast schulreif ist, nimmt die Verwunderung noch zu. Doch erst nach der abschließenden Information, daß die Partnerin ebenfalls berufstätig ist und promoviert, stehen dem Gegenüber Unverständnis und blankes Entsetzen im Gesicht geschrieben. Eine nicht ungewöhnliche Szene, denn offensichtlich dominieren in der Gesellschaft noch immer zwei Vorstellungen von einem »typischen« Nachwuchswissenschaftler: der Eremit, der wenig schläft und die Wachzeit in Bibliotheken oder Laboren vergraben der Wissenschaft widmet, oder die lockere Type, die die Promotion nicht auf die Reihe kriegt, aber nette Seminare gibt und sich in der Club-Szene auskennt. Wenn die Möglichkeit einer Familiengründung erwogen wird, so selbstverständlich mit der Annahme, daß die Frau (!) dem Mann (!) die Kinder vom Halse hält. Wer anders lebt, läßt es sich möglichst nicht anmerken.

Dabei gibt es eine ganze Anzahl von Mittelbauern beiderlei Geschlechts, die versuchen, die Verwirklichung beider Partner im Beruf mit einem Leben als Familie zu verbinden. Auch ich gehöre dazu und weiß von den Problemen, die damit verbunden sind. Zum Beispiel dann, wenn die Meinung vorherrscht, man solle Kinder nicht vor dem dritten Lebensjahr längere Zeit fremdbetreuen lassen. Das heißt dann, daß der Tag in zwei Hälften geteilt werden muß, eine für die Kinderbetreuung und die andere für die Arbeit. Sind die Kinder um acht im Bett, bleiben ein paar Stunden zur Arbeit an der Karriere.

Nur leider kommt es häufiger vor, daß die Termine sich überschneiden, und dann geht es wie donnerstags im vorletzten Semester. 6 Uhr: Aufstehen, Bad, Frühstück; 8 Uhr: Vater bringt den Ältesten in die Vorschule, Mutter geht zur Arbeit; 10 Uhr: Wir treffen uns auf dem S-Bahnhof, tauschen den Jüngeren gegen die Monatskarte, so komme ich noch c.t. zu meinem Seminar, dann Sprechstunde und Colloquium.

Noch ein Wein danach? Tut mir leid, meine Frau hat Gesamtkonferenz (in der Zwischenzeit mußte sie kochen und einkaufen, holt dann den

Älteren von der Vorschule ab) usw. Das klingt anstrengend, besonders, wenn Unvorhergesehenes dazwischenkommt, die Krankheit eines Kindes oder Elternteils oder die ja doch sehnlichst herbeigewünschte Kongreßteilnahme mit der Möglichkeit, einen Vortrag zu halten. Warum also tut Mann und Frau sich das an?

Weil es uns als Familie ein facettenreiches Leben ermöglicht. Ich schmore nicht im eigenen wissenschaftlichen Saft, die ganz andere Anforderung des Umgangs mit Kindern öffnet auch den Blick auf die Gegenstände meiner Arbeit neu. Und geht im Job mal was daneben, dann tauche ich zu Hause in eine Welt ein, in der andere Dinge zählen. Im übrigen ist die Tatsache, daß die meisten Stunden des Tages gut geplant sein wollen, der wissenschaftlichen Arbeit zuträglich: Ich kann es mir nicht leisten, drei Stunden zu überlegen, mit welcher Formulierung ich den nächsten Satz beginne, denn ich habe diese Stunde und muß sie nutzen. Die Kindern leben mit Eltern, die sich freuen, mit ihnen zu spielen, denn wir kommen »raus«, erleben andere Welten und sind nicht genervt vom ewigen Einerlei häuslicher Verpflichtungen. Aus der Sicht des Mannes bleibt die Erfahrung, daß es mir in kaum einem anderen Beruf möglich gewesen wäre, meine Kinder so intensiv in ihrer Entwicklung zu erleben und zu begleiten.

Ein Modell also – so finden wir zumindest –, das nicht nur unter familien- und frauenpolitischen Aspekten wertvoll ist, sondern auch von der Universität als ein alternativer Lebensentwurf zur Kenntnis genommen werden sollte, der dem wissenschaftlichen Nachwuchs Entwicklungsmöglichkeiten eröffnet, die letztendlich positiv auf die Universität und die Wissenschaft zurückwirken, sie vielleicht auch stärker an eine außeruniversitäre Lebenswirklichkeit binden können. Bisher jedoch scheint dies nur ansatzweise zu geschehen, und so sind wir immer noch darauf angewiesen, daß – wie etwa in meinem Fall – der Professor, dem man zugeordnet ist, in dieser Hinsicht nicht nur Verständnis zeigt, sondern zu solchen Lebensentwürfen auch ermutigt.

Endlich über fünfzig

Der Erziehungswissenschaftler Dieter Lenzen

von Felicitas von Aretin

»Endlich habe ich meinen fünfzigsten Geburtstag gefeiert«, meint Dieter Lenzen, Professor für Erziehungswissenschaft nicht ohne Koketterie, nachdem er seine für wissenschaftliche Verhältnisse ungewöhnlich schnelle Karriere Revue passieren ließ.

Kurz nach Kriegsende in Münster geboren, kommt er zur Erziehungswissenschaft durch Zufall. Der Philosophie gilt die Leidenschaft, der Pädagogik die Vernunft. Nach nur dreieinhalb Jahren macht Lenzen Magister. Ein Jahr später wird er Gutachter der Planungskommission Kollegstufe des Landes Nordrhein-Westfalen. Dort lernt er neben dem effektiven Verwalten – als zuständiger Referent für die Kollegschulen in der Region Bergheim – die Niederungen praktischer Politik kennen – nicht ohne nebenbei den damaligen Wissenschaftsminister Johannes Rau zu beraten.

»Ich gebe Ihnen sieben Monate Zeit, dann sind Sie promoviert«, habe ihm sein Doktorvater Prof. Dr. Herwig Blankertz vorgeschlagen, was der Münsteraner befolgte. Die Promotion bestimmte den weiteren Weg: Mit 28 Jahren der jüngste Professor und Dekan am Fachbereich für Erziehungswissenschaft der Westfälischen Wilhelms-Universität Münster, erfuhr Lenzen in einem »zerstrittenen Fachbereich«, daß Durchstarten im deutschen Wissenschaftsbetrieb nicht immer auf Gegenliebe stößt.

Zwei Jahre später wurde er Professor an der FU, wo er – abgesehen von Gastspielen in Tokio, Nagoya, Hiroshima – bis heute Erziehungswissenschaft mit dem Schwerpunkt Philosophie der Erziehung lehrt.

Um den Entdifferenzierungsprozeß auf der Basis von Systemtheorie und Strukturalismus kreist Lenzens wissenschaftliches Interesse. Dieter Lenzen formuliert seine Forschungsergebnisse pointiert und damit allgemeinverständlich, so daß Zuhören Spaß macht, wenn er vom Verschwinden der Generationen, dem Verschwinden der Grenzen von Gesundheit und Krankheit, Recht und Unrecht, Mann und Frau erzählt. »Die Überführung von einer Lebensphase in die nächste erfolgt im Jahrhundert der Entchristlichung, in einer Kultur ohne zyklische Lebenslaufvorstellungen nicht mehr durch Priester, sondern durch Pädagogen und Mediziner«, erklärt Lenzen, »nur wissen die oft nichts davon«. Bewußt will der Autor von Büchern wie »Mythologie der Kindheit«, »Krankheit als Erfindung« oder »Vaterschaft. Vom Patriarchat zur Alimentation« seine Kritik nicht als Angriff auf das Gesundheits- und Rechtssystem verstanden wissen. »Mit Medizinern des Rudolf-Virchow-Klinikums habe ich eng zusammengearbeitet«, meint Lenzen, der darauf brennt, die Birmingham-Studie über Krebserkrankungen daraufhin zu untersuchen, ob Krebs in Übergangsphasen des Lebenslaufs verstärkt auftritt.

Prof. Dr. Dieter Lenzen, Philosoph der Erziehung.

Neben seiner Liebe zur Theorie ist der dreifache Vater seiner Liebe zur Wissenschaftspolitik stets treu geblieben: sei es als Mitglied der Arbeitsgruppe »Lehrerbildung« der Hochschulrektorenkonferenz, als Vorsitzender der Deutschen Gesellschaft für Erziehungswissenschaft, als Dekan seines Fachbereichs oder als Gremienmitglied der FU im Akademischen Senat, Konzil und Kuratorium, ohne sich dabei im Dschungel der Gremienarbeit zu verlieren. »Gremienarbeit suggeriert, daß Gremien autonome Entscheidungen treffen«, meint der Co-Autor Niklas Luhmanns ironisch lächelnd: »Dabei widerspricht dies doch den Einsichten der Systemtheorie.« Statt vielen Redens fordert er persönliche Verantwortung gegenüber der Universität – und praktiziert sie selbst: Per Los wählt Dieter Lenzen jedes Semester 15 Studierende aus, denen er als Mentor zur Verfügung steht. »So schaffen Sie einfach ein menschlicheres Klima an der Universität«, sagt Lenzen und lehnt sich zurück.

Menschen und Einrichtungen

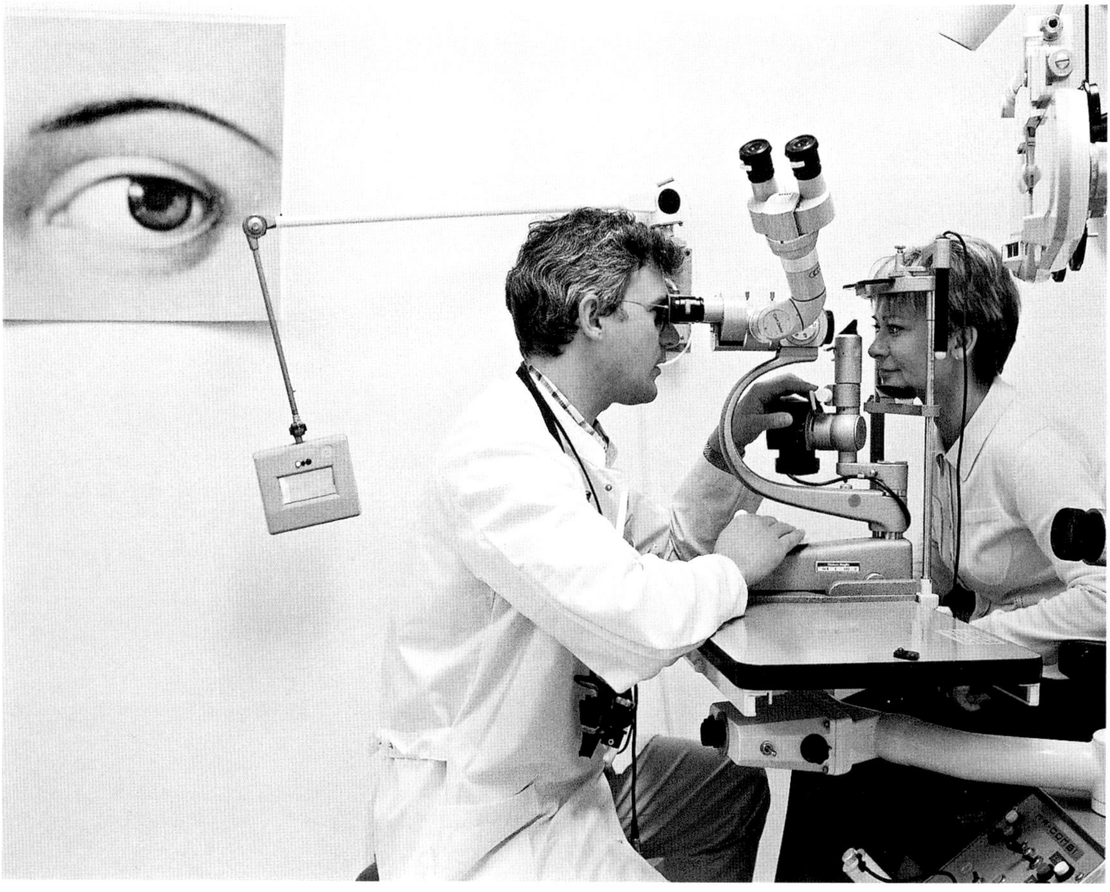

4 Sachkatalog

Big Leaguer

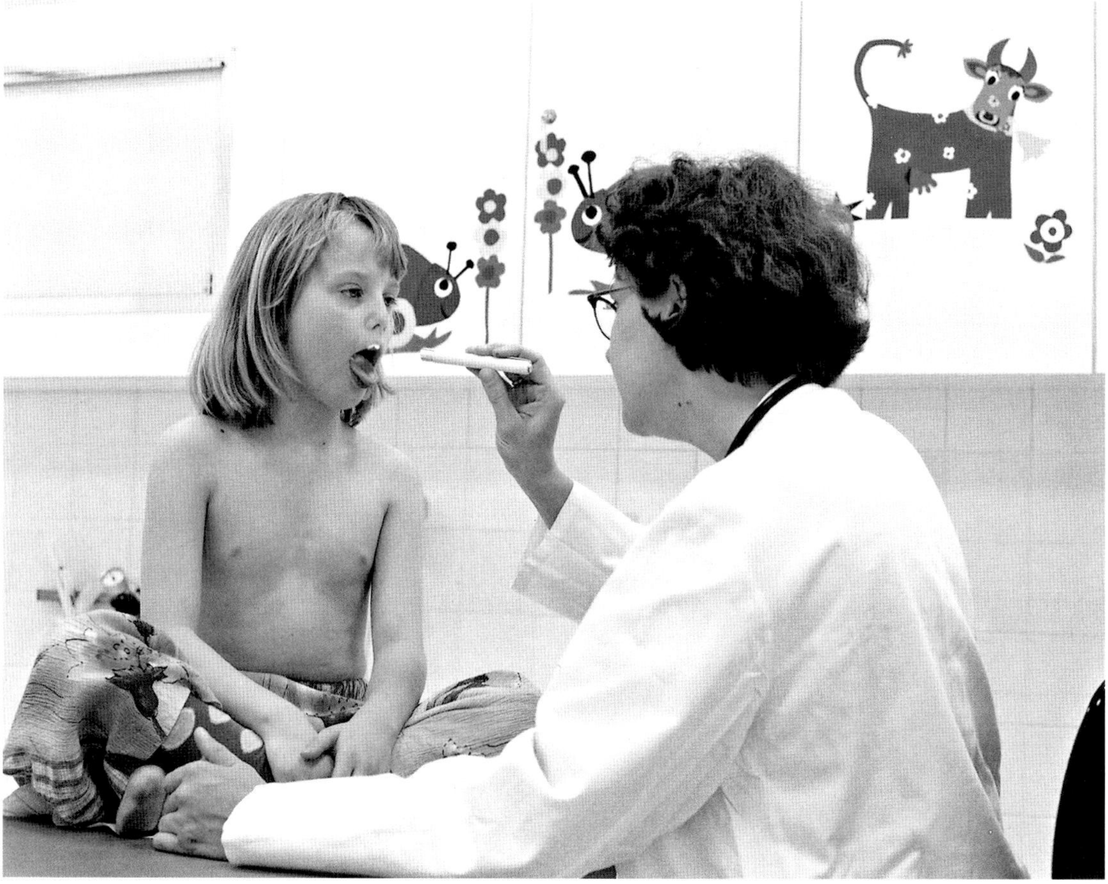

Verwaltungswege

Eine Apologie der Rastermappe

von Felicitas von Aretin

Ohne sie geht gar nichts. Korrespondenz in der Universität findet ausschließlich mit Umlaufmappe statt, intern auch Schweinchenmappe oder Rastermappe genannt. Auch mit den Berliner Gaswerken, dem Eisenbahnbundesamt oder »Sleep in« läßt sich auf dem Weg des Dienstpostaustausches via Senat mit Rastermappe korrespondieren.

»Freie Universität Berlin« prangt schnörkellos auf den beigefarbenen Mappen, die so gar nicht sinnlich sind. Angelehnt an die Umlaufmappen der Senatsverwaltung, gibt es die Mappe seit Gründung der FU. Auch wenn sie im Laufe der Jahre ein – bescheidenes – Redesign durchgemacht hat. Offensichtlich hielt man früher Beamte, Angestellte und Arbeiter für belehrungsbedürftiger: »An die nicht durchgestrichenen Stellen, weitergeben an Ausgangsstelle« war auf den alten Mappen vermerkt. Heute ist die Mappe schlichter – einziger Schmuck sind 126 Kästchen und zwei große Löcher an den Seiten. Was es damit auf sich hat, erschließt sich nicht sofort. Abgeheftet in Leitzordnern, halten die Löcher zwar die Rastermappe, nicht jedoch deren Inhalt. Rastermappe rein, Zettel raus – das kann nicht sein. Ein Vorteil hingegen ist evident: Schweizer-Käse-Löchern gleichend, ersparen die Löcher die typische Handbewegung des Aufklappens, da man Inhalt oder Nichtinhalt der Mappe sofort erkennt.

Die Vielzahl der Kästchen bietet dem geübten Verwaltungsmenschen dafür kriminalistisches Vergnügen, läßt sich doch anhand der Stellenzeichen der Postweg der Mappe nachvollziehen. Was hat I B 21 an PX geschickt und warum kontaktiert P15 V B 105? Ganz Ungeübte mißbrauchen die Mappen, indem sie Herrn Müller statt PA 37, Frau Meier statt P1 18 schreiben. Dabei zeigt ein Blick in das Vorlesungsverzeichnis, daß dort der Name Müller 39 mal auftaucht – Doppelnamen nicht

Die Form für den Inhalt.

mitgerechnet. Noch Ungeübtere werden sofort gerügt. Wer das alte Stellenzeichen nicht durchstreicht, den bestraft nicht das Leben, aber der Bote, PJ 109, bekommt die Mappe umgehend zurück.

Nur in einem Fall weicht die Freie Universität von der Mappe ab, und wie so oft im Leben ist es ein unangenehmer Fall: Rechnungen kommen in roter Mappe. Vorteil: Man ist vorgewarnt, kann die Mappe beiseite legen für bessere Tage.

Was bei Rechnungen einfach ist, gibt sonst Rätsel auf, wird mit der beigefarbenen Umlaufmappe doch alles mögliche transportiert: der Vermerk, in dem sich II B 39 über den Kollegen II B 38 beschwert und dies außer II B 45 gleich noch PU, KU und PU33 wissen läßt, oder die Zeitschrift, in der III B 21 II B 46 über einen Artikel informiert. In der offenen Mappe transportiert, beweist die Freie Universität ein ums andere Mal ihre Transparenz – doch auch dafür gibt es eine Lösung: Tesafilm, sorgfältig an den drei offenen Seiten der Rastermappe drapiert. Schützt nicht vor Indiskretion – aber es erschwert sie.

Das Prinzip der langen Dauer

Grundlagen der akademischen Selbstverwaltung

von Beate Hammers

Die Freie Universität ist ein kommunikativer Ort. Nebenbei bemerkt ist die FU zwar auch eine hervorragende Universität, in der intensiv geforscht, gelernt und gelehrt wird, aber Eingeweihte wissen längst, daß die aktive Ausfüllung der akademischen Selbstverwaltung im Mittelpunkt des Campuslebens steht. Die akademische Selbstverwaltung vollzieht sich in Gremien, die wiederum diverse Kommissionen einrichten können, in den Fachbereichen und Instituten, ebenso wie auf der zentralen Ebene. Diese Struktur der Selbstverwaltungsgremien ist keine Erfindung der Universitäten, sondern wird durch das Berliner Hochschulgesetz (BerlHG) vorgeschrieben.

Der Akademische Senat (AS) ist das zentrale Gremium der Universität, weil er häufiger als die Konkurrenzgremien Konzil und Kuratorium tagt.

Über das Konzil ist zu sagen, daß es mit 61 Mitgliedern die anderen Gremien zahlenmäßig übertrifft und in der Hauptsache den Präsidenten oder die Präsidentin sowie die Vizepräsidenten wählt. Da das nur alle vier bzw. zwei Jahre der Fall ist, fällt das Konzil in der Zwischenzeit in eine Art Dornröschenschlaf.

In der Regel kommt der AS während der Vorlesungszeit geschäftsordnungsgemäß an jedem ersten und dritten Mittwoch im Monat zusammen: zusätzlich kann er für die vorlesungsfreie Zeit einen Ferienausschuß einsetzen. Der AS tagt im sogenannten AS-Sitzungssaal im Henry-Ford-Bau, in dem nach Gewohnheitsrecht eine feste Sitzordnung eingehalten wird: An der Stirnseite nimmt die Hochschulleitung Platz, die fünfundzwanzig AS-Mitglieder sortieren sich je nach ihrer hochschulpolitischen und/oder ihrer Zugehörigkeit zu Statusgruppen.

Verbindendes Element aller Gremienvertreterinnen und -vertreter ist die Klage über die Mühen der Gremienarbeit, zum Beispiel über die unendlichen Debatten, die man zu führen gezwungen ist. Das verbindet quer durch die hochschulpolitischen Lager. Die Aufgaben des AS werden im BerlHG detailliert benannt. Sie reichen von der Entscheidung über die Einrichtung und Aufhebung von Studiengängen, der Aufstellung von Grundsätzen für Lehre, Studium und Prüfungen bis hin zur Stellungnahme zum Haushaltsplan. Dem Recht auf Stellungnahme wendet man sich mitunter mit einer Leidenschaft zu, die Außenstehende verblüfft, die Insider hingegen für unabdingbar halten. Denn der AS ist seinem Publikum, der Hochschulöffentlichkeit, verpflichtet; außerdem sitzen an guten Tagen unter den Zuschauern die Vertreter der örtlichen Presse.

Während im Konzil und im AS die Universitätsmitglieder unter sich bleiben, gesellen sich im Kuratorium Politiker der im Berliner Abgeordnetenhaus vertretenen Parteien, Mitglieder der Landesregierung sowie Verbands- und Interessenvertreter hinzu. Im Kuratorium sind die FU-Mitglieder in der Minderheit, läßt man die FU-Absolventen unter den Kuratoren außer acht, die die Belange der Politik oder der Gesellschaft vertreten. Das Kuratorium hat die Entscheidungskompetenzen, die der AS gern hätte, insbesondere die über den Haushalt und über die Binnenstruktur der FU. Hier werden, sofern der Senator für Wissenschaft, Forschung und Kultur die Genehmigung erteilt, Fakten geschaffen. So werden im Kuratorium keine Stellungnahmen abgegeben, dafür halten die jeweiligen Regierungs- bzw. Oppositionspolitiker häufig Reden, deren Premiere bereits im Abgeordnetenhaus stattgefunden hat.

Diese Gremienstruktur kann aufgelockert werden, seit das Hochschulgesetz den Paragraphen 7a, die sogenannte Experimentierklausel, enthält. Diese winzige Ergänzung des BerlHG ermöglicht es den Hochschulen, für eine begrenzte Zeit neue Modelle der Leitungs- und Organisationsstruktur zu erproben, sofern der inneruniversitäre Instanzenweg durchlaufen ist, das Kuratorium zugestimmt und der Senator für Wissenschaft, Forschung und Kultur die Änderungen genehmigt hat. Hier kann das Modell an seine Grenzen stoßen, insbesondere wenn es um mehr als kosmetische Korrekturen gehen sollte.

Das universitäre Gremienwesen hat in seiner vielgestaltigen Ausformung ausreichend Stoff für Satire und Belletristik geliefert. Das stimmt heiter, ist aber längst nicht alles, denn in den zentralen akademischen Gremien werden Grundsatzentscheidungen getroffen, die die Universität als Ganzes betreffen. Diese erfordern von den Gremienvertretern Verantwortungsbewußtsein, Augenmaß und mitunter die Fähigkeit, sich über die Partikularinteressen ihrer jeweiligen Bereiche hinwegzusetzen. Wie gesagt, die Freie Universität ist ein kommunikativer Ort. Entscheidungen fallen selten hinter verschlossenen Türen. Und das ist gut so.

Im Akademischen Senat: die persönliche Referentin des Präsidenten, Beate Hammers, FU-Präsident Prof. Dr. Johann W. Gerlach, der Erste Vizepräsident Prof. Dr. Peter Gaehtgens, der Zweite Vizepräsident Prof. Dr. Werner Väth (v. l. n. r.).

Fortschritte für die Frauen

Die Arbeit der zentralen Frauenbeauftragten

von Christine Färber

An der Freien Universität Berlin sind Gleichstellungspolitik, Frauenforschung und Geschlechterstudien so gut verankert wie an keiner anderen deutschen Universität. Die vielfältigen Institutionen und Instrumente, mit denen die FU Frauen fördert, ermöglichen Wissenschaftlerinnen gleiche Chancen für ihre Qualifizierung wie den männlichen Kollegen. Als ich im Jahr 1991 mein Amt als erste zentrale Frauenbeauftragte der FU angetreten habe, waren wir von diesen Ergebnissen noch weit entfernt.

Seit 1990 kann die FU ihre Frauenpolitik auf gute gesetzliche Regelungen stützen. 1993 verabschiedete der Akademische Senat an der FU als erste Berliner Hochschule Frauenförderrichtlinien. Wissenschaftlerinnen, Studentinnen und Mitarbeiterinnen der FU sind genauso Zielgruppe von Frauenförderung wie Professorinnen. Bei den Professorinnen geht es vor allem darum, möglichst viele dieser Stellen mit qualifizierten Frauen zu besetzen: Im Zeitraum von 1995 bis 1997 wurde an der FU jede dritte Professur mit einer Frau besetzt, vor allem in C4-Rang und in naturwissenschaftlichen und medizinischen Fächern. Beim wissenschaftlichen Nachwuchs sollen Frauen entsprechend ihrem Anteil an der vorhergehenden Qualifikationsstelle gefördert werden. Seit 1997 vergibt die Freie Universität (fast) so viele Habilitationsstellen an Wissenschaftlerinnen, wie an der FU Frauen anteilig promovieren, dasselbe gilt für Promotionsstellen im Vergleich zu den Studienabschlüssen. Hier haben wir unser Ziel bereits erreicht und hoffen, den Erfolg dauerhaft halten zu können. Bei den beschäftigten Frauen liegen die Probleme auf einer anderen Ebene – hier geht es oft um die Aufwertung typischer Frauenberufe in der gesellschaftlichen Wertschätzung und Bezahlung. Bei den Studentinnen geht es weniger um die Quantität – sie bilden seit Jahren mehr als die Hälfte der FU-Studierenden –, sondern um qualitative Aspekte wie den Übergang zum Arbeitsmarkt, die Vermittlung von Schlüsselqualifikationen oder die Neustrukturierung der Lehrinhalte.

Christine Färber.

Die Frauenförderung begann an der FU sehr früh: Seit 1980 gibt es einen Beschluß des Akademischen Senats, der die Etablierung der Zentraleinrichtung zur Förderung von Frauenstudien und Frauenforschung einleitete und sich grundsätzlich zur Gleichstellung von Wissenschaftlerinnen positionierte. Das Land Berlin ermöglichte der FU eine gezielte Förderung von Wissenschaftlerinnen durch Sonderstellen für wissenschaftliche Assistentinnen. Schon in den siebziger Jahren war die FU Gastgeberin der Frauensommeruniversitäten – diese Kongresse der Jahre 1976 bis 1978 gehören zu den bedeutendsten der neuen Frauenbewegung in Deutschland. Seit Mitte der siebziger Jahre nimmt die FU-Kindertagesstätte Kinder von Studierenden und Personal auf – ein zentraler Beitrag, der Familie und Wissenschaft vereinbar macht und somit bei der noch herrschenden Verteilung der Familienarbeit besonders für Frauen eine wichtige Entlastung bietet.

Die FU nimmt bundesweit in der Gleichstellungspolitik eine Vorreiterinnenrolle wahr, die mit ihrem Gründungsmotto – Wahrheit, Gerechtigkeit, Freiheit – hervorragend in Einklang zu bringen ist. Freiheit steht in diesem Kontext als freie Entfaltung von Persönlichkeiten, Gerechtigkeit als Chancengleichheit für Frauen. Die Wahrheit wiederum hat Verbindungen zur Frauenforschung. Der Beschluß des Akademischen Senats von 1980 hierzu ist in seiner Grundhaltung inzwischen auch – im Jahr 1998 – zur Position des Wissenschaftsrats geworden: Die einseitige Ausrichtung der Forschung auf die Interessen von Männern reduziert den Blick. Die FU trägt die Werte »veritas, iustitia, libertas« nicht nur in ihrem Siegel, sondern sie trägt ihnen in der Frauenpolitik auch im Hochschulalltag Rechnung. Ob sie das auch in den bestehenden finanziell problematischen Zeiten aufrechterhalten wird, muß sich in den nächsten Jahren zeigen. Wenn jedoch eine Hochschule die Voraussetzungen hat, in einem schmerzhaften Prozeß erheblich kleiner zu werden und dennoch Frauen weiter gleichberechtigt Chancen zu bieten, so ist dies die FU – dank der vielen Frauen und Männer, für die an unserer Hochschule die Gleichstellung von Frauen mehr ist als nur ein Lippenbekenntnis.

Im Dschungel der Verwaltung

Portraits aus der Fachbereichsverwaltung

von Felicitas von Aretin

»Entschuldigen Sie bitte meine Verspätung«, sagt der Verwaltungsleiter des Fachbereichs Germanistik, Dr. Matthias Dannenberg, als er zur Tür hereinkommt, »aber ich mußte gerade noch eine Papierlieferung im Keller entgegennehmen«. Seit 1992 ist der promovierte Germanist Verwaltungsleiter und damit »Mädchen für alles«, reichen seine Aufgaben von der Bleistiftbestellung bis zur Berufungsverhandlung. Damit Matthias Dannenberg den täglichen »Kleinkram« schafft, beginnt er morgens um sieben Uhr. Später ist sein Büro umlagert. Außerdem klingelt ständig das Telefon. »Von neun bis 15 Uhr ist Publikumsverkehr«, erzählt der gebürtige Sylter. Gefragt seien schnelles Reagieren und Flexibilität, egal, ob ein Anrufer eine Frage zur Grammatik stellt, eine Studentin für ein Projekttutorium einen Raum braucht oder ein Student sich erkundigt, ob er die Staatsexamensprüfung wiederholen kann.

Dem Pastorensohn ist nichts Menschliches fremd. Neben seiner wissenschaftlichen Karriere war er stets sozial engagiert: als freier Mitarbeiter bei dem gemeinnützigen Verein für Aus- und Weiterbildung »pluspunkt e. V.« oder als Einzelhelfer für das Jugendamt in Steglitz. Ursprünglich wollte er Lehrer oder Professor werden. Doch nach der Promotion hatte er von der einsamen Schreibtischarbeit genug. Da kam das Angebot, Verwaltungsleiter des Fachbereichs Germanistik zu werden, wie gerufen, kennt doch Dannenberg den Fachbereich von der Pike auf – als studentische Hilfskraft, wissenschaftlicher Mitarbeiter und Lehrbeauftragter, der oft in Gremien saß. »Ich empfinde es als ein großes Glück, gebraucht zu werden«, sagt er, gerade wenn er an die schwierige Situation des wissenschaftlichen Mittelbaus denke.

Besonders wichtig sei ihm der Kontakt mit allen Hochschulgruppen und Gremienvertretern, vor allem mit der großen Zahl von Studierenden des Fachbereichs. »Selbstverständlich haben wir bei der Größe unseres Fachbereichs ein Betreuungsproblem«, sagt der Germanist, aber am Fachbereich tue man, was man könne, um die langen Studienzeiten durch Beratung zu verkürzen. Zu Beginn des Semesters werden die Neuimmatrikulierten inzwischen mit Wein und Gebäck vom Dekan begrüßt. Jüngst wurden die Studierenden über die Neugliederung der Fachbereiche informiert. Natürlich sei die anstehende Umstrukturierung der Verwaltung sehr schwierig, doch die inhaltliche Zusammenlegung der neuen Fächergruppen erscheine sinnvoll.

Außerdem verbringt Matthias Dannenberg viel Zeit in Gremiensitzungen, habe man doch am Fachbereich eine »ausgedehnte demokratische Sit-

Dr. Matthias Dannenberg.

zungskultur«. Zu schaffen ist das Arbeitspensum nur, weil er sich auf seine »Leute hundertprozentig verlassen« kann. Unterstützt wird der rührige Verwaltungsleiter von fünf Verwaltungskräften, alles Frauen, was dem Sylter mit drei Schwestern nur vertraut ist. Auch das Arbeitsende um 16 Uhr wird von einer Frau diktiert: seiner Tochter, die er täglich aus dem Kindergarten abholt. Völlig durchgesetzt hat sich seine Tochter allerdings noch nicht, vielfach kehrt Dannenberg abends ins Büro zurück und arbeitet weiter.

Grundsätzlich anders geht es am Fachbereich Wirtschaftswissenschaft zu, der an der FU die Ausnahme bildet. »Wir haben keinen Verwaltungsleiter«, sagt Magda David, vielmehr wird die Arbeit von einem Team dreier eingeschworener Frauen gemacht. Natürlich seien sie am Anfang genau beobachtet worden, erzählt Magda David. »Die Männer hatten Schwierigkeiten damit, daß sich alle Frauen so wunderbar verstanden«, erinnert sie sich und lacht laut. Allen mache der Beruf »unheimlich viel Spaß«, auch wenn Magda David die Entpolitisierung der FU bedauert. »Hochschulpolitik war mir immer ungemein wichtig«, sagt David, die sich um so mehr gefreut hat, als sie für die Gruppe der »Sonstigen Mitarbeiter« in den Akademischen Senat gewählt wurde. Außerdem sitzt sie seit Jahren im Fachbereichsrat, wo sie die Sitzungen vorbereitet. Am Fachbereich arbeitet sie bei den Prüfungs- und Studienordnungen mit, macht Vorlagen, koordiniert die wirtschaftswissenschaftlichen Veran staltungen für das Vorlesungsverzeichnis, während sich ihre beiden Kolleginnen um Personalangelegenheiten und Haushaltsfragen kümmern. Jeden Morgen gibt es eine Dienstbesprechung, an der selbstverständlich auch alle teilnehmen.

Magda David.

Seit 1981 ist Magda David am Fachbereich Wirtschaftswissenschaft, den sie wie ihre eigene Westentasche kennt. »Nicht verzagen, David fragen« sei ein häufig zu hörender Spruch. Ihre Karriere war ihr nicht in die Wiege gelegt, auch Magda David kam auf Umwegen zur Freien Universität. Nach der Babypause, und nachdem es ihr in ihrem 200 Quadratmeter großen Haus zu langweilig geworden war, bewarb sie sich 1973 mit »wenig Selbstvertrauen« bei den Erziehungswissenschaftlern, besuchte die Verwaltungsschule der Universität, bis sie nach der Trennung von ihrem Mann zu den Wirtschaftswissenschaftlern kam. Nächstes Jahr wartet mit der Rente ein neuer Lebensabschnitt auf Magda David. »Bei allem Spaß, den ich hatte, hat mich die Freie Universität doch aufgefressen«, meint die leidenschaftliche Hobby-Photographin, die sich politisch außerhalb der Uni mehr engagieren möchte. »Den neuen Herausforderungen habe ich mich immer gestellt.« Zumal, und auch da nimmt Magda David kein Blatt vor den Mund, die Freie Universität und die neue Studentenschaft sich in den letzten Jahren stark verändert habe. »Wir waren früher einfach sehr viel politischer.«

Alles Zahlen!

Kerstin Westphal aus der Haushaltswirtschaft

Sie arbeitet gerne mit Zahlen: Kerstin Westphal, Leiterin der Arbeitsgruppe Haushaltswirtschaft der Zentralen Universitätsverwaltung. »Ich helfe gern und versuche, haushaltsrechtliche Vorschriften mit den Bedürfnissen der Wissenschaft in Einklang zu bringen«, sagt die frühere Ostberliner Lehrerin.

Das Aufgabengebiet von Frau Westphal ist vielfältig. Sie sorgt unter anderem dafür, daß die einzelnen Bereiche der Freien Universität nicht zu viel Geld ausgeben, und sie kümmert sich darum, daß im Frühjahr die Mittelzuweisung vorbereitet wird. Oder sie antwortet der Pressestelle auf ihre Frage, wieviel Geld sie noch auf ihrem Konto hat oder aufgrund von Einnahmen erwarten kann. Als EURO-Beauftragte bereitet sie die Einführung des EURO an der Freien Universität vor.

Kerstin Westphal.

Die Kuppeln des Großen Tropenhauses.

Dahlemer Weltreisen

Unterwegs im Botanischen Garten

von Susanne Weiss

Im Wald ist es angenehm kühl. Die hundertjährigen Rotbuchen schlucken einen großen Teil des Sonnenlichts. Auch im Auenwald ist es jetzt schön, die Hitze der Stadt vergessen. Man kann bleiben oder weiterreisen durch Moorlandschaften und Heide. An der Nordseeküste wächst Strandhafer, der die Dünen festhält. In den Alpen hat man die Wahl: Nördliche Kalkalpen, Zentrale Urgesteinsalpen und Südliche Kalkalpen; die unterschiedlichen Höhenstufen sind gut zu erkennen.

Das nächste Ziel könnte die Iberische Halbinsel sein, die heiß-trockenen Tomillares mit Thymian, Salbei, Lavendel und anderen Lippenblütlern oder die Atlantische Heide. Was sich lohnt, ist der Aufstieg in den Himalaja. Es gibt deutliche Unterschiede zwischen Ost- und Westhimalaja, hier vier Monate Monsunregen, dort drei, hier Koniferen und Rhododendren, dort Syringa und Viburnum. Weiter nach Ostasien. In Japan steht ein kleiner Pavillon, gut geeignet um innezuhalten, in Meditationsnähe ein Ginkgo.

In Nordamerika und Kanada gibt es Wälder, Gebirge und Prärien. Von Ost nach West wird es immer trockener, von Nord nach Süd immer wärmer. Wenn im September der Essigbaum rot wird und Sonnenblumen und ihre Verwandten gelb leuchtend blühen, ist Indian Summer.

Nicht die gesamte Vegetation dieser Regionen kann hier gezeigt werden, sondern nur typische Vertreter. Auf einem Drittel der Fläche des Botanischen Gartens sind Pflanzenformationen der gemäßigten Zonen der gesamten Nordhalbkugel zu sehen, im Sommer auch des Kaplandes und Mittelamerikas. Das ist Pflanzengeographie.

Der Botanische Garten ist eine Besonderheit unter den Einrichtungen der Freien Universität und unter den Botanischen Gärten der Welt. Mit rund 20 000 Wildpflanzenarten auf einer Gesamtfläche von 43 Hektar gehört er zu den artenreichsten und größten Gärten seiner Art.

Die Pflanzen der Tropen und Subtropen brauchen ein geschütztes Milieu. »Am vornehmsten Platz im Garten auf der Höhe des Fichtenberges« entstand ein gigantisches Monument fortschrittlicher Ingenieurskunst des frühen Industriezeitalters: Bis heute ist das Große Tropenhaus des Bota-

Im Duft- und Tastgarten gibt es alle Pflanzenschilder auch in Brailleschrift.

nischen Gartens in Dahlem mit 60 Metern Länge, 30 Metern Breite und 23 Metern Höhe das größte freitragende Gewächshaus der Welt. Die anderen Schauhäuser wurden wie bei einer Schloßanlage herumgruppiert, Sonneneinstrahlung und Schattenschlag genau berechnet. Hier gedeihen Orchideen und tropische Nutzpflanzen, tropische und subtropische Farne, Bromeliengewächse, sukkulente Pflanzen und Kakteen, Kamelien und Azaleen, Pflanzen aus Australien und Neuseeland, Pflanzen des Mittelmeergebietes und von den Kanarischen Inseln und als eine der Attraktionen die Riesenseerose vom Amazonas.

Das Bodenrelief der Dahlemer Anlage bot gute Voraussetzungen für die Gestaltung der pflanzengeographischen Abteilung, als der Botanische Garten um die Jahrhundertwende von Schöneberg an seinen heutigen Standort umsiedelte. Nur der Himalaja und ein Teil der anderen Gebirge mußten aufgeschüttet werden. Die kalkulierte Linienführung des Wegesystems schickt den Besucher auf Entdeckungsreise um eine von Menschen geschaffene Welt im kleinen.

Nachdem heute die eigene Flora zur Versorgungsvegetation geworden ist, gewinnt die künstliche Landschaft eines botanischen Gartens an Bedeutung – nicht nur für die Forschung: »Namentlich die Vegetation der Alpenländer bereitet des Sonntags Tausenden von Besuchern viel Freude. Ganz besondere Bedeutung haben solche Anlagen in dem botanischen Garten einer Großstadt, deren erschreckende Ausdehnung immer mehr von ursprünglichen, zum Studium geeigneten Pflanzenformationen vernichtet«, schrieb der Gartendirektor Adolf Engler bereits 1909. Die Stadt ist weiter gewachsen, aber der Weg nach Dahlem ist nicht weit.

Ein wichtiger Bestandteil der Institution ist das einzige Botanische Schaumuseum Europas. Hier wird im Modell gezeigt, was die Natur auf den ersten Blick verheimlicht: Mikroorganismen und Brennesselhaare, Wurzelwerk und pflanzliche Innenansichten, aber auch Produkte der wichtigsten Nutzpflanzen der Welt.

Das Herbar beherbergt rund drei Millionen getrocknete Pflanzen. Die Bibliothek ist mit rund 140 000 Bänden und über 2155 laufend gehaltenen Zeitschriften sowie anderen Medieneinheiten die größte botanische Fachbibliothek im deutschsprachigen Raum.

Das im Jugendstil errichtete Mittelmeerhaus gilt als das schönste Glashaus des Botanischen Gartens.

Helfersyndrom

Der Krankenpflegeschüler Maik Turni

von Bernd Plümper

»Ich kann kein Blut sehen«, sagt Maik Turni. Seinen Zivildienst hat er deshalb in der Psychiatrie geleistet. Nach dem Abitur schwebte dem 22jährigen mit dem italienischen Urgroßvater ein Studium vor: Philosophie und Germanistik. Aber der Zivildienst machte Lust auf etwas anderes. »Ich wollte rein ins Leben«, sagt Maik. Ein schnell erfüllter Wunsch: Am ersten Tag seiner praktischen Ausbildung zum Krankenpfleger war er allein im Zimmer, als eine Patientin einen Schlaganfall bekam. Maik war panisch und überfordert. Erfahrungen, die so oder ähnlich jeder seiner 120 Schulkollegen am FU-Klinikum Benjamin Franklin macht.

Maik Turni.

Seine Klasse ist eine ziemlich bunte Truppe: zwei Franzosen, eine Russin, junge Leute, aber auch ein paar Spätberufene. Ein Drittel sind Männer. Drei Jahre dauert die Ausbildung, Maik steht am Anfang des zweiten Lehrjahres. »Betten machen kann ich inzwischen«, sagt er und lacht. Am Ende der Ausbildung hat ein Krankenpflegeschüler 15 praktische Einsätze hinter sich, mehr als in anderen Krankenhäusern. Er war bei Untersuchungen und im OP dabei. In der Mitte der Lehrzeit gibt es sogar einen Auslandsaufenthalt. Maik verhandelt noch mit englischen Krankenhäusern.

»Ein Helfersyndrom haben alle im Beruf«, meint Maik und fügt hinzu: »Ich habe festgestellt, daß es mir gutgeht, wenn ich kranken Menschen helfen kann.« Dann kann er mitleiden und gleichzeitig Leid mindern. So ist er den Patienten nah und doch weit von ihnen entfernt. Die ständige Auseinandersetzung mit Krankheit und Tod schafft eher Distanz als Nähe.

Morgens um 6.30 Uhr ist Schichtwechsel. »Meist bleibt keine Zeit für lange Erklärungen, die Nachtschicht ist müde und will nach Hause.« Was Maik Turni nicht versteht, schreibt er sich auf, um es später nachzuschlagen. Nach dem Frühstück kommt der Papierkram. »Eigentlich könnte das auch ein Sekretär machen.« Dazwischen werden Patienten zur Untersuchung geschickt. Oder ein Besuch im OP steht an. Dann schaut Maik Turni auch mal drei Stunden dem Chirurgen über die Schulter. »Manche sind so nett und stellen Bänke hin, auf die man klettern kann«, sagt er. Nicht schlecht für einen, der eigentlich kein Blut sehen kann.

Vom Schaumschläger zum Elefantenrüssel

Ein Blick hinter die Mensakulissen

von Karin Dobelmann und Sylvia Marschall

Ohrenbetäubender Lärm schlägt dem entgegen, der die Waschküche der Mensa II in der Silberlaube betritt. Fünf Mitarbeiter und Mitarbeiterinnen stehen in weiß-roten Schürzen an meterlangen Waschstraßen und entfernen die Speisereste, die an eine Schweinemast in Brandenburg abgegeben werden, von den Tellern. Dann wird das Geschirr sortiert und auf die Förderbänder gestellt. Das Tablett fährt unter einem Magneten durch, der das Besteck anzieht, das gereinigt und von einer

Maschine nach Messern, Gabeln und Löffeln sortiert wird.

Herr im Hause ist Thomas Jarocki, der Mensaleiter. Jedes Küchenwerkzeug, jeder Topf, jede Pfanne weisen überdimensionale Größe auf. Statt der Bratpfanne gibt es hier eine Bratstraße. Die Friteuse hat das Format einer Badewanne und faßt 250 Liter Öl. Am Mixgerät, ungefähr 1,5 Meter hoch, befindet sich ein zwei Meter langer Schlauch mit einem Schneebesen, »Elefantenrüssel« genannt, von zirka 60 Zentimeter Durchmesser. Die Kartoffeln werden in waschmaschinenähnlichen Geräten schonend gedämpft, um viele Vitamine zu erhalten.

Faszinierend ist die Weitläufigkeit von Räumen und Fluren. Alles ist gerade und großzügig gebaut. Jarocki sagt, daß täglich etwa 150 Kilogramm Reis, 80 Kilogramm Nudeln und 500 Kilogramm Kartoffeln als Beilagen benötigt werden, um 6000 bis 8000 Studierende satt zu kriegen. Daneben werden noch etwa 180 Kilo Fleisch und 400 Kilo Gemüse verbraucht.

Für das leibliche Wohl der Studierenden sind sechs Köche, ein Beikoch, zwei Wirtschafterinnen und 80 Mitarbeiter und Mitarbeiterinnen zuständig.Täglich kochen sie vier verschiedene Gerichte, davon ein fleischloses und ein Bio-Essen. Da auch das Auge mitißt, wird laut Sylvia Stepien – Wirtschafterin der FU Mensa – besonderer Wert auf Dekoration der Vor- und Nachspeisen gelegt. Täglich werden fünf Gäste befragt, wie ihnen ihr Essen geschmeckt hat. Von fünf Befragten sind vier zufrieden. Geschimpft wird nur auf die langen Schlangen an der Kasse.

In der Mensa ißt nicht nur der akademische Nachwuchs.

Die Rinderroulade

Das Lieblingsrezept des Chefs

von Hans-Jürgen Fink

Rinderroulade mit Apfelrotkohl und Pellkartoffeln für 4 Personen

Zutaten:
4 dünne Rindfleischscheiben (aus der Oberschale ohne Deckel) à 200 g, 4 dünne Scheiben geräucherter magerer Speck à zirka 50 g, 250 g Zwiebeln, 100 g mittelscharfer Senf, 50 g Tomatenmark, Salz, Pfeffer, Öl oder Butterschmalz, Butter, 800 g Rotkohl, 300 g Äpfel, Rotwein, Salz, Pfeffer, Zucker, Lorbeerblatt, Nelken, 4 mittelgroße Kartoffeln, zirka 900 g Pellkartoffeln.

Zubereitung:
Die geschälten Zwiebeln in dünne Streifen schneiden und mit etwas Butter in einer Pfanne goldgelb rösten, danach abkühlen lassen.

Die zirka 0,3 bis 0,5 cm dicken Fleischscheiben auf einem Tisch ausbreiten, mit Senf bestreichen, salzen, pfeffern, mit dünnen Speckscheiben belegen, die Zwiebeln darauf geben, dann zu Rouladen rollen und mit Bindfaden oder Holzspießen fixieren. Einen Topf erhitzen und die Rouladen in Öl oder Butterschmalz anbraten.

Die Rouladen aus dem Topf nehmen, das Tomatenmark im Topf bei mittlerer Hitze anrösten, 4 Eßlöffel Mehl dazugeben, gut verrühren, den Soßenansatz mit 2 Tassen Wasser oder Brühe auffüllen, die Rouladen dazugeben und das Ganze bei geschlossenem Topf garen.

Die geputzten und geviertelten Rotkohlköpfe in dünne Streifen schneiden. Die geschälten und in kleine Stücke geschnittenen Äpfel mit Rotkohl, Salz, Pfeffer, etwas Zucker, Lorbeer, Nelke und Rotwein in einen Topf geben, bei mittlerer Hitze garen. Die geschälten Kartoffeln fein reiben und nach zirka 5 Minuten Garzeit zum Rotkohl geben, gut verrühren und weitergaren lassen.

Die Pellkartoffeln garen. Wenn alles gar ist, die Soße der Rouladen abschmecken, den Bindfaden oder die Holzspieße entfernen und den Rotkohl nachwürzen.

Die Mensa von ihrer anderen Seite.

Einer, der auf eigenen Beinen steht

Klaus Rülicke von der Poststelle

von Sylvia Marschall

Klaus Rülicke.

Sein Wahlspruch lautet: »Laß das Elternhaus hinter dir, und stelle dich auf eigene Beine!« Danach lebt Klaus Rülicke, Mitarbeiter der Zentralen Poststelle des Präsidialamtes der FU, bis heute. Er wuchs bei Pflegefamilien auf und war gezwungen, sich in sehr jungen Jahren auf eigene Beine zu stellen – ohne Schul- und Ausbildungsabschluß. Seine berufliche Laufbahn reicht vom Traktoristen, Bauschlosser und Tischler bis zum Brotverkäufer und Fahrer an der FU. Von da war der Weg in die Poststelle nicht mehr weit. Er verdanke seine berufliche Karriere seiner Zuverlässigkeit, erzählt Rülicke. Heute ist er 54 Jahre alt und seit 24 Jahren bei der FU. Seinen Beruf übt er mit Begeisterung aus. Rülicke ist für die Büromaterialbestellung und -ausgabe zuständig sowie für die Vervielfältigung der Presseschau und der Protokolle der Gremien, Kommissionen und Kuratorien. Außerdem sorgt er für den Versand von Briefen und Paketen.

Wer Rülicke an seinem Arbeitsplatz besucht, ist beeindruckt von den imposanten Maschinen. Links im Raum befinden sich die Schredder- und die Schneidemaschine. Rechts sieht man eine rund drei Meter lange Couvertierstraße, wo Briefe gefaltet und eingetütet werden. Das Glanzstück der Maschinen ist eine Vervielfältigungsmaschine: An »heißen« Tagen schafft Rülicke damit bis zu 30 000 Vervielfältigungen.

Rülicke ist seit über 26 Jahren verheiratet und hat zwei erwachsene Söhne. Seine Frau arbeitet auch an der FU – für den Schreibdienst des Referates III B/Bauplanung. In seiner Freizeit bastelt er an seinem Haus bei Königs Wusterhausen, pflegt den Garten und betätigt sich als Hobby-Funker. Außerdem fährt Rülicke gerne mit seinem Roller durch die Landschaft, bei schönem Wetter auch zur Arbeit in die FU.

Die Bibliotheken der FU

Ein Streiflicht und ein Portrait

Im großen Lesesaal der Universitätsbibliothek.

Reiche Bestände
von W. W. Ehlers

Unter den Bibliotheken der deutschen Universitäten nimmt das Bibliothekssystem der Freien Universität Berlin einen Spitzenplatz ein. Wie reich die Bestände der FU sind, wird dann deutlich, wenn man nicht allein die Universitätsbibliothek (über zwei Millionen Bände, darunter 500 000 im Freihandmagazin und 60 Datenbanken) betrachtet, sondern auch die in ungefähr 120 oft in Villen »versteckten« Fachbibliotheken mit weiteren fast sechs Millionen Bänden einbezieht. 25 000 laufende Zeitschriften können an der Freien Universität eingesehen, zwei Millionen Mikro-Materialien benutzt werden.

Einzelne Fachbibliotheken haben sich im Laufe der vergangenen Jahrzehnte zu international geschätzten »Juwelen« entwickelt und zu regelmäßigen Forschungsaufenthalten ausländischer Wissenschaftler geführt.

Das Bibliothekssystem der Freien Universität befindet sich im Jahr 1998 im Umbruch: Es wird reformiert, gestrafft und neuen Anforderungen angepaßt, um seine herausragende Qualität auch in Zeiten knapper Mittel bewahren zu können. Zugangsbearbeitung, Ausleihe und Verwaltung werden dabei parallel zur neuen Fachbereichsstruktur in Bibliotheksverwaltungsbereichen dezentral zusammengeführt. Die Absicht aller Beteiligten ist es, diese Schätze der Freien Universität auch künftig mit gleichbleibender Intensität zu pflegen und zu vermehren und dafür Sorge zu tragen, daß alle für Forschung und Lehre wichtigen Medien an der Freien Universität vorhanden sind.

Ohne Abi in die Uni
von Karin Dobelmann

Auch ohne Abitur kann man an der Universität eine Akademikerlaufbahn einschlagen. Diesen eher ungewöhnlichen Weg wählte Henriette Althoff. Heute ist sie Leiterin der Fachbereichsbibliothek für internationales und ausländisches Recht und Rechtsvergleichung. Hauptsammelgebiet dieser Bibliothek ist Literatur aus aller Welt zum Völkerrecht, zu internationalem Privatrecht, öffentlichem und privatem ausländischen Recht und zum Kirchenrecht.

Althoff begann mit 16 Jahren eine Ausbildung als Buchhändlerin in Freiburg im Breisgau und arbeitete danach in der Fernleihe der Universitätsbibliothek. Hier sammelte sie ihre ersten Uni-Erfahrungen. »Ich konnte mir jedoch nicht vorstellen, mein gesamtes Berufsleben mit dieser Ausbildung und solchen Jobs zu verbringen. Während ich in der Fernleihe arbeitete, habe ich sehnsüchtig aus dem Fenster auf die gegenüberliegende Mensa geschaut und Studenten beim Verteilen von Flugblättern beobachtet, die ich abends im AStA-Büro mit entworfen und getippt hatte«, sagt Althoff. Sie bildete sich weiter und legte 1973 auch ohne Abitur ihre Prüfung zur Diplombibliothekarin ab. 1974 immatrikulierte sie sich an der Universität in Freiburg. Als Nicht-Abiturientin hatte sie die Wahl zwischen Verwaltungswissenschaften, Rechtswissenschaft und einem Studium an einer Pädagogischen Hochschule. Sie entschied sich für die Rechtswissenschaft. »Ich wollte mit beiden Beinen im Leben stehen und mitreden können«, sagt Henriette Althoff. Das erste Staatsexamen legte sie 1980 ab, 1982 folgte das zweite. Im Anschluß daran war Althoff als Akademische Rätin in der Bibliothek für Rechtswissenschaft tätig.

1989 kam sie nach Berlin und arbeitete als Regierungsdirektorin am Bundesverwaltungsgericht. 1994 wechselte sie dann an die FU. Den ersten Kontakt zur FU hatte sie allerdings bereits 1991, als sie für mehrere Semester einen Lehrauftrag des Referats für Weiterbildung wahrnahm. »An der FU war alles anders, als ich es vom Bund her gewohnt war«, sagt Althoff. »Völlig andere Entscheidungsstrukturen bedeuteten für mich eine große Umstellung. Das Schöne an der Arbeit ist ihre Vielseitigkeit, und ich genieße das durch die Studenten lebendige Umfeld.« Sie befaßt sich zur Zeit intensiv mit der Bauplanung für die drei

In manchen kleinen Institutsbibliotheken ist das kontemplative Arbeiten möglich.

Kostbare Bestände der Universitätsbibliothek.

Im Katalogsaal der Universitätsbibliothek. In moderneren Katalogmedien werden die neuen Bestände erfaßt.

großen rechtswissenschaftlichen Bibliotheken, die demnächst zusammengelegt werden sollen. Sie hofft, daß hierdurch die Öffnungszeiten der Bibliotheken verlängert werden können. Die Bibliothek wird nicht nur von Studierenden der FU genutzt, sondern genießt auch bundesweit einen guten Ruf. »Bei Scheidungen zwischen Ehepartnern unterschiedlicher Nationen sind wir für die Ermittlung der Rechtsquellen eine gute Anlaufstelle«, sagt Henriette Althoff. Der Grundstock für die Bibliothek wurde in den frühen FU-Jahren mit Hilfe der amerikanischen Militärregierung gelegt, die 40 000 Bände stiftete. Inzwischen ist ihr Bestand auf 320 000 Bände angewachsen.

Die Leiterin der juristischen Fachbereichsbibliothek Henriette Althoff.

Wo alle Drähte zusammenlaufen

Zentraleinrichtung für Datenverarbeitung (ZEDAT), das Rechenzentrum

von Manfred Nitz

Datennetze und Internet-basierte Kommunikationsdienste spielen eine wichtige Rolle im modernen Wissenschaftsbetrieb. Das Rechenzentrum ZEDAT betreibt den Internet-Anschluß und das Campusnetz, das mit Glasfaserleitungen die meisten der 220 Gebäude der FU verbindet. 240 Telefonleitungen bieten darüber hinaus den Studenten und Mitarbeitern die Möglichkeit, mit ihrem eigenen Computer via Modem oder ISDN online zu gehen. Die Server der ZEDAT bedienen täglich 14000 Anrufe und versorgen insgesamt über 20000 Arbeitsplatzrechner im Campusnetz. Für die schnelle Post sorgt der Mail-Server, der täglich 30000 E-Mails befördert. Berechtigungen (User-Accounts) zur Nutzung von Rechnern und Internet erhalten alle Mitglieder der Universität und – für einen beschränkten Zeitraum – auch Gastwissenschaftler. 24000 Nutzer nehmen inzwischen die Dienste der ZEDAT in Anspruch.

Das Rechenzentrum der FU ist das elektronische Herz der Universität.

Das World Wide Web (WWW) ist ein wichtiges Medium der Informationsgewinnung und der eigenen Präsentation. 80 Einrichtungen der Freien Universität bieten ihre WWW-Dokumente über die Server der ZEDAT an, auf denen pro Tag über 350000 Anfragen eingehen. Der WWW-Cache-Server ist mit 31 Gigabyte Datenbestand mit Abstand der größte in Deutschland und sorgt mit der Beantwortung von 675000 Anfragen pro Tag für schnelle Ergebnisse bei WWW-Recherchen. Der von der ZEDAT angebotene Dienst NetNews trägt als internationales Diskussionsforum außerdem zum akademischen Gedankenaustausch bei. Mit dem bedeutendsten wissenschaftlichen NetNews-Server Europas versorgt unser Rechenzentrum

nicht nur die FU, sondern auch andere Hochschulen und wissenschaftliche Einrichtungen in Deutschland.

Vor allem Arbeitsgruppen aus den naturwissenschaftlichen Fachbereichen nutzen die Compute-Server der ZEDAT, die mit mehreren Hochleistungsprozessoren und besonders viel Hauptspeicher ausgestattet sind. Zur Archivierung und zum Schutz vor dem Verlust wissenschaftlicher Daten betreibt die ZEDAT ein Robotersystem mit Magnetbandgeräten, dessen Kapazität von drei Terabyte über das Campusnetz allen angeschlossenen Rechnern zur Verfügung steht.

Die ZEDAT schult darüber hinaus in jedem Jahr rund 3000 Universitätsangehörige – überwiegend Studierende – in 195 Veranstaltungen zu allen Themen der elektronischen Datenverarbeitung und Kommunikation.

Den FU-Angehörigen stehen in den Räumen der ZEDAT mehrere PC- und Mac-Pools mit rund 100 Rechnern sowie 40 UNIX-Arbeitsplätze zur Verfügung. Bei der Lösung aktueller Probleme helfen ZEDAT-Mitarbeiter an der telefonischen Hotline. Fachliche Beratung gibt es auch bei der Beschaffung, beim Betrieb und bei der Pflege von Hard- und Software.

Ewige Treue

Die Institution Eduard Deutz

von Sylvia Marschall

Auch nach seinem Eintritt in den Ruhestand bleibt Eduard Deutz der FU treu. Zweimal in der Woche packt er da zu, wo Not am Mann ist. Die Kollegen der Abteilung IV, Außenamt, danken es ihm. Arbeit gab es für ihn immer an der FU und wird es immer geben. Langeweile hat Deutz in seinen 46 Jahren dort nie kennengelernt.

Eduard Deutz im Institut für Pharmazie 1951.

Bevor Deutz nach seinem Schulabschluß an die FU kam, sammelte er Erfahrungen im Gartenbau, im Kupferdruck und im Einzelhandel. Ideale Voraussetzungen für eine Laufbahn als »Mädchen für alles«. Neben dem Befördern von Briefen und Personalpapieren erledigt er das, was notwendig ist. Deshalb ist es auch schwer zu sagen, was er an der Uni gemacht hat, denn er macht alles. Überall dort, wo etwas im argen liegt, legt er auf der Stelle Hand an. Sendungen, die Freitag abend erst vom Drucker kommen, will er nicht übers Wochenende liegenlassen. So kümmert er sich noch bis in die späten Abendstunden um ihren Versand.

Angefangen hat er seine Uni-Laufbahn im Jahr 1951 als Laborgehilfe am Pharmazeutischen Institut, 1958 wechselte er an das Institut für Pharmakognosie. 33 Jahre lang war er dann Angestellter der Abteilung IV, Außenamt. Während dieser Zeit wurde Deutz sehr gebraucht. Da kam es schon mal vor, daß er über einen Zeitraum von vierzehn Tagen hinweg von sieben Uhr morgens bis 23 Uhr abends tätig war.

Zweimal jährlich erholt sich Eduard Deutz mit seiner Frau in den bayerischen Alpen. Im Sommer wandert die Familie zu Fuß über die Berghänge, und im Winter werden Langlaufskier angeschnallt. Das hält fit und stärkt für den Arbeitsalltag zu Hause.

Babylon

... und was man dagegen tun kann: das Sprachlabor

von Susanne Weiss

Vor 25 Jahren schien es, als habe man mit dem Sprachlabor den Schlüssel zum Sprachenlernen gefunden. Inzwischen ist der undifferenzierten Technikgläubigkeit die Erkenntnis gewichen, daß man Sprachen nicht allein unter »Laborbedingungen« lernen kann. Geblieben ist der Name.

Heute ist die Weiterentwicklung der Selbstlernmöglichkeiten das große Thema. Sprache wird nicht mehr allein in Kursen »in Szene gesetzt«, vielmehr kommt es darauf an, die verschiedenen Lernstile der Studierenden zu berücksichtigen, sie zu befähigen, selbständig ihre Sprachkenntnisse zu erweitern. Technischer Fortschritt macht's möglich. »Am Ende kommt alles aus dem Internet.« Wolfgang Mackiewicz, Leiter der Zentraleinrichtung Sprachlabor an der FU, weiß, daß die neuen Technologien eine wichtige Rolle spielen werden. Doch die Technik ist heute Hilfsmittel und wird nicht mehr mit der Lösung des Problems verwechselt.

So ganz falsch sei die Bezeichnung Sprachlabor dennoch nicht, meint Wolfgang Mackiewicz: »Die ZE (Zentraleinrichtung Sprachlabor) ist ein Laboratorium, in dem ständig neue Konzepte und Materialien für das Lehren und Lernen von Sprachen entwickelt und erprobt werden.« So hat die ZE beispielsweise unlängst den Kernbereich des neuen Diplomstudiengangs Frankreichstudien unter dem Aspekt des »Anwendungsbezugs« konzipiert und entwickelt nun Sprachlehrveranstaltungen und Materialien, deren Themen und Arbeitsformen auf Tätigkeiten in internationalen Institutionen und Unternehmen vorbereiten.

Dr. Wolfgang Mackiewicz initiierte ein Netz europäischer Hochschulkooperation.

Für Spanisch werden derzeit Lehr- und Lernmaterialien der Grundausbildung vollständig überarbeitet, wobei das Selbstlernen mit Multimedia an erster Stelle steht. Für Studierende der Wirtschaftswissenschaft entstehen neue Veranstaltungen für das Diplom-Wahlfach Wirtschaftsenglisch, die auf die hohen sprachlichen Anforderungen in Wirtschaftsunternehmen zugeschnitten sind. Entwicklungsarbeiten dieser Art haben das Sprachenzentrum der FU in ganz Europa bekannt gemacht. Die ZE koordiniert zwei große EU Entwicklungsprojekte. Mackiewicz leitet das von der EU geförderte, 120 Hochschulen und Verbände umfassende Thematische Netz »Sprachen« (»ein produktorientierter think-tank«) und ist Präsident eines neu gegründeten europäischen Verbandes, des Conseil Européen pour les Langues/European Languages Council, der das Ziel hat, die Sprachkenntnisse in Europa zu verbessern.

Apropos Europa: Durch die politische Kooperation in Europa hat die Arbeit der ZE enorme Impulse erfahren. »Der internationale Austausch bringt einen weiter«, erklärt Mackiewicz. Das merken auch die Studenten, denn sie wissen inzwischen, daß sie ohne ausreichende Sprachkenntnisse keinen Blumentopf mehr gewinnen können. Praktika und Studienaufenthalte im Ausland machen sich gut im Lebenslauf.

Im Sprachlabor werden neue Konzepte für das Lehren und Lernen von Sprachen entwickelt.

Hilfreich ist hier, daß die Zentraleinrichtung mit 30 Hochschulen in Europa kooperiert – ein Zentrum studentischer Mobilität. Dieses Netz europäischer Hochschulkooperation hat in »Umfang und Qualität exemplarischen Charakter«, hieß es in der Laudatio, als Wolfgang Mackiewicz, Initiator und Spiritus rector dieses Netzes, 1997 für seine Leistungen mit dem Bundesverdienstkreuz ausgezeichnet wurde.

Angefangen hat er an der FU 1967 als Anglistik-Assistent, war zwischendurch kurz in Braunschweig und kam dann mit der Gründung der Zentraleinrichtung Sprachlabor 1973 wieder an die Freie Universität. Mackiewicz ist ein Mann der Praxis, der ergebnisorientiertes Arbeiten schätzt. Deshalb liegt ihm die Projektarbeit, und: »Es ist aufregend zu erleben, wie die jungen Leute Fortschritte machen, man hat das Gefühl, man tut etwas Sinnvolles.«

In der ZE herrscht babylonisches Sprachengewirr, keine Verwirrung. 30 hauptamtliche, überwiegend muttersprachliche, professionelle Lehrkräfte sorgen für die hohe Qualität der Ausbildung. Im Angebot sind Englisch, Französisch, Italienisch, Spanisch, Russisch, Tschechisch und Deutsch als Fremdsprache. In Zukunft werden wohl noch einige Sprachen dazukommen, hofft Mackiewicz. Seine eigene Muttersprache ist Berlinisch, aber in seinen Projekten läuft alles auf englisch und französisch. Manche Sachverhalte kann er inzwischen besser auf englisch darstellen. »So weit ist das schon gekommen.«

Die FU im Roman

Der Club der lebenden Dichter

von Felicitas von Aretin

Goethe hat nicht an der Freien Universität studiert, Schiller nicht und Heine auch nicht. Ob sie es getan hätten, wären sie ein paar Jahrhunderte später auf die Welt gekommen, läßt sich nur vermuten. Sicher ist, daß sie an der Freien Universität in bester schriftstellerischer Gesellschaft gewesen wären. So haben viele Schriftsteller an der Freien Universität studiert und ihre Studienzeit literarisch verarbeitet. Gleichgültig, ob die Freie Universität geliebt oder gehaßt wurde: Sie hat das Lebensgefühl ganzer Generationen bestimmt.

Der erste Roman, der an der Freien Universität spielt, ja sie im Grunde zum Inhalt hat, stammt von dem späteren Hauptabteilungsleiter Fernsehspiel beim NDR, Dieter Meichsner. Auf rund 600 Seiten erzählt Meichsner den Werdegang mehrerer Figuren vom letzten Aufgebot im Krieg, dem Beginn des Studiums an der Universität Unter den Linden, dem Wechsel nach Dahlem – und damit seine eigene Geschichte, so »impulsiv aus dem Miterleben dieser Nachkriegsjahre heraus, daß ihm die Realitätspartikel überall noch ankleben«, wie der »Tagesspiegel«-Redakteur Hermann Rudolph in einem Artikel vermerkt. Die Stromknappheit, die Suche nach Büchern und Professoren, der Wunsch, in Freiheit und frei von ideologischer Beeinflussung studieren zu können – bei Meichsner gewinnen die Anfangsjahre der Freien Universität Gestalt. Ist die Freie Universität bei Meichsner »Hauptperson«, tritt sie in »Verteidigung der Kindheit« von Martin Walser deutlich hinter dem Helden der Geschichte, dem scheuen Alfred Dorn zurück. Dorn, der aus Dresden stammt, an der FU Jura studiert, bleibt anders als die Romanfiguren ein Fremder, ein »Unterlegenheitspezialist« – wie ihn die »Süddeutsche Zeitung« treffend umschreibt.

Ins Scheinwerferlicht ruckt die Freie Universität in den sechziger Jahren. Eindrucksvoll beschreibt der FU-Absolvent, Friedrich Christian Delius, wie die Amerikabegeisterung innerhalb weniger Jahre umschlägt, von dem Enthusiasmus beim Besuch des amerikanischen Präsidenten Kennedy bis zur Anti-Vietnamdemonstration wenige Jahre später. Andere Schriftsteller lassen die Politik in den Hintergrund treten. Peter Schneider und Jochen Schimmang umkreisen in ihren Romanen das Lebensgefühl der sechziger Jahre, den Aufbruch in Liebe und Leidenschaft, der oft in Katerstimmung, ja Depression endet, bis die nächste Liebe folgt.

Wo Liebe wächst, ist oft der Tod nicht weit. Gerade Autorinnen wählen in den neunziger Jahren die Freie Universität als Ort für Verbrechen aus Leidenschaft: Thea Dorn zerstückelt in ihrem Krimi »Berliner Aufklärung« einen Berliner Philosophieprofessor, worauf weitere Morde folgen. Weniger blutig, dafür um so leidenschaftlicher, geht es in dem jüngsten Roman von Judith Kuckart »Der Bibliothekar« zu. Auch ein Campusroman spielt an der Freien Universität. Die Tagesspiegelredakteurin Dorothee Nolte, die an der Freien Universität promoviert hat, nimmt die Abschaffung der »Papistik« zum Anlaß, eine Posse der FU in den neunziger Jahren zu schreiben, die sich nicht nur für Kenner amüsant liest.

»Die Studenten von Berlin«

von Dieter Meichsner

»Die Freiheit ist unteilbar«, sagte Professor Reichardt, und in diesem Augenblick ging das Licht aus.

Aber Professor Reichardt unterbrach seinen Vortrag nicht, er erhob seine Stimme ein wenig, während überall in dem finsteren Kinosaal, dem vorläufigen Auditorium maximum, Streichhölzer raschelten und Feuerzeuge knipsten, bis fast neben jedem Sitz eine Kerze brannte. Ein Student schritt durch den Mittelgang und stieg die Stufen zur Bühne hinauf, stellte Professor Reichardt eine Kerze auf das Katheder, und Reichardt dankte ihm, ohne in seinem Satze einzuhalten, mit einem Kopfnicken.

»Es wäre noch schöner«, hatte er gesagt, als zum ersten Male während einer Vorlesung eine plötzliche Stromsperre Unruhe, Verlegenheit hervorrief, »wir werden uns durch die Tatsache, daß wir in West-Berlin Strom sparen müssen, nicht beirren lassen. Denn immerhin«, rief er in das Getrampel der Studenten hinein, »sind wir doch zu dieser Universität gekommen, wollen wir diese Universität aufbauen, nach Jahren der Unfreiheit, damit wir endlich – und zwar ungeachtet aller beschwerlichen Umstände – unserer Arbeit nachgehen können.«

Neben seinem Hauptkolleg, einer »Einführung in die Philosophie«, das immer überfüllt war, las Reichardt noch ein zweites, einstündiges, Mittwoch morgens, für Hörer aller Fakultäten, das nur mäßig besucht wurde: »Verantwortung der Wissenschaft in unserer Zeit«. Und es war diese Vorlesung, die Helmut Hirth am stärksten beeindruckte.

Dieter Meichsner: Die Studenten von Berlin, Rowohlt, Hamburg 1954, S. 311

»Berliner Aufklärung«

von Thea Dorn

Um Viertel vor drei würde Maier-Abendroths vierstündiges Seminar »Die Polis neu denken« zu Ende sein. Anja blieben somit fast zwei Stunden Zeit, um sich auf ihren Auftritt bei Schreiners letztem Freund vorzubereiten.

Von der Wendeltreppe aus, die in die Bibliothek hinunterführte, konnte sie sehen, daß fast alle Tische belegt waren, wenn auch die meisten der dazugehörigen Studierenden gerade Mittagspause machten. Anja blieb eine Weile auf dem vorletzten Treppenabsatz stehen, um ihren Blick durch den großen Raum mit seinen Regalen und verstreut stehenden Tischchen schweifen zu lassen. Dank einer künstlichen Senkung des Geländes hinter dem Institut konnte man durch eine große Glasfront in einen kleinen Garten mit ebenfalls künstlich angelegtem Weiher schauen. Ein einsamer Schwan ließ sich auf dem Wasser treiben.

Vorbei an der Bibliotheksaufsicht – die auch in der Mittagspause war – ging Anja zum Katalog.

Maier-Abendroth mußte in den letzten Jahren wild publiziert haben, denn Anja zählte Karteikarten, auf denen oben links sein Name stand. Sie schrieb sich die Signaturen der beiden zuletzt erschienenen Titel auf: »Gedanken-Striche – Gesammelte Aphorismen«, Berlin neunzehnhundertzweiundneunzig und »Arbeit an der Gemeinschaft – Gesammelte Aufsätze und Reden«, Frankfurt/Main neunzehnhundertdreiundneunzig.

Nachdem Anja wider Erwarten die beiden Bücher an ihrem ordnungsgemäßen Platz gefunden hatte, suchte sie sich einen freien Tisch im hinteren Teil der Bibliothek. Es war bestimmt schon länger als vier Jahre her, daß sie hier das letzte Mal gesessen hatte. Gegen Ende ihrer Studienzeit hatte sie es sich abgewöhnt, in der Bibliothek zu arbeiten.

Anjas Blick wanderte über die Tische in ihrer Umgebung. Links gab es einen Tisch, an dessen Rändern mindestens drei Viertel der MEGA – Marx-Engels-Gesamt-Ausgabe – als dreiseitiger Festungsring aufgestapelt waren. Auf dem wenigen Platz, der in der Mitte der Tischplatte freiblieb, lagen ein zerkauter Bleistift und mehrere Bögen unleserlich beschriebenen Ökopapiers – alle Anzeichen

sprachen dafür, daß es sich hier um den Tisch eines kommunistischen Asketen handelte. Rechts von Anja war ein Tisch, auf dem sich außer einem dunkelblauen Füller und wenigen Blatt feinen, weißen Papiers gar nichts befand. Der Tisch mußte von einem genutzt werden, der hierherkam, nicht um Philosophie zu studieren, sondern um zu philosophieren. Wenig weiter saß ein Student der Mathematik oder Physik. Anja hatte nie verstanden, wieso die Philosophenbibliothek uniweit den Ruf genoß, ein besonders angenehmer Arbeitsort zu sein. Vielleicht lag es am Blick auf den Schwanensee.

Anja knipste das kleine Schreibtischlämpchen an und schlug als erstes die »Gedanken-Striche« auf. Es waren hauptsächlich Ein- und Zweizeiler, die geschmackvoll, mit großzügigen Zwischenräumen auf den Seiten arrangiert waren.

»Das Leben ist eine Sackgasse ohne Wendehammer. Am Ende steht immer der Tod.«

Anja beobachtete eine Weile den Schwan, der in dem kleinen Weiher seine Runden drehte. Sie blätterte weiter.

»Ausrufezeichen sind Fragezeichen, die sich entschlossen haben.«

Eine schwere Hand legte sich auf Anjas Schulter.

»Mensch, ich glaub', ich spinne. Anja, daß man dich hier wiedersieht! Ich dachte, du hättest uns längst alle vergessen und würdest Schafe in Australien züchten.«

Nun war es also doch passiert. Anja drehte sich vorsichtig um. Schräg hinter ihr stand ein ehemaliger Kommilitone, dessen Namen sie vergessen hatte und von dem sie nur noch wußte, daß sie in einem Proseminar vor ewigen Zeiten mal ein Referat zusammen gehalten hatten. Es war eine ziemliche Katastrophe gewesen. »Ich glaube, du verwechselst mich da mit jemandem. Ich bin nämlich heute das erste Mal in diesem Institut.«

Aus: Thea Dorn. Berliner Aufklärung. Rotbuch Verlag, Hamburg 1994, S. 82f.

»Der Bibliothekar«

von Judith Kuckart

Hans wischte mit der Hand durch das Gesicht. Das Spiel von Licht und Schatten blieb noch eine halbe Stunde. Dann zog er die Jalousie hoch, und am späten Nachmittag schaltete er die Schreibtischlampe an. Das Zimmer schien ihm wärmer so und weniger grau. Er hielt Gesicht und Hände in den Lichtkegel und richtete sich neben einer Tasse Tee auf einer gelben, 60 Watt starken Insel ein. Auf der Fensterbank lag das Manuskript für den Abend. Dann war es zehn vor sieben. Es klopfte.

»Ihre Gemeinde wartet«, sagte der Hospitant und schob die Brille hoch. »Es sind zwei Neue dabei, Herr Kolbe. Eine mit Perücke. Sie stellen ihre Klappstühle im Foyer bereits selbst auf.«

»Demütige alte Kröten«, murmelte Hans und schloß die Tür seines Büros ab, ließ das Manuskript liegen. Er nahm den Fahrstuhl. Dort roch es nach Erfrischungstuch.

Man sagt doch mäuschenstill, dachte er, als er sich ans Pult stellte. In diesem Fall paßte es. Alles Mäuse, grau oder leberwurstbraun, spitze Ohren, spitze Nasen, breite weiße Bäuche und haarloses Bein. Dazu der süßliche Geruch. Wenige Schritte von ihm entfernt holte eine Studentin einen letzten Regenmantel und zwei Einkaufstüten an der Garderobe ab.

»Es gibt Bücher, die es nicht mehr gibt«, Hans schaute auf die Uhr. Eine Dame in der ersten Reihe bot ihrer Nachbarin ein Bonbon an, als spräche er seit einer Stunde schon.

»Lassen Sie mich deshalb zum Schluß kommen«, Hans zeigte auf die Bonbontüte und schaute wieder auf die Uhr. Er hatte sieben Sekunden gesprochen.

»Es gibt Freitage, die nicht Mittwoch werden wollen und die es deshalb nicht mehr gibt. Es gibt Menschen, Autos und gewisse Stunden, die es nicht mehr gibt. Gewöhnen wir uns daran! Es gibt Vorträge, die es nicht mehr gibt. Ich bedanke mich. Kommen Sie gut heim.« Er verneigte sich und sprang übermütig mit geschlossenen Füßen vom Podest.

»Was soll das heißen«, wisperte eine Dame, die von Anfang an dabeigewesen war. Sie war dick und fröhlich, hieß Hedwig und hatte sich Hans einmal als Kollegin vorgestellt. Sie leitete die Pfarrbibliothek Bonifatius, ehrenamtlich. Sie war ein wenig in Hans-Ulrich Kolbe verliebt. Aber nur ein wenig. Denn es gab einen anderen Mann in ihrem Leben. Sie glaubte nicht an Gott, aber an ihren Pastor Merz, das Oberhaupt der Gemeinde Bonifatius.

Aus: Judith Kuckart. Der Bibliothekar. Eichborn, Frankfurt Main 1998, S. 103f.

»Wie kommt Franz zu den roten Pumps?«

von Dorothee Nolte

Ostern ist das Fest der Erneuerung, hatte Franz in der Schule gelernt. Jetzt war Ostern vorbei, und er fühlte sich tatsächlich ganz neu. Schon die Fahrt mit der U-Bahn zum Thielplatz, eingekesselt zwischen lesenden, schwitzenden Studenten – offenbar mangelte es den Berliner Verkehrsbetrieben auf dieser Strecke an U-Bahn-Wagen –, war eine neue Erfahrung gewesen, und jetzt die Rostlaube! JK31/230! L29/21! Da kam man doch ganz leicht mit den anderen Studenten in Kontakt. Ungefähr fünf von ihnen mußte er fragen, um zum richtigen Ort zu finden. Die Studenten, die in den langen Gängen herumliefen oder -saßen, wirkten alle ein bißchen verärgert, manche zischelten kleine Flüche vor sich hin, warum denn dieser blöde Kurs gerade zu dieser blöden Zeit stattfinde, wo doch der andere Kurs auch gerade auf diesen Zeitpunkt gelegt sei, ob denn die blöde Verwaltung immer noch nicht kapiert habe, daß unsereiner beide Kurse belegen müsse!? »Die Professoren machen, was sie wollen«, rief eine blonde Studentin erbost in die stickige Luft des JK-Gangs, »verdienen die dicke Knete, kümmern sich nur um ihre Forschung, und lehren wollen sie nur donnerstags zwischen zwei und vier. Alle Kurse, die ich machen wollte, sind donnerstags zwischen zwei und vier. Scheißladen!«

Franz erschrak. Über dieses Problem hatte er sich noch gar keine Gedanken gemacht. Er hatte nur gestern abend in dem dicken hellblauen Vorlesungsverzeichnis herumgeblättert und vor lauter Begeisterung über die vielen interessanten Themen gar nicht auf die Uhrzeiten geachtet. »Wo entstand die Schrift? Die Hypothese Papenland«, »Wenn Papen zu laut lachen – Eine semiotische Analyse zentraler Rituale«, »Von der Felsmalerei zum Comic: Papische Bilderwelten«! Auch in den anderen Fächern – Anglistik! Soziologie!! Philosophie!!! – war so viel zu entdecken, daß er gleich beschlossen hatte, in seinem ersten Semester – für sich nannte er es noch immer SO96, auch wenn sein Mitbewohner Ralle ihn deswegen ausgelacht hatte – ein Studium generale zu machen. Er hatte ja noch viel Zeit, warum sollte er sich jetzt schon spezialisieren?

So gefesselt war er von der hellblauen Lektüre, daß Ralle, als er im Vorbeigehen den Kopf in seine Zimmertür steckte, »Greenhorn«, »Greenhorn« gehöhnt hatte, »der erwartet noch was von der Uni, willst wohl zum umfassend gebildeten Menschen werden, wa? Ach übrigens«, hatte er dann noch gesagt, »das ist Liliane«, und Franz grüßte höflich den Kontrabaß, der sich in der Türöffnung zeigte. Die erste von Ralles Freundinnen. Nummer zwei, die nach Medikamenten duftende Pharmazeutin, stellte sich als Walküre vor.

»He! Greenhorn!« Franz zuckte zusammen. Nannten ihn hier alle Greenhorn? Sah man ihm

seine Unerfahrenheit schon von weitem an? Die laute Stimme kam aus dem Mund einer Studentin, die das Erstsemesterinfo »Greenhorn« verteilte. Franz nahm verstohlen eins mit. Beim Durchblättern fiel sein Blick auf einen mit Totenköpfen verzierten Artikel, der die »Freuden und Tücken der Hochschulpolitik« erläutern wollte. Er erinnerte sich an Ralles düstere Prophezeiungen, daß auch er sich noch für Hochschulpolitik interessieren würde, setzte sich auf eine weiße Bank und begann zu lesen.

Aus: Dorothee Nolte. SO 96, Tagesspiegelserie 1996

»Paarungen«

von Peter Schneider

Gute Ideen soll man für sich behalten, solange es nur Ideen sind, sagte Eduard.

Es wird über ein heikles Experiment von Ihnen gemunkelt. Sind Sie eigentlich sicher, daß die Sicherheitsstufe zwei ausreichend ist? Es gibt Leute, die regelrecht Angst vor Ihnen haben.

Eduard konnte sich nicht erinnern, den Treppenrutscher mit dem Stern auf der Lederjacke schon einmal im Institut gesehen zu haben. Allenfalls sein Benehmen kam ihm bekannt vor, der antiautoritäre Tonfall, in dem die Anrede »eh, altes Arschloch« mitschwang. Eine Stimme für Sprechchöre, selbstverliebt und anklägerisch, zu jedem Slogan verführbar.

Außer Frechheit verriet die Frage des Studenten auch einen alarmierenden Mangel an Sachkenntnis. Im Institut wurden ständig Experimente durchgeführt, bei denen sterile Bedingungen einzuhalten waren. Die Sicherheitsmaßnahmen dienten in aller Regel dem Schutz der Zellkulturen vor unerwünschten Umwelteinflüssen, keineswegs dem Schutz der Experimentatoren vor

mörderischen Krankheitserregern. Jeder Forscher war ständig damit beschäftigt, das Eindringen von fremden Keimen in sein Labor zu verhindern, die seine Meßergebnisse verfälschen konnten. Die Einsicht, daß auch Bakterien und Viren geschützt werden müssen, zum Beispiel vor Anfängern, die sich im Labor schneuzen, konnte man von einem ökologisch bewegten Germanisten vielleicht nicht erwarten. Bei einem Angehörigen des Instituts hatte er soviel Unwissenheit noch nicht angetroffen.

Kaum hatte Eduard sein Bürozimmer aufgeschlossen, wurde er zur Institutsleiterin gerufen. Die telefonische Vorladung durch die Sekretärin war ungewöhnlich. Die Begegnungen zwischen ihm und Betty fanden manchmal mehrmals am Tag statt, manchmal tagelang nicht; sie waren bisher immer ohne förmliche Einladung zustande gekommen. Meistens schneite Betty herein und verwickelte ihn in einen kurzweiligen Dialog mit drei Variablen: Bakterien, das Universum und Sex, für dessen humane Variante sie sich allerdings am wenigsten interessierte. Am liebsten spekulierte sie mit Eduard über das Liebesleben von Bakterien – sie hatte über das Thema der Replikation sogenannter F-Plasmide habilitiert. Seit Joshua Lederbergs Nachweis, daß es auch bei einzelligen Mikroorganismen einen Geschlechtsunterschied gibt, war das Sexleben von Bakterien und Hefen ein seriöser Forschungsgegenstand geworden. Die Gesetze, nach denen sich die Bakterien und Hefen anzogen und abstießen, waren jedoch nur zum Teil geklärt, was Betty immer wieder zu kühnen Gedankenexperimenten hinriß. Es machte ihr Spaß, Eduard mit ihren Überlegungen zu provozieren und innerhalb eines Satzes vom Kleinsten zum Größten zu springen. Zuletzt hatte sie ihn mit der Behauptung verblüfft, daß es weibliche und männliche Sterne gebe. Hatten nicht schon die alten Griechen und ihre arabischen Schüler den Sternen geschlechtliche Merkmale zugeordnet?

Peter Schneider. Paarungen. Rowohlt, Reinbek bei Hamburg, 1994, S. 71ff.

»Die Verteidigung der Kindheit«

von Martin Walser

»Mit Herrn Hoppe, dem dafür zuständigen Assistenten, mußte er sein hiesiges Studium besprechen. Drei Scheine hat er geschafft im ersten Semester. Die *Pelz*-Arbeit hat nur *ausreichend* gebracht. Bei Dekan Heinitz hat es immerhin ein *vollbefriedigend* gegeben. Heinitz war ihm ohnehin der liebste; der konnte sich einen Juristen nicht ohne Vertrautheit mit Geschichte und Philosophie denken. Von Hoppe hatte er zu hören, der Senat zahle Stipendien nur für sechs, höchstens sieben Semester. Alfred hatte in Leipzig schon sieben Semester gehabt. Zwei habe Hoppe ihm jetzt gestrichen, um das Wintersemester 53/54 als Alfreds siebtes und stipendiumsfähig buchen zu können. Im Sommer 54 gehe das nicht noch einmal. Daß zwei West-Semester ihm nicht reichten, um hier die Prüfung zu bestehen, wußte er inzwischen, aber jetzt mußte er zuerst einmal nach Hause. Er hat doch fünf Monate nicht Klavier gespielt, zum Beispiel. Er mußte sich Gespräche mit der Mutter vorstellen. Die Gespräche mit der Mutter mußten genau so verlaufen, wie er es wollte. Mutti in Vorbereitung auf die Ankunft des heißgeliebten Sohnes. Das war ein Thema in den letzten Wochen, das war seine Wegzehrung bei den Rennereien zu den Ämtern.

Aus: Martin Walser. Die Verteidigung der Kindheit. Suhrkamp, Frankfurt Main 1991, S. 43

»Amerikahaus und der Tanz um die Frauen«

von Friedrich Christian Delius

Wo ist Kennedy, dachte Martin, tot ist Kennedy, mit Kennedy wäre das alles nicht passiert, mit John F. Kennedy als Präsident hätte man nicht einmal demonstrieren müssen. Im Kopf trug er ein leuchtendes Bild des Präsidenten, seit der zu ihm und ein paar tausend Studenten gesprochen hatte im Juni 1963. Vorlesungen und Seminare waren ausgefallen, auf dem Rasen liegend zwischen dem Germanisten-Gebäude Boltzmannstraße und den Neubauten der Wirtschafts- und Sozialwissenschaftlichen Fakultät hatten sie eine Stunde auf ihn gewartet und dabei aus den Lautsprechern die Radioübertragung mit der Rede vor dem Schöneberger Rathaus gehört.

Als der ungeschickt langsam gesprochene Satz *Ich bin ein Berliner* über das Unigelände wehte, hatte Martin fast lachen müssen, bis die Jubelschreie der Menge vor dem Rathaus ihn nachdenklich machten. Unter der Junisonne im Grünen liegend hätte er nicht sagen können: Ich bin ein Berliner. Das konnte nur jemand sagen, der nach Berlin eingeflogen wurde. Wer auf jeder Berlinreise mindestens viermal kontrolliert, befragt, belästigt wurde, Koffer auf, Handschuhfach auf, Sitzbank hoch, Hosentasche leer, der fragt, wenn er die ummauerte Insel glücklich erreicht hatte: Wo bin ich? Was ist das, Berlin? Martin war noch nicht richtig in Berlin angekommen, er war kein Berliner, aber er wollte dabeisein, wenn der Präsident der Vereinigten Staaten von Amerika vorfuhr, um zu den Studenten zu sprechen. In den Lautsprechern die begeisterten Radioreporter, ihr Tonfall erinnerte an die gefühlsaufladenden Wochenschaustimmen.

Die Reporter berichteten vom Triumphzug des Präsidenten durch die Stadt Richtung Süden, Richtung Dahlem, jede Straße, jeder Platz wurde benannt, er kam immer näher, er fuhr durch die Garystraße, die Studenten erhoben sich, drängten nach vorn und begrüßten ihn mit langem Beifall, als er auf der Tribüne stand, die vor dem Henry-Ford-Bau errichtet war. Martin fühlte sich persönlich geehrt von dem hohen Besuch.

In gut hundert Meter Entfernung konnte er den mächtigsten Mann der Welt sehen, der ihn und die anderen Studenten aufforderte, den Wert der Freiheit zu erkennen und für sie zu kämpfen, dabei fuhr der Wind durch das Präsidentenhaar. Mit lebhaften Gesten und hoher Stimme in einem vornehmen Amerikanisch, das in strenges Deutsch übersetzt wurde, verkündete Kennedy: *Sie haben die besondere Verpflichtung, zu denken und die Zukunft dieser Stadt mitzugestalten und die Demokratie ernst zu nehmen.* Hinter ihm saß die Demokratie in der Person des versteinerten Denkmals Konrad Adenauer und des lächelnden Willy Brandt, der den Schwung des Präsidenten zu

kopieren suchte. Martin fühlte sich verstanden, zum ersten Mal hatte ein mächtiger Mann die Studenten als politische Subjekte angesprochen, so leidenschaftlich hatte sie noch niemand ermuntert, selbst etwas zu tun und trotz ihrer Jugend oder wegen ihrer Jugend etwas beizutragen zur Demokratie.

Nichts anderes taten die Demonstranten jetzt, davon war Martin überzeugt, davon wollte er überzeugt sein: Auch Kennedy hätte die meisten Forderungen unterstützt, er hätte das hunderttausendfache Morden und Bomben nicht zugelassen. Sätze seiner Rede von 1963 hätten als Parolen heute gepaßt. Kennedy war ermordet, im Weißen Haus regierten andere Leute und andere Interessen, die Welt war verrückt geworden, und die wahren deutschen Kennedyfans standen hier oder diskutierten mit den Leuten vom Amerikahaus.

Das Sternenbanner, plötzlich fiel es abwärts, sackte in drei, vier raschen Zügen fast zu Boden, einige Hände klatschten Beifall, ein Johlen da und dort. Martin wußte so schnell nicht, ob er diesen Akt für einen Frevel oder einen unterhaltsamen Zwischenfall halten sollte. Sein Gefühl weigerte sich, an den höheren Wert solcher Tücher zu glauben, er wollte keiner Fahne zu nahe kommen, keinen Fahneneid leisten, nicht vom Gift der nationalen Farben und Symbole angesteckt werden.

(...)

Da flog etwas gegen die südliche Mauer des Amerikahauses, ein Ei. Die weiße Schale und das Gelb glitten abwärts. Noch ein Ei klatschte an die Fassade, Pfiffe und Beifall folgten dem Treffer, und ein drittes, das jemand von links aus dem Schutz der Bahnunterführung warf, verfehlte, falls es das Haus und nicht die Polizisten treffen wollte, sein Ziel. Ein viertes Ei zerschlug wieder an der Wand. Während das schlurfende, pfeifende Geratter einer S-Bahn alle Geräusche übertönte, konnte der Zuschauer erkennen, wie es aus den drei feuchten Flecken gelber Dotter noch unten troff.

(...)

Über den Straßenlärm hinweg aus dem Lautsprecher wieder die Befehlsstimme. In die Reihen der Polizisten, vielleicht fünfzig, kam Bewegung, einige Demonstranten hatten sich offenbar hingesetzt. Ein Bus störte das Bild. Es war nicht viel zu sehen. Journalisten und Fotografen machten den Sitzstreik zur Sensation. Demonstranten, die dem Polizeibefehl gehorchten, umstanden das Kampffeld, das geräumt werden sollte. Alles deutete darauf hin, daß die Polizisten jetzt auf die Sitzenden einprügelten, man hörte Schreie »Schläger, Schläger!«. Martin dachte an das wilde Mädchen, an ihren Eifer, mitten im Getümmel sein zu wollen. Mit ihr hätte er sich gern Wulff gezeigt. Einzelne Studenten verließen mit Schreckgesichtern den Vorplatz. Zwei junge Männer flohen zum Mittelstreifen der Straße, hielten die Hände an den Kopf und ins Gesicht, als seien sie verletzt.

Der Verleger und Martin riefen »Buh« mit langem, tiefem U, wie einige Zuschauer neben ihnen auch. Von den Polizisten sah man fast nur die schwingenden Arme, wieder und wieder, die Bildausschnitte erinnerten an die grobe Mechanik der Prügelszenen im Kasperletheater, es blieb Theater, unbeholfen, laienhaft, und es paßte in die Szene, daß immer mehr Studenten aufstanden, ihre Maske als Demonstrant ablegten und nach rechts und links in die Kulissen abgingen. »Wir haben keine Gummiknüppel«, schrien die letzten, die auf der unsichtbaren Bühne blieben. *Pfanni-Chispi – die sind frisch* auf dem vorbeifahrenden Bus. Das Stück war zu Ende. Trotzdem wurde weiter geprügelt. Von weitem war ein Student mit blutigem Gesicht zu erkennen, der stehend umsorgt wurde von anderen mit weißen Taschentüchern und fotografiert wurde von Presseleuten.

Aus: Friedrich Christian Delius. Amerikahaus und der Tanz um die Frauen. Erzählung. Rowohlt Verlag, Reinbek bei Hamburg 1997, S. 90ff.

Personenregister

Bildnachweis

Umschlagphotos: Paul Glaser (ganz oben); Michael Glossner (Mitte rechts); Landesbildstelle Berlin (Mitte); Jörg F. Müller (oben links); Erik-Jan Ouwerkerk (unten)

Photos im Innenteil des Bandes:

Archiv für Kunst und Geschichte: S. 9; S. 38; S. 45; S. 49

Archiv Pressestelle
Fritz Eschen: S. 17 oben; S. 19 oben; S. 21 oben; S. 21 unten; S. 22 oben; S. 22 unten; S. 26; S. 29; S. 33 oben; S. 33 unten; S. 34 (beide); S. 35 (beide); S. 36; S. 37 (alle), S. 203 (Dieter Knust)

Archiv Pressestelle: S. 53; S. 56 oben; S. 62; S. 66 unten; S. 114 unten; S. 147; S. 193

David Ausserhofer: S. 77 oben; S. 77 unten; S. 78; S. 79; S. 83; S. 92; S. 97 unten; S. 99 unten; S. 100; S. 101 oben; S. 109; S. 112; S. 113 (beide); S. 114 oben; S. 115 (beide); S. 116 (beide); S. 117 (beide); S. 118 (beide); S. 119; S. 120 oben; S. 121; S. 122 (beide); S. 123 (beide); S. 124 (beide); S. 125; S. 126 oben; S. 127 oben; S. 129; S. 131; S. 133; S. 134; S. 135; S. 136; S. 139; S. 141; S. 144; S. 145 (beide); S. 146 (beide); S. 150; S. 153 (beide); S. 154 unten; S. 155 (beide); S. 156 unten; S. 157 (beide); S. 158; S. 159; S. 163; S. 164; S. 165; S. 172 (beide); S. 173; S. 174 (beide); S. 175 (beide); S. 176; S. 178; S. 179; S. 181 (beide); S. 182; S. 183; S. 184; S. 185; S. 187; S. 188; S. 190; S. 191; S. 192; S. 194 (beide); S. 195; S. 196; S. 197 (beide); S. 199 unten; S. 204; S. 207; S. 208

Bildarchiv Humboldt-Universität zu Berlin: S. 11 unten

Bildarchiv Preußischer Kulturbesitz: S. 44

Joachim Fisahn: S. 75

Bernd Fischer: S. 88 unten

Paul Glaser: S. 57 unten; S. 66 oben; S. 69 oben

Michael Glossner: S. 98 unten; S. 106; S. 107

Henschel: S. 43; S. 48 oben l.; S. 50

HSA FUB: S.11 oben, v.l.r.: Hess, Stolz (Originalphoto), Schwarz (Repro); S. 12 (Originalphoto); S. 13 (beide Originalphotos); S. 14 (Repro); S. 17 unten (Repro); S. 18 (Repro); S. 24 oben l. (Repro); S. 24 oben r. (Repro); S. 24 unten (Repro); S. 27 (Repro); S. 28 unten (Originalphoto); S. 30 oben (Repro); S. 30 unten (Repro); S. 31 (Repro); S. 42 (Repro); S. 51 oben l. (Repro); S. 51 oben r. (Repro)

Institut für Geologie, Geophysik und Geoinformatik, FU-Berlin: S. 152 unten

Evelyn Jahns: S. 126 unten

Hanns-Christian Köhler: S. 76 unten

Karsten Krüger: S. 74; S. 85 unten; S. 108 unten; S. 127 unten; S. 138

Inge Kundel-Saro: S. 60; S. 65; S. 69 unten; S. 160; S. 161; S. 162; S. 170; S. 199 oben

Landesbildstelle Berlin: S. 10; S. 23; S. 28 oben; S. 32; S. 39 oben und unten; S. 40; S. 46; S. 68 unten; S. 76 oben

Paul Langrock: S. 68 oben

Boris Mahler: S. 120 unten

Jonas Maron: S. 88 oben

Mike Minehan: S. 154 oben

Uwe Moosburger: S. 85 oben

Hwa Ja Nier: S. 156 oben

Frank Nürnberger: S. 189

Erik-Jan Ouwerkerk: S. 104; S. 171; S. 201

Lothar Schulz: S. 128

Günter Schneider: S. 56 unten; S. 57 oben; S. 67

Seminar für Ur- und Frühgeschichte, FU Berlin: S. 148

Marius Sobolewski: S. 73

Enrico Straub: S. 93; S. 94; S. 95; S. 96 (beide); S. 97 oben; S. 98 oben; S. 99 oben; S. 101 unten; S. 102; S. 103; S. 105 (beide); S. 107 oben; S. 108 oben

Ullstein Bilderdienst: S. 19 unten; S. 20; S. 48 unten r.; S. 51 unten; S. 86; S. 87; S. 210; S. 211

Peter J. Wigger: S. 152 oben

Blandine Wittkopp: S. 149 (beide)

Wir danken Herrn Dr. Armin Spiller vom Universitätsarchiv der FU-Berlin, Kürzel: HSA FUB, für die freundliche Mitwirkung bei der Photoauswahl und Betextung der Photos des ersten Kapitels.